Michael Obert
Die Ränder der Welt

Michael Obert

Die Ränder der Welt

Patagonien, Timbuktu, Bhutan und Co.

Mit 24 Seiten Farbbildteil und einer Karte

MALIK

Mehr über unsere Autoren und Bücher:
www.malik.de

ISBN 978-3-89029-353-0
2. Auflage 2008
© Piper Verlag GmbH, München 2008
Fotos: Michael Obert
Karte: cartomedia, Karlsruhe
Satz: Satz für Satz, Barbara Reischmann, Leutkirch
Druck und Bindung: CPI – Ebner & Spiegel, Ulm
Printed in Germany

*Für meine Mutter
Gerda Obert*

Inhalt

Wegweiser 11

Chile Paket ans Ende der Welt 20

Argentinien Fahrschein in den Himmel 35

Brasilien Unter der Haut des Flusses 46

Haiti Nacht der lebenden Toten 55

Mexiko Die Welt in der Hängematte 68

Island Im Innern der Stille 77

Azoren Letzte Ausfahrt vor Amerika 86

Deutschland Der Noah aus dem Teufelsmoor 94

Gibraltar Fish and Chips unter Palmen 103

Mauretanien Zu schnell für Allah 112

Mali Guter Rauch, böser Rauch 121

Republik Niger Im Land der freien Männer 127

Nigeria Wassermusik 139

Botswana Die Schule der Elefanten 149

Malawi See der Wunder 160

Uganda Tierische Augenblicke 171

Sudan Im Reich der Schwarzen Pharaonen 182

Iran Stadt der Dichter 194

Tadschikistan/Kirgisien Mutter aller Rumpelpisten 202

Afghanistan Camping in Kabul 210

Indien Höckerkunde in der Wüste Thar 229

Bhutan Im Land des Donnerdrachen 241

Papua-Neuguinea Reise in die Zwischenzeit 255

Cook Islands Polynesien unter der Haut 265

Aussichten 272

Dank 274

Rechtenachweis 275

ISLAND
Westfjorde

DEUTSCHLAN
Teufelsmoor
o
Breisach am Rh

AZOREN
o Corvo

GIBRALTAR

MAURETANIEN
o Zouerate

REP.
NIGER
MALI *Ténéré* SUD.
o
Timbuktu Karth

MEXIKO
Popocatépetl
△
o
Puerto Escondido

HAITI
o Port-au-Prince

NIGERIA
o Lagos

BRASILIEN
Rio Negro

BOTSWA
*Okawar
Delta*

ARGENTINIEN
La Polvorilla

o Buenos Aires

CHILE
Puerto Montt
o

Carretera Austral

Patagonien

KIRGISIEN
TADSCHIKISTAN
Pamir Highway

AFGHANISTAN
Kabul °

IRAN
Shiraz
°

BHUTAN
Punakha
°

Pushkar
°
INDIEN

DA

LAWI
awisee

PAPUA-
NEUGUINEA
Goroka
°

COOK-INSELN
Rarotonga °

Wegweiser

Verlässt man auf einer Kugel einen Punkt, so heißt das, dass man sich ihm schon wieder nähert! Die Kugel ist monoton. Die Pole sind nur Fiktionen. Bleibt nur der Mittelpunkt, wo die Schwerkraft aufgehoben ist.
Victor Segalen

Als kleiner Junge hielt ich die Ränder der Welt fast täglich in meinen Händen. Ich knetete sie, bis sie warm und feucht wurden, dann raspelte ich mit meinem Taschenmesser winzige Splitter davon ab und ließ sie zwischen den Zähnen krachen; sie schimmerten blau und schmeckten salzig.

Die »Ränder der Welt« bestanden aus einem porösen, dunklen Stein, nicht größer als ein Taubenei, und gehörten meinem Onkel Rudolf. »Dieser Stein«, flüsterte er, wenn er ihn mir aus der Hand nahm, um ihn selbst zu befühlen, »dieser Stein kommt von weit, von sehr weit her.« Und wenn ich ihn fragte, wo er ihn gefunden hatte, erklärte er feierlich: »An der äußersten Grenze, an den Rändern der Welt.«

Onkel Rudolf war nicht wirklich mein Onkel. Er stammte aus Rumänien und hatte in der Fremdenlegion gedient, in Ländern und Kriegen, über die er niemals sprach. Solange ich zurückdenken kann, bewohnte er ein kleines Zimmer im Erdgeschoss unseres Hauses, wo er sich an einer filterlosen französischen Zigarette die nächste anzündete, während ich auf seinem Schoß saß und zusah, wie er an seinen Fotoapparaten herumbastelte oder Bücher über Brâncuși, Blaga und Werwölfe in den Karpaten las. Seine Haut war dunkel, sein Haar schwarz. Er roch nach Humus und Herbst, nach fernen Ländern. Als er mir den Stein später schenkte, hütete ich ihn wie einen Schatz und trug ihn ständig mit mir herum. Die Ränder der Welt – sie begleiteten mich von klein an und ließen mich nicht mehr los. Nach dem Studium und einer Zwischenstation in Paris brach ich auf, um nach ihnen zu suchen. In Südamerika stellte ich fest: Diese Ränder gibt es wirklich. Seit fast zwanzig Jahren erkunde ich nun schon ihren Verlauf.

Aber was ist das überhaupt, ein Rand? In der Geometrie bezeichnet der Begriff die Begrenzung eines räumlichen Objekts. Auch mich zog es oft in Grenzregionen, in wenig besuchte Gegenden, an den Oberlauf des Amazonas, in die mauretanische Wüste oder auf die entlegenen Cook-Inseln im Südpazifik. Denn dort, so schien mir, war am ehesten zu finden, was mich faszinierte: das Fremde in all seinen Facetten. Nun ist die Frage nach den Rändern jedoch untrennbar verbunden mit jener nach der Mitte. Wie die alten Griechen neigen wir zur Ansicht, diese Mitte befände sich genau dort, wo wir sind. In einer solchen Weltsicht wächst die Wahrscheinlichkeit, dass eine Region den Rändern angehört, proportional zu ihrer Entfernung vom Ort, an dem diese Vermutung gehegt wird. Seit Pythagoras und Aristoteles wissen wir jedoch, dass die Erde eine Kugel ist. Und auf der Oberfläche einer Kugel ist jeder Punkt eine Mitte – und jede Gegend ein Rand.

Je länger ich »meinen Rändern« folgte, um dort nach dem Fremden zu suchen, desto fremder wurde mir das Eigene, die eigene Kultur und Gesellschaft. Die Mitte, von der aus ich mit Onkel Rudolfs Stein in der Tasche aufgebrochen war, entfernte sich allmählich – und wurde schließlich selbst zu einem Rand. Seither ist jede meiner Entdeckungsreisen immer auch ein Vorstoß nach innen. Während ich dies schreibe, schaue ich zum Fenster hinaus über einen Olivenhain hinweg auf die senkrechten Felsen des Kap Finisterre im äußersten Westen Galiciens. Das Meer ist ruhig, die Landspitze mit dem Leuchtturm in Nebel gehüllt – und ich erinnere mich an Doktor Kumpalotta. Vor ein paar Jahren war ich, gesundheitlich angeschlagen, irgendwie in seiner Hütte auf der Insel Chisumulu im Malawisee gelandet. Der Doktor, ganz in Schwarz gekleidet und den Kopf in Rastazöpfe gewickelt wie in pelzige Schlangen, öffnete einen Lederkoffer voller Tierkrallen, Wurzeln und Fellbeutelchen, bröselte ein Pulver zusammen und rieb mein Gesicht, meine Brust und meine Hände damit ein. Durch ebensolche Erfahrungen werde ich unterwegs immer wieder hineinkatapultiert in meine inneren Landstriche, wo ich abermals dem Fremden begegne – dem Fremden im Eigenen.

Die einzigen Fußspuren, die der Reisende in solchen unerforschten Gegenden findet, sind seine eigenen. Er zeigt auf die Dinge, die er um sich herum erkennt, und gibt ihnen Namen, und so werden sie Teil seiner Welt, aller Welten. Mir ist kein besserer Weg bekannt, um in diese inneren Regionen vorzudringen, als jener, der über die Horizonte führt, ein Weg, auf dem ich oft vergessen musste, was ich zu wissen glaubte, um neu zu verstehen. Um jenseits der Grenzen – der eigenen und denen der eigenen Kultur – in einen Spiegel zu blicken und zu erkennen: Das Fremde ist gar nicht so fremd.

Rand / Mitte, Fremdes / Eigenes – nur wenn es uns gelingt, hinter die Begriffe zurückzutreten, mit denen wir uns die Welt zurechtlegen, nur wenn unsere Vorstellung von scharf umrissenen, trennenden Grenzen einer Einsicht weicht, dass alles vielmehr in einer Art spannungsvoller Verbundenheit miteinander steht, ist eine echte Annäherung zwischen den Kulturen möglich. Selbst wenn unser Planet tatsächlich zum viel zitierten Dorf würde, wovon ich keineswegs überzeugt bin, käme das Eigene dem Fremden nicht automatisch näher. Wir müssen mehr von den Gegenden wissen, die wir für die Ränder halten. Mit den Worten des alten Woru, der mir in Nigeria half, die Todesumstände des schottischen Entdeckers Mungo Park zu enträtseln: »Die Völker müssen miteinander sprechen, sonst kommt es zu schlimmen Missverständnissen.«

Die in diesem Buch beschriebenen Reisen hatten ursprünglich wenig oder gar nichts miteinander zu tun. Manche unternahm ich zu meinem privaten Vergnügen, andere als Reporter. Die vorliegende Auswahl ist ein Versuch, einige dieser versponnenen Reisefäden wieder aufzunehmen, sie miteinander zu verknüpfen und ihnen eine Richtung zu geben, die uns nicht nur an die Grenzen der bewohnbaren Welt führt, nicht nur an Küsten und Kaps, in Wüsten und Urwälder, sondern auch in politische, spirituelle und emotionale Grenzsituationen – tatsächliche oder nur als solche empfundene.

Dazu gehört die Sprechstunde bei einem Heiler, der mir am Ufer des Niger den »bösen Rauch« austrieb, ebenso wie der Alltag auf der winzigen Azoreninsel Corvo, meine Begegnung mit einem Lehrer im Sudan, der mir auftrug, meinen Leuten zu sagen, dass die Sudanesen keine Terroristen seien, und meine eher zufällige Zusammenkunft mit Osama bin Laden auf dem Vogelmarkt in Kabul. Und auch meine Suche nach jenen bemitleidenswerten Seelen auf Haiti, von denen es heißt, sie seien gestorben, begraben und von Voodoozauberern wiedererweckt worden, damit sie als Zombies auf entlegenen Feldern schufteten.

Der schreibende Reisende ist – wie der Schamane vom Volk der Tukano, der mir an einem Nebenfluss des Amazonas einst das Leben rettete – ein Grenzgänger. Nach seinen Entrückungen kehrt er in die eigene Welt heim, um sein Lied zu singen, ein Lied, in dem er seine Gemeinschaft teilhaben lässt an dem, was er in der »anderen Welt« erfahren hat. Die ausgewählten Arbeiten – im weitesten Sinne Reportagen – sind im Lauf der vergangenen Jahre entstanden. Manches würde ich heute nicht mehr so schreiben, dennoch habe ich nicht mehr in die Texte eingegriffen. Als Zeitdokumente drücken sie eine Stimmung aus, ein Grundgefühl, das durch eine nachträgliche Überarbeitung zerstört werden würde. Stattdessen stelle ich jeder Reportage einen kurzen Prolog voran, der ebenso wie die ausgewählten Zitate, die Grenzen des Originaltextes durchlässig machen und ihm neue Räume eröffnen soll, in die er – einem umherschweifenden Wanderer gleich – übertreten kann.

Begeben wir uns also auf die Reise, auf eine Weltreise, die uns nicht, wie die handelsüblichen Round-the-World-Tickets, zu den *Hot Spots*, sondern eher zu den *Lost Spots* der Erde führt, in verlassene, vergessene oder wenig bekannte und oft schwer zugängliche Regionen, nach Patagonien, Amazonien und Haiti, nach Mauretanien und Nigeria, in den Sudan und den Iran, nach Bhutan, Afghanistan, Tadschikistan. Aber auch nach Island und Gibraltar, auf die Azoren und die Arche eines modernen Noah im norddeutschen Teufelsmoor. Die Ränder der Welt sind überall.

Onkel Rudolf hat mir nie verraten, woher der geheimnisvolle Stein stammte. Eines Tages jedoch, am Ende einer langen Schotterpiste, saß ich auf einer Felsspitze und sah auf eine immense Wasserfläche, die glitzerte wie flüssiges Silber. Möwen schossen dicht über meinem Kopf hinaus und verloren sich in einer saphirblauen Weite, und tief unter mir vereinigten sich zwei Ozeane. Es war, als säße ich im Bug eines riesigen Schiffes, vor mir nur Wasser – bis zum Südpol. Gerade als ich wieder gehen wollte, sah ich die Steine. Sie lagen auf einem Felsvorsprung: porös, kantig, von einem schimmernden dunklen Blau. Sie glichen exakt dem meines Onkels. Ich nahm den Stein, den ich seit meiner Kindheit bei mir getragen hatte, aus der Tasche und legte ihn zu den anderen. Es war, als gäbe ich den Rändern der Welt etwas zurück.

Kap Finisterre
im August 2007

War es Zufall, *dass mein zweites Leben in Paris begann? An einem regnerischen Oktobermorgen? Ich erinnere mich noch genau, wie ich damals am Fenster meines Appartements stand und mit meinem Vater telefonierte. Ich war Mitte zwanzig, verdiente ein maßlos überzogenes Gehalt und sah einer vielversprechenden Managementkarriere in der sogenannten »freien« Wirtschaft entgegen. Draußen wehte der Wind welke Kastanienblätter durch die Rue de Lappe, und ich sagte in den Hörer: »Ich habe gekündigt! Ich gehe mit dem Rucksack nach Südamerika!«*

Einen Moment lang war es still in der Leitung, dann ertönte das Besetztzeichen; mein Vater hatte aufgelegt. Über vierzig Jahre lang hatte er in einer Fabrik geackert, und die Zeiten waren nicht immer gut gewesen. Trotzdem hatte sein Sohn Betriebswirtschaft studieren können, und jetzt, wo sich eine glänzende Zukunft vor ihm auftat, wollte dieser Dummkopf alles hinwerfen. Das war zu viel für meinen Vater. Zwei Tage lang herrschte Funkstille. Dann rief er an und sagte: »Ich habe es mir überlegt. Deine Mutter und ich, wir finden, du solltest diese Reise machen.«

Wenn ich versuche, mir vorzustellen, was in diesen beiden Tagen im Kopf meines Vaters vorgegangen sein muss, bekomme ich eine Gänsehaut. Damals dachte ich nicht darüber nach. Ich verließ Paris, flog nach Guatemala und ahnte nicht, dass meine Reise zwei Jahre dauern, dass sie mich kreuz und quer durch Mittel- und Südamerika bis hinunter nach Feuerland führen würde, in ein neues Leben. Wieder in Deutschland, schrieb ich meine Reisenotizen zu kleinen Aufsätzen um, versah sie mit Fotos und schickte sie an Zeitungen – so bin ich Journalist geworden.

Danach kehrte ich oft nach Lateinamerika zurück, um von dort zu berichten. War es Zufall, dass die Redaktion mich schließlich nach Puerto Montt entsandte? Auf den Tag genau zehn Jahre nachdem ich in ebendieser chilenischen Hafenstadt auf einen Frachter nach Feuerland gewartet hatte? Damals war ich über Land gekommen, durch die Wälder Panamas und Kolumbiens, auf dem Amazonas, durch den Chaco Paraguays, über die Anden und den Titicacasee. Meine Reise nach Puerto Montt hatte zwanzig Monate gedauert. Dieses Mal flog ich über Dallas und Santiago und war in vierzig Stunden dort. Und die ganze Zeit trug ich mein altes Notizbuch bei mir, um wieder und wieder Sätze zu lesen, wie: »Puerto Montt am zweiten Advent! Ich kann es nicht fassen! War nicht eben erst Weihnachten? War ich nicht eben noch in Honduras? In Panama?«

In Puerto Montt wusste niemand etwas von dem Mietwagen, den die Redaktion reserviert hatte. Auch die Tickets für die Fähren waren nicht hinterlegt. Und während Conrad, der Fotograf, sich um alles kümmerte, streifte ich mit meinem zehn Jahre alten Notizbuch durch den Ort, um meine Erinnerungen heraufzubeschwören. Doch die Cabana No. 18 *im Hafen von Angelmo – »für drei Dollar vollgestopft mit Fischsuppe, Muscheln und Lachs« – existierte nicht mehr. Das* Residencial Paraíso, *wo ich gewohnt hatte, während ich auf den Frachter nach Punta Arenas wartete – »eine schmuddelige Absteige mit grandioser Aussicht auf die Bucht« –, war abgerissen worden. Auch das Mädchen, das mich vor der alten Holzkirche aus heiterem Himmel auf den Mund geküsst hatte, war nicht mehr da. Was hatte ich erwartet? Dass sie nach all der Zeit noch immer am selben Fleck stünde? Ich hatte geglaubt, ich könnte mit einem Flugzeug von heute in einen Ort im Gestern fliegen, und sobald ich dort einträfe, würden meine Erinnerungen lebendig. Doch ich entsann mich an nichts. Es war, als existierte die Vergangenheit nur in den Zeilen meines Notizbuches.*

Ich ging zwischen den verblassten Fassaden windschiefer Holzhäuser umher – abblätternde Schindeln, rostiges Wellblech, Böen rüttelten an morschen Fensterläden – und hoffte, doch noch irgendein Detail zu finden, das wie der Gipfel eines unterseeischen Gebirges aus dem Ozean des Vergessens ragte. Stattdessen traf ich Don Cheto, einen pensionierten Viehtreiber mit ledernem Gesicht und aschgrauem Bart. Auch seine Vergangenheit hatte die Zeit teilweise ausgelöscht, um sie dann, ganz plötzlich, wieder hervorzubringen – in der Nacht ehe wir uns begegneten.

Dreißig Jahre zuvor war Don Cheto im Süden in einer Schneehöhle verschüttet und von einem Fremden gerettet worden. Er hatte sich nie bei ihm bedankt, ihn irgendwann vergessen und nun, nach all den Jahren, einen verstörenden Traum von ihm gehabt. Wie sich herausstellte, wohnte dieser Mann am anderen Ende der Carretera Austral, jener mehr als tausend Kilometer langen Schotterpiste, über die ich für das Magazin berichten sollte. Don Cheto schnürte ein Paket und versah es mit dem Namen seines Retters. Ich musste ihm versprechen, das Geschenk zu überbringen. War es Zufall, dass ich nach Puerto Montt zurückgekehrt war? Dreißig Jahre nach Don Chetos Erlebnis in der Schneehöhle? Einen Tag nach seinem Traum?

Chile
Paket ans Ende der Welt

> *Seit seiner Entdeckung durch Magellan im Jahre 1520*
> *war Patagonien als ein Land der schwarzen Nebel und*
> *Wirbelwinde am Ende der bewohnten Welt bekannt.*
> *Das Wort »Patagonien« setzte sich, wie »Mandalay«*
> *oder »Timbuktu«, in der abendländischen Phantasie*
> *als eine Metapher für das Äußerste fest, den Punkt,*
> *über den man nicht hinausgehen konnte.*
> Bruce Chatwin

Der Mann ging nackt durch das Patagonische Eisfeld, die runzlige Haut wie einen nassen Overall am Leib, tief gebeugt, mit schwerfälligen Schritten. Kristalle zerschnitten seine Fußsohlen und malten eine Spur ins ewige Eis, rote Schlieren wie von einem verwundeten Seelöwen. »Dann erkannte ich sein Gesicht«, flüstert Don Cheto und schaut durch das beschlagene Wohnzimmerfenster über rostige Dächer hinunter zum Hafen. »Ich erkannte das Gesicht des Mannes – und wachte auf.«

Der Mann im Traum habe ihm einst das Leben gerettet, erzählt der pensionierte Viehtreiber, der sein Alter in einem hübschen Holzhaus in der chilenischen Provinzhauptstadt Puerto Montt verbringt. Vor mehr als dreißig Jahren sei er in einer Schneehöhle auf der Suche nach entlaufenen Schafen gewesen. »Die Höhle stürzte ein und begrub mich, der Mann aus dem Traum zog mich raus«, erinnert sich Don Cheto und zupft verlegen an seinem aschgrauen Bart. »Ich habe mich nie bei ihm bedankt.«

Wir sollen das für Don Cheto nachholen, denn wir wollen die Carretera Austral hinunterfahren, jene Schotterpiste, die in Puerto Montt beginnt und auf einer Länge von 1250 Kilometern stetig südwärts strebt, durch das menschenleere Westpatagonien. Don Cheto überreicht uns ein Paket. Was denn drin sei, fragen wir. Er sieht zu Boden, nickt zum Abschied und schließt die Tür. Das Paket hat die Größe eines Schuhkartons und mag fünf Kilo wiegen. Eine doppelt gebundene Schnur teilt das Packpapier in vier gleichmäßige Fenster. Oben rechts steht in der sicheren, schablonenhaften Handschrift älterer Chilenen geschrieben:

Señor Albano Rivera
Villa O'Higgins

Villa O'Higgins – so heißt der Ort am anderen Ende der Carretera Austral.

Puerto Montt schrumpft im Rückspiegel: bunte Holzhäuser auf grünen Hügeln, überragt von einem Wald aus Sendemasten. Dann setzt der Nissan hart über eine Bodenwelle, vom urbanen Asphalt hinüber auf den Schotter Patagoniens, unsere Wasserflaschen hüpfen aus den Halterungen, Don Chetos Paket hebt vom Rücksitz ab, Steine prasseln unter den Reifen. Jedes Gramm Fett am Körper wackelt, zappelt jetzt, wird durchgerüttelt. Schlaglöcher pressen den Atem in kurzen Stößen aus unseren Lungen, verwandeln unsere Gespräche in ein Stottern, machen uns zu Tonabnehmern der Piste. In den kommenden Wochen werden wir unermüdlich ihr Stakkato wiedergeben.

Die »Südstraße« war das Lieblingskind von Exdiktator Augusto Pinochet. Er wollte den Norden des Landes mit dem einsamen Süden verbinden, der bis dahin nur auf dem Luft- oder Seeweg oder in beschwerlichen Reisen über die Andenpässe erreichbar war. Zwei Jahrzehnte lang sprengten sich die Arbeitstrupps des Militärs ihren Weg frei. Manche Landkarten zeigen die *Ruta 7* als durchgängige Verbindung, doch schon eine Stunde unterhalb von Puerto Montt muss uns eine Fähre über den Reloncaví-Fjord setzen. Auch weiter südlich, im Fischerdorf Hornopirén, geht es nur über das Wasser weiter: fünf Stunden raue See bis nach Caleta Gonzalo. Die Anden stürzen hier senkrecht in den Pazifik. Verschneite Gipfel thronen über dunstblauen Fjorden. Vor der Kulisse einer senkrecht aufragenden Küstenlinie lassen Fischkutter an Spielzeugboote denken.

Auf der Fähre reisen Lachsfarmer, die im kalten Wasser des Humboldtstroms ideale Zuchtbedingungen vorfinden. Tausende von Schwimmfarmen treiben in den abgelegenen Fjorden; nachts sind sie angestrahlt wie submarine Städte. Die Männer strecken uns ihre Ausweise entgegen: »Roberto Springmüller« steht da unter dem Passfoto; auch »Dariusz Wyspiański« oder »Flann O'Flaherty«. Sie leben in der dritten Generation hier und bezeichnen einander immer noch als »Deutsche«, »Polen« oder »Iren«. Springmüller, dessen Großvater um 1900 aus Oberschwaben kam, spricht ein antiquiertes Deutsch und will wissen, warum wir hier sind.

Ein Paket nach Villa O'Higgins bringen? Was denn drin sei? Wissen wir nicht.

»Sie werden euch einsperren«, ruft der »Deutsche« auf Spanisch, die Lachszüchter kreuzen ihre Gelenke und legen sich imaginäre Handschellen an; dann lachen sie und biegen sich dabei, als wollten sie dem Seewind eine geringere Angriffsfläche bieten.

Am Anleger von Caleta Gonzalo rollen wir mitten im Pumalín-Park an Land. Hier hat der Milliardär und Öko-Aktivist Douglas Tompkins ein Gebiet von 300 000 Hektar aufgekauft, ein Landschaftsmosaik, das selbst aus dem Privatflugzeug des US-Amerikaners kaum zu überblicken ist: Fjorde, patagonische Steppe, Vulkane und immergrüne Wälder, die bis zur Schneegrenze und zum ewigen Eis hinaufreichen. Die Besiedlungsgeschichte Südchiles ging mit schlimmen Umweltschäden einher, und Tompkins – Gründer der Modemarke Esprit – hat sich in Pumalín die ökologische Restauration zum Ziel gesetzt. Die Initiative stößt nicht nur auf Beifall: Viele Chilenen argwöhnen, dass der »ausländische Großgrundbesitzer« eine verdeckte Kolonisierung vorantreibe. Die bis zu dreitausend Jahre alten Alercen geben nichts auf dieses Gezänk, denn die Bäume – wegen ihres Harzes stark in Bedrängnis geraten – genießen in Pumalín uneingeschränkten Schutz. Etwas Unirdisches ist in der Art, wie sich die Alercen vor uns erheben, jede für sich eine Naturgewalt. Wir legen die Köpfe in den Nacken wie in einer gotischen Kathedrale und lassen den Blick andächtig an monumentalen Säulen hinaufklettern.

Südlich von Pumalín nimmt die Carretera Austral Züge eines Waldwegs an. Wir fahren durch einen Tunnel aus Südbuchen und Winterrinden, Farnen und Flechten, die wie lange Bärte von den Ästen hängen. Verirren können wir uns nicht. Es gibt nur diesen einen Landweg in Nord-Süd-Richtung. Und es scheint, als sei er nur für uns angelegt worden: stundenlang kein Gegenverkehr.

Plötzlich erscheint eine Art Waldmännchen am Pistenrand: purpurnes Cordhemd, schwefelgelbe Fliesjacke, feuerrote Mütze. Victor Gutierrez hat mit neunundreißig Jahren seinen Job als Hausmeister in Santiago aufgegeben, seine Wohnung gekündigt, seine Bücher an Freunde verschenkt und von seiner Mutter Geld geliehen, um sich zwei Säcke voller Bergschuhe zu kaufen und als fliegender Schuhhändler durch Patagonien zu ziehen. »Die Carretera bringt Glück«, sagt der kräftige kleine Mann mit vom kalten Wind geröteten Backen. »Wo sie hinführt, kannst du neu anfangen.«

Der Neuanfang ist nicht leicht. Victor hat nur Schuhgröße 41 und größer eingekauft, dabei aber nicht bedacht, dass man hier draußen auf kleinerem Fuß lebt als in der Hauptstadt. »Ich werde schon noch das eine oder andere Paar verkaufen«, sagt er und lacht. Mit dem Erlös will er zurück in die Hauptstadt, um neue Schuhe zu besorgen, in den richtigen Größen. Nach und nach werde sich das Geschäft entwickeln. Das bessere Leben warte hinter dem Horizont, er habe geringe Ansprüche: zu essen, ein Zelt, die Straße. Victor zeigt auf Don Chetos Paket und fragt nach dem Inhalt. Wir zucken mit den Schultern; dann schütteln wir es leicht. Kein Geräusch. Vielleicht ein Kleidungsstück? Eine Satteldecke? Bettzeug? »Geheimnisvolles Paket, geheimnisvolles Patagonien«, sagt Victor, verabschiedet sich von uns und steigt in einem namenlosen Weiler aus.

Der »Mythos Patagonien« zieht Menschen aus allen Teilen der Welt an. Und indem die Carretera die entlegensten Landstriche zugänglich macht, nährt sie diesen Mythos und bringt seine Helden wieder und wieder hervor: den sonnengebräunten chilenischen Arzt, der in den weit verstreuten Orten Dienst tut und in seiner Freizeit mit dem Surfbrett über einsame Seen jagt; die spanischen Radfahrer, die bis zur völligen Erschöpfung gegen den Wind ankämpfen; die israelischen Tramper, die an der verlassenen Piste tagelang auf eine Mitfahrgelegenheit warten. Und auch Vicente Mauredia, ein sechzigjähriger Schreiner, konnte den Verlockungen des Horizonts nicht widerstehen. Vor ein paar Jahren sattelte er sein Pferd, um nach Süden zu reiten, hisste in einem unbewohnten Tal seine Flagge, rodete ein Stück Wald und baute sich eine Hütte. Seither fischt er im Fluss nach Lachsen und verteidigt seine Schafe mit einem Stock gegen den Puma. »Ich habe alles, was ich brauche«, sagt Vicente, der uns am Wegrand zu einem Tee einlädt. »Ein gesundes Leben, zu essen, Frieden.«

Die Carretera will nicht befahren, sie will bezwungen werden. Kurven. Tausende von Kurven. Wir drehen am Lenkrad, bis unsere Arme schmerzen. Der Nacken wird steif, die Lendenwirbel knacken, der Hintern schmerzt, dann wird er taub. Staub brennt in unseren Augen, lässt uns husten. Und wir fühlen uns im Wagen zunehmend beengt. Wir verstehen uns wirklich gut, Conrad, der Fotograf, und ich. Ich möchte ihn nur ein wenig anschreien, ihn ein wenig aus dem fahrenden Auto stoßen. Gibt es so etwas wie Pistenkoller?

Die *Puyuhuapi Lodge* ist unsere Rettung. Der Holzpalast mit seinen Erkern, Türmen und Schindeldächern erwartet uns auf Pfählen am Ufer eines stillen Fjords. Wir tauchen in eine sprudelnde Außentherme, das dampfende Wasser wirkt beruhigend, sphärische Klänge rieseln aus versteckten Lautsprechern. Im Spa-Tempel, bei Thalasso, Algenbad und Reflexzonenmassage, lösen sich die letzten Spannungen. Wir stoßen mit Pisco Sour an, am Abend genießen wir, umgeben von überaus gelösten Gesichtern, marinierten Lachs auf Shiitake-Pilzen. Die Lodge hüllt sich in einen wohligen Lichtschimmer, in der Bucht tanzen Delfine im Mondschein.

Nach zwei behaglichen Tagen vermissen wir den Schotter. Wir setzen unsere Reise fort und verlieren bald jedes Gefühl für Zeit, brechen frühmorgens auf, fahren bis zur Dämmerung, und jedes Mal, wenn wir in ein Schlagloch krachen, nicken wir kräftig mit den Köpfen – wie die Plastikpinguine, welche die Chilenen über ihren Armaturenbrettern anbringen.

Menschen und Landschaften bleiben hinter uns zurück, ihre Bilder begleiten uns jedoch auf unserer Reise, und das gleichmäßige Surren des Motors belebt sie stetig neu. Wir fahren schweigend, stundenlang; dann sagt einer von uns: »Ich würde gerne wissen, ob Victor seine Schuhe verkaufen kann.« Oder: »Wir hätten die Lachsfarmer fragen sollen, warum ...« Oder einfach nur: »Unglaublich!« – und der andere muss sich nun seine Gedanken machen, was genau damit gemeint ist, denn diese Beschreibung trifft in Patagonien auf fast alles zu: auf den kalbenden Gletscher in der Laguna San Raphael und den Queulat-Nationalpark mit seinen hängenden Eiszungen, auf die Ochsenkarren mit Rädern aus Baumscheiben, auf die Familie, die im Rumpf einer abgestürzten Antonow lebt, oder auf den kleinen Ort Puyuhuapi, wo das Café Rosbach, die Casa Ludwig und die Teppichmanufaktur von Walther Hopperdietzel an die deutschen Gründer erinnern.

»Unglaublich« scheinen uns auch die verwüsteten Bergflanken mit Abermillionen toter Bäume südlich von Coyhaique. In den Vierzigerjahren des vergangenen Jahrhunderts rodeten die ersten Siedler hemmungslos. Feuer gerieten außer Kontrolle, sprangen von Kamm zu Kamm und zerstörten allein in der Provinz Aisén zweieinhalb Millionen Hektar ursprünglichen Waldes, eine Fläche, mehr als viermal so groß wie der Schwarzwald. Die Erosionsschäden an den nackten Hängen erinnern an riesige Wunden. Schilder warnen vor Erdrutschen und Steinschlag; inmitten der Apokalypse die tröstende Geometrie wieder aufgeforsteter Wälder.

Je weiter wir nach Süden kommen, desto rauer wird die Piste. Am Lago General Carrera, einem der größten Seen Lateinamerikas, geht es steil bergab. Der Schotter ist schmierig, dazu die Bodenwellen. Wir fahren nur vierzig Stundenkilometer, doch als von einer Felswand Steine auf die Piste herabprasseln und wir ausweichen müssen, gerät der Wagen außer Kontrolle. Wir schlingern auf den Abgrund zu, senkrechte Klippen, tief unten der See. Gegenlenken! Aber bloß nicht ruckartig! Endlich greifen die Reifen wieder. Wir haben Glück gehabt.

Den Schrecken noch in den Gliedern, setzen wir uns an der Piste ins Gras, hoch über dem Lago Carrera. Wolkenschatten jagen über den schäumenden blaugrünen See. Dreitausender bauen sich über uns auf. Pyramidenpappeln ziehen in schnurgeraden Prozessionen zu einer fernen Siedlung, Spielzeughäuser mit Schindeldächern und Spitzengardinen. Wir spüren, dass uns diese gewaltige Landschaft mühelos zerbrechen, zerreißen könnte. Was lockt Menschen in diese übermächtige Natur?

»Patagonien packt dich und lässt dich nicht mehr los«, erklärt uns José Valdez in Cochrane am selben Abend. Wir übernachten in seiner Pension. Der dünne Mann mit den seeblauen Augen kam vor fast fünfzig Jahren als Schafzüchter in die Gegend. Damals gab es hier nur sechs Häuser. Bis die Carretera Cochrane 1986 erreichte, musste der Nachschub in kleinen Läden jenseits des Roballo-Passes in

Argentinien gedeckt werden. Mit Packpferden dauerte die Reise sechs Tage. Mit der Straße kamen Elektrizität, Telefon und Fernsehen nach Cochrane. Das Leben sei besser geworden, sagt José, aber nicht einfacher. Der Sturm sei noch immer unberechenbar, nach dem Regen stehe das Wasser meterhoch, und im Winter komme der Puma aus den Bergen und reiße Schafe. »Patagonien trägt dich mit sich herum, und du trägst Patagonien mit dir herum«, verrät uns José, während er an seinem Mate-Tee saugt. »Aber du kannst Patagonien nicht verstehen, niemals.«

Und dann eine Überraschung: Unser Gastgeber kennt den Empfänger unseres Pakets. Wir erzählen ihm vom Traum des Absenders, vom nackten Mann im Patagonischen Eisfeld. »Sie müssen sich beeilen«, sagt José mit ernster Miene. »Der Traum bedeutet, dass Albano Rivera bald sterben wird.«

Wir halten uns nicht mehr unnötig auf. Mit jedem Kilometer wächst das Gefühl von Weite, von Einsamkeit. Sturmböen fahren unter die Kotflügel und erzeugen pfeifende Geräusche. Kleine Seen schweben wie Spiegel zwischen verschneiten Gipfeln. Wir bewundern das Licht, dieses eigenartig kristalline Licht Patagoniens, das nicht von der wolkenverhüllten Sonne kommen kann, sondern von den Pflanzen, Felsen, Flüssen selbst verströmt zu werden scheint.

Schnurgerade entrollt sich die Carretera Austral und strebt in makellosen Wellenlinien den Ausläufern der Anden entgegen. Jenen fernen Bergen haftet etwas Transparentes, etwas Unkörperliches an – beinahe so, als materialisierten sie sich eben erst, als verfestigten sich Wolken, Regen und Licht gerade in diesem Moment zu kegelförmigen Massen. Wir stellen uns vor, dass Patagonien so entstanden ist.

Wir brauchen nur dieser Piste zu folgen, um zum stetig sich weitenden Rand der Welt zu gelangen.

Und plötzlich ahnen wir: Mit Patagonien ist es wie mit Don Chetos Paket. Wir haben es in den Händen gewogen, sein Gewicht geschätzt, es geschüttelt, daran gerochen und gehorcht, diese ganzen Wochen über, diese ganzen Kilometer hindurch, und dennoch ist uns sein Inhalt ein Rätsel geblieben. Darin liegt seine besondere Faszination – die des Pakets, die Patagoniens. Jetzt ist unsere Neugier nicht mehr wichtig. Es genügt uns, die Carretera hinunterzufahren, dahinzutreiben, die Landschaft an uns vorüberziehen zu lassen. Es genügt uns, in Patagonien zu »sein«. Wir wollten ein Geheimnis lüften – jetzt sind wir ein Teil davon.

Die Carretera Austral endet an einer Bootsrampe. Nach 1250 Kilometern hört sie am Ufer des Lago O'Higgins einfach auf. Ein Frachter liegt mit Schlagseite am Land, ein aufgeplatztes Schlauchboot, eine verschlossene Hütte, weiß getüncht mit blauer Tür, blauen Fenstern. Vollkommene Stille, regungslos, kalt. Nicht einmal ein Schild kommentiert das Ende der legendären Piste. Doch der Mythos verspricht, dass die Carretera eines Tages weitergebaut werden soll, quer durch das Patagonische Eisfeld nach Punta Arenas an der Magellanstrasse.

Don Albano Rivera ist alles andere als dem Tode nah. Vom Fenster seines Holzhauses aus beobachtet er uns durch ein Fernglas. Wir rufen, winken und halten das Paket in die Höhe; er hetzt seine Hunde auf uns. Eine Nachbarin führt uns schließlich in die einfache, aus Brettern gezimmerte Hütte des alten Schafzüchters: Stiefel aus Fohlenleder, über den kurzen Schäften gebauschte Hose, ein Tuch um den Hals, das Gesicht zerfurcht wie Eichenrinde. »Die Hunde wollten nur mit euch spielen«, brummt er und kratzt sich etwas verlegen am Kopf.

Wir verschweigen vorsichtshalber Don Chetos Traum und überreichen das Paket. Es ist von der Reise gezeichnet, das Papier zerrissen und sonnengebleicht, unter den Schnüren etwas dunkler. Ein Lächeln erhellt das Gesicht des Achtzigjährigen: »Ob eine hübsche Kleine drin ist?« Dann macht er sich mit der Machete über das Papier her, und seine Augen strahlen, als er den Inhalt herausnimmt. Es ist ein …

Die Anweisung des Absenders kommt uns in den Sinn. »Kein Wort über den Inhalt des Pakets!«, hat Don Cheto gesagt. »Schwören Sie es beim Vergaser Ihres Wagens!« Was blieb uns anderes übrig.

Ist es möglich, *die Essenz einer zweijährigen Reise in einem Satz zu erfassen? Eine Passage, die einen von Mexiko bis nach Feuerland geführt hat? In einem meiner Notizbücher heißt es: »Ich stand am südlichsten Zipfel des Kontinents und weinte.« Ja, so könnte es gehen. Ein Satz, in dem alles drin ist. Als in Feuerland die subpolaren Wasser vor meinen Augen verschwammen, wusste ich: Hier endet deine Reise, hier beginnt sie neu.*

Meine letzten Wochen verbrachte ich in Buenos Aires. Die europäischste Hauptstadt Lateinamerikas als Puffer zwischen Passage und Rückkehr. Das innerliche Nicht-hier-nicht-dort ließ mich nachts nicht schlafen. Die Ideen für mein künftiges Leben drohten mir den Kopf zu sprengen. Stundenlang schmiedete mein Gehirn Pläne, entwarf Strategien, nahm mir Versprechen ab, dies auf keinen Fall wieder anzufangen und jenes dafür fest ins Auge zu fassen. Morgens erwachte ich gerädert und schrieb: »Ich bin müde, müde des Reisens, des Erkundens, des Fremdseins, müde der spanischen Sprache und sämtlicher Anstrengungen. Ich bin satt, randvoll. Es geht nichts mehr in mich hinein. Und die Einsamkeit frisst mich auf. Ich ertrage diese muffigen Absteigen nicht mehr, die fensterlosen Zellen und Verschläge, die verkritzelten Wände, das Stöhnen und Schnaufen dahinter, Stechmücken, Spinnen, Kakerlaken und nachts die scharrenden Mäuse und Ratten, Pritschen mit dreckigen Laken, vom Schweiß ungezählter Menschen durchtränkte Matratzen, kloakenartige Duschen und Toiletten, der Mo-

dergeruch immer feuchter Handtücher und Wäsche, die nie mehr sauber wird, immer dieselben Klamotten, tagein, tagaus, monatelang, jahrelang, nichts mehr ohne Löcher und Risse, die Schuhe zerfetzt und übelriechend vom pausenlosen Tragen. Ich bin müde, müde. Es wird Zeit für mich.«
Erschöpft schlief ich wieder ein, um nach ein paar Stunden auf geheimnisvolle Weise erfrischt zu erwachen und mich über die Zeilen in meinem Notizbuch zu wundern. Was hatte mich geritten? Draußen schien die Sonne, Buenos Aires pulsierte, in den Straßen tanzten Menschen Tango.
Und irgendwann stieg ich dann in Frankfurt aus einem Flugzeug. Nein, nicht irgendwann: Es war am 17. Februar 1995, um 14.36 Uhr. Ich bestaunte den blitzblanken Boden in der Empfangshalle, lauschte Lautsprecheransagen in deutscher Sprache und erwiderte einigermaßen verwirrt den Blick des zerzausten, dunkelhäutigen Fremden, der mich aus dem Spiegel auf der Toilette anstarrte ... der Zug nach Freiburg, der Himmel grau, die Bäume nackt, es ist Winter, es ist kalt, kalt, Kälte, die Menschen: weiß, kalkweiß, sie sprechen deutsch, ich denke spanisch, sie sprechen über die Arbeit, über Rentenversicherungen und Rasenmäher, ich denke an Buenos Aires, an die fliegenden Händler, die sich in den Stoßzeiten durch überfüllte Vorortzüge drängen, um ausziehbare Maßbänder, Kugelschreiber oder Feuerzeuge zu verkaufen. An den Obstverkäufer mit der gesprungenen Brille, der mir in Caballito immer ein paar Pflaumen mehr in die Tüte packte. An die wildfremde Frau, die mich in La Boca ihre Telefonkarte benutzen ließ, weil ich keine Münzen hatte.
Ich will den Leuten im Zug nach Freiburg sagen, wie schön die Welt ist. Wie schön auch das Land, durch das wir

fahren – die sanften Hügel, der Dunst über den Feldern, die Birkenstämme, die aus winterlichen Wäldern leuchten. Aber niemand sieht hin. Niemand interessiert sich dafür. Und plötzlich bricht es aus mir heraus. »Ich bin zurück!«, schreie ich, so laut ich kann. »Hört ihr? Ich bin zurück! Zurück!« Manche zucken erschrocken zusammen, andere sehen kurz auf und schütteln den Kopf, um sich sogleich wieder in ihre Bücher und Zeitungen zu vertiefen, in ihren Schlaf.

Mannheim! Karlsruhe! Rastatt! In Freiburg nehme ich die Regionalbahn, die mich durch die Nacht hinaus zum Kaiserstuhl bringt, nach Breisach am Rhein, wo ich geboren bin. Schon von Weitem sehe ich, wie das Münster über den Dächern der Stadt leuchtet. Wenig später hält der Zug. Ich steige aus. Meine Füße berühren den Boden. Mein Herz rast. Niemand weiß von meiner Rückkehr. Ich gehe mit dem Rucksack durch verlassene Straßen, mein Atem bildet Wolken, aber ich friere nicht, ich gehe, gehe und denke an Buenos Aires, an die Stadt, die künftig für alles stehen wird, was mir in diesen beiden Jahren widerfahren ist, für jede Begegnung, jedes mir geschenkte Lächeln, jeden Moment des Glücks. Und dann ging ich nicht mehr. Ich stand vor einer Tür, und mein Daumen lag auf einer Klingel, auf der ein Name stand – mein Name.

Es dauerte viele Jahre, bis ich wagte, nach Buenos Aires zurückzukehren. Ich habe es immer vermieden, einen Ort, der mir viel bedeutet, ein zweites Mal zu besuchen. Aus Angst, etwas in mir könnte kaputtgehen. Vielleicht deshalb die unüberschaubare Zahl der Länder, die ich bereist habe. Als die Escuela Nacional de Fotografía *in Buenos Aires meine Fotoarbeiten über die islamische Welt zeigte, folgte ich der Einladung, die Ausstellung zu eröffnen. Ich freute mich, alte Bekannte wiederzusehen, mit denen ich in Kontakt geblieben war. Sobald ich jedoch meine Arbeit getan hatte, reiste ich quer durch die Pampa in den äußersten Nordwesten des Landes. Meinen Gastgebern sagte ich, ich müsse unbedingt mit dem »Wolkenzug« fahren, auf einer der höchstgelegenen Bahnstrecken der Welt. Aber in Wirklichkeit wollte ich so weit wie möglich weg von dem Argentinien, das ich gekannt hatte. Es war, als versuchte ich, meine Erinnerung zu schützen.*

Argentinien
Fahrschein in den Himmel

*Die weißen Wolken, sagt er, werden sich nie erschöpfen.
Über sein Haus sagt er, es sei der Wohnsitz der weißen
Wolken, er erklärt, die fernste der weißen Wolken
bis zum Rand zu sehen, und spricht von seinem Wunsch,
den weißen Wolken Gesellschaft zu leisten.*
Kenneth White

Die Männer in Weiß tragen Sauerstoffflaschen. Bei der Abfahrt des Zuges stehen sie auf dem Trittbrett und winken mit durchsichtigen Schläuchen. Vielleicht der jungen Frau, die auf dem Bahnsteig neben der Krankentrage steht. Sie blickt zu Boden, erwidert den Abschiedsgruß nicht.

Salta schlummert noch. Morgendunst wabert durch die Straßen der Provinzhauptstadt im argentinischen Nordwesten. Bald schleift Buschwerk an den Außenwänden des Zuges, als wolle es ihn zurückhalten, und jenseits der Fenster vermengen sich mangofarbene Kirchen mit kolonialen Bürgerhäusern und einfachen, immer kleiner werdenden Betonkästen, bis nur noch Hütten übrig sind, Pferde, Felder, der Duft nach frisch gemähtem Gras.

Der Zug hält unbeirrt auf die Anden zu, die in der Ferne wie ein gewaltiger Felsrutsch über den Gleisen liegen. Fünfzehn Stunden wird die Reise dauern. Die Osthänge hinauf, quer durch die Puna-Hochebene und wieder zurück nach Salta. *Tren a las Nubes* – Zug in die Wolken – nennen die Argentinier ihr stählernes Baby. Die Bahnstrecke zählt zu den höchstgelegenen der Welt. Reiseziel ist die halsbrecherisch anmutende Spannbrücke La Polvorilla. Sie liegt 4220 Meter über dem Meer. Oder, was das Gleiche ist: im Himmel.

Im ausgebuchten Abteil reist ein amerikanisches Pärchen in den Flitterwochen. Das junge Eheglück scheint bereits getrübt. Der Bräutigam, ein fettleibiger Mittdreißiger mit kariertem Baumwollhemd und Hosenträgern, stampft plötzlich wütend auf. »Nimm deine verdammten Pillen!«, schreit er. »Wem wird denn auf Zugreisen immer schlecht? Dir oder mir? Sag schon! Dir oder mir?« Er genießt die ungeteilte Aufmerksamkeit aller Mitreisenden. Auf seinem Kopf hüpft ein Stetson auf und ab. Schweiß trieft darunter hervor. »Schon gut, *honey*, ist ja schon gut, *honey*«, sagt die Braut immerzu. Die Bewegungen der zierlichen, blassen Frau wirken, als würden sie durch Bleigewichte erschwert. Die Männer in Weiß betreten den Waggon. Mit den Sauerstoffflaschen auf dem Rücken erinnern sie an verirrte Taucher. Sie schenken der Amerikanerin ein fürsorgliches Lächeln und gleiten scheinbar schwerelos wieder aus dem Abteil.

Derweil fährt der Zug wunderbar langsam. Hier kann der Reisende noch die Schweißnähte in den Schienen spüren. Keine von Hochgeschwindigkeit zerrissenen Landschaften, kein Delirium; stattdessen Klanggedichte: *gedung-gedung-deng-deng-deng*. Aus dem Flussbett des Río Toro erheben sich subtropisch überwucherte Bergrücken. Dunst steigt aus den Wäldern auf. Campo Quijano, das Tor zu den Anden, die Zickzackpassagen bei El Alisal und Chorillos; dahinter gewinnt der Zug an Höhe, die letzten Pappeln und Nussbäume bleiben zurück, und weit unten winden sich Wasserläufe wie Schlangen aus Andensilber. Die Sonne steigt über die Grate und erwärmt die Täler. Auf grünen Teppichen weiden Esel, Lamas und Alpakas. Archaische Viehkoppeln. Häuser aus Bruchstein bilden winzige Weiler unter kargen Gipfeln, auf denen weiße Kreuze leuchten, die einmal im Jahr zum Ziel von Prozessionen werden.

Die Puna zählt zu den einsamsten und unzugänglichsten Regionen Südamerikas. Sie komme der Sonne zu nah, sagen die Einheimischen. Die Vegetation verbrennt denn auch wie Ikaros' Flügel. Büschelgräser und Polsterpflanzen liegen zerschmettert zwischen den Felsen. Die einzige Zugstrecke, die Argentinien mit Chile verbindet, stellt die Lebensader dieser leeren Gegend dar. Bis zu fünfundzwanzigtausend Passagiere bringt der Wolkenzug jedes Jahr in die Anden. Acht beheizte Waggons mit Kopfhörern und Bildschirmen bieten Sitzplätze für fünfhundert Fahrgäste. Im Restaurant servieren Stewards mit weißem Hemd und schwarzer Fliege Hamburger und Bier. An Bord gibt es auch ein Postamt, mit einem echten Postbeamten, der bei Tempo vierzig in viertausend Meter Höhe Briefmarken stempelt. Gleich daneben fällt der Blick durch einen Türspalt auf die Männer in Weiß. Sie schließen gerade die Sauerstoffflaschen an. Schläuche werden eingestöpselt. Druckluft zischt. Auf der Tür steht in großen Lettern: *Bordarzt*.

Die meisten Fahrgäste kommen von weit her. Australier, Japaner, Schweizer. »Tut mir leid«, entschuldigt sich der Amerikaner für seine Braut, die brav ihre Pillen geschluckt hat. »Mein Sensibelchen wird selbst in den Anden seekrank.« Er lacht mit vollem Mund. Zerkauter Schinken und Brotkrumen schießen durch die Luft, während er schreiend seine Ausdauer beschwört – und seine Potenz. »Sicher, *honey*, sicher!«, sagt die Braut, die jetzt ein wenig lebendiger wirkt, als bekomme ihr die Höhenluft.

Der Zug schafft sich hinauf. Weiß und gelb blühende Kandelaberkakteen krallen sich in zerschundene Hänge. Die Sträucher nehmen langsam die Gestalt von Wolken an, dicht, dann wieder durchsichtig, fest und wieder flüchtig, dahintreibend; dazwischen das luftige Grau der Puna. Die Vegetationsstreifen entlang der Wasserläufe werden schmaler. Wie in kleinen Bergoasen gedeihen dort Viehfutter und Andenhirse.

An der Spitze des Zugs regiert Lokführer Juan Carlos Nieto in seinem grün lackierten Reich über Hebel, Pedale und Zifferblätter. Seit einem Vierteljahrhundert lenkt der kleine Mann mit dem knolligen Gesicht und der fasrigen Wollmütze schon Züge durch die Anden. Die Scheiben der 1967 von General Motors gebauten Diesellok sind vergittert. Draußen schleicht die Landschaft vorbei. Es geht steil bergauf, und man könnte mühelos zu Fuß nebenherlaufen. Eine zerbrechlich wirkende Brücke biegt sich unter der Last des Stahlkolosses, an der Strecke sind Steinhügel mit morschen Holzkreuzen zu erkennen. »Gräber«, sagt Nieto, sparsam wie die Landschaft, die der Schienenstrang durchschneidet. »Der Zug gibt Leben, der Zug nimmt Leben. Nicht wie Gott, aber fast so.«

Im Jahr 1863 hatte der argentinische Präsident Mitre die Vision einer transkontinentalen Verbindung zwischen Buenos Aires am Atlantik und den chilenischen Häfen am Pazifik. Eine Eisenbahn eignete sich am besten, um Gold und Silber, Mangan, Kupfer- und Bleierze aus den Minen über die Anden zu transportieren. Die Bauarbeiten begannen 1921. Tausende von Arbeitern lebten unter schwersten Bedingungen. Die einfachen Unterkünfte boten ihnen kaum Schutz gegen die Hitze der Puna und die Kälte der

Kordilleren. Unzählige starben; ihre Gräber säumen die Gleise.

Die Jungfernfahrt auf *Ramal C-14*, wie Nieto die Strecke heute noch nennt, fand im Februar 1948 statt. Die Schmalspurtrasse zählt zu den weltweit beeindruckendsten Werken des Eisenbahnbaus. »570 Kilometer Gleis, 3300 Meter Höhenunterschied, 1328 Kurven, 29 Brücken, 19 Tunnels, 13 Viadukte, zwei Zickzackstrecken«, betet Nieto herunter. »Doch was sagen schon Zahlen? Eine schöne Frau fragt man auch nicht nach ihrem Blutdruck.«

Es geht ein kurzes Stück bergab. Der Zug gewinnt an Fahrt. Ein Display zeigt fünfundfünfzig Stundenkilometer an. Ein rotes Blinklicht leuchtet, weil die Lok zu schnell für die maroden Gleise wird. »*Vacas!*«, schreit Nieto plötzlich. In einer Kurve stehen Kühe auf den Gleisen. Das Signalhorn dröhnt. Nieto reißt an Hebeln, tritt Pedale durch. Bremsen kreischen. Ein dumpfer Schlag, noch einer, Fellbündel und Hörner werden herumgewirbelt; dann löst Nieto die Bremsen. Ein Moment der Entspannung stellt sich ein, und der Wolkenzug rattert weiter.

Immer weiter hinauf. Das Wasser beginnt in den Dachtanks zu sieden. Wolken, jetzt ganz nah, treiben wie Eischnee im Himmel. Staubhosen jagen über das Land. Finkenschwärme rieseln vorbei. Gebirge liegen im Land wie zerknitterte, samtgraue Tücher, hingeworfen, vergessen, gehärtet von der Witterung – eine von Äonen schraffierte Landschaft. Früher konnte die Zugreise wegen der Wetterunsicherheit nur zwischen April und Oktober unternommen werden, seit die Strecke jedoch ausgebessert ist, fährt der Wolkenzug das ganze Jahr. Im Südwinter verengt sich Nietos Welt dann auf eine drei, vier Meter breite Schlucht.

»Weißer Schnee, blauer Himmel«, sagt er. »Ohne Anfang, ohne Ende. Sehr einsam, sehr schön.«

In einer lang gezogenen Kurve reicht der Blick an der langen Kette der Waggons zurück bis zu den beiden Güterwagen, die hinten angehängt sind. Dort drinnen ist es düster und kühl, und der Kontrast zu den Touristenabteilen könnte schärfer kaum sein. Säcke, Taschen und Kisten stapeln sich bis unter das Wellblechdach. In der ohnehin dünnen Höhenluft frisst ein Ofenfeuer zusätzlich Sauerstoff. Graciela, eine zierliche Frau mit hervorspringenden Wangenknochen, war in Salta, um ihre Strickwaren zu verkaufen. Den Erlös hat sie in Anoraks für den nächsten Winter investiert, in Schuhe, Kaffee, Zucker, Kosmetik und Medizin für den asthmakranken Sohn. Von der Endstation aus wird sie ihre Einkäufe noch zwei Stunden durch die Puna tragen müssen, bis sie ihre Siedlung erreicht.

Wie überlebt sie mit ihrer Familie in diesem entlegenen Gebiet? »Lamas, Alpakas, die Minen«, sagt Graciela und lacht. »Unsere Ansprüche sind gering.« Im Halbdunkel des Waggons drängen sich zwei Dutzend Passagiere, Ferkel, Ziegen, Hühner. Ein Alter liegt auf Futterballen gebettet. Er trägt die *bombacha* – eine andine Pluderhose – und einen schweren Poncho, spielt Gitarre und besingt die »Kinder der Sonne«, die einst dem Titicacasee entstiegen, einen Goldstab in die Erde rammten und das Inkareich gründeten. Die argentinische Puna war der südliche Vorposten dieses Imperiums.

Heute gehören die Nordostprovinzen zu den ärmsten des Landes. Inflation, Korruption und Misswirtschaft haben den staatlichen Bergbau zugrunde gerichtet. Geblieben sind überwucherte Gleise, verfallene Stollen, Geisterdörfer. Und seit Argentinien von seinen Regierungen und Banken und dem Internationalen Währungsfonds in den Ruin getrieben wurde, hat die Armut in diesem vergessenen Winkel des Landes stark zugenommen. Die Arbeitslosigkeit ist hoch, Saisonarbeit häufig. In den Schulen fallen Kinder vor Hunger in Ohnmacht. Die Leute im Güterwagen beschreiben ihre Überlebensstrategie mit einer weitverbreiteten Redewendung: »Kleinere Schweine braten!«

Abra Muñan. 4008 Meter über dem Meer. Die Luft wird immer dünner. In den Touristenwaggons wird Koka-Tee gegen die Höhenkrankheit gereicht. »Rauschgift!«, stänkert der Amerikaner und trommelt sich auf die Brust. »Nicht mit mir!« Er sieht blass aus, wird bald ganz still. Seine Braut dagegen wirkt verwandelt, gelöst, unbeschwert. Ihre Wangen sind jetzt rosig. Sie lacht und schlürft artig den bitteren Sud.

Der Zug passiert die Minenstadt San Antonio de los Cobres, wo der Wind um die Häuser streift und an Fenstern und Türen kratzt wie ein verrückt gewordenes Tier. Vermummte Gestalten. Von Staub und Schnaps gerötete Augen. Und das schmerzliche Gefühl, hier draußen hingeworfen zu sein. Wie Würfel. Die Spieler haben sie einfach liegen lassen. Triebe nicht ein Kondor im Himmel, man glaubte sich auf einem fernen Planeten.

Von San Antonio aus ist es nur noch ein kurzes Stück bis zur Endstation La Polvorilla. Die Stahlbrücke liegt wie ein umgestürzter Eiffelturm über einer Schlucht. In Mailand gebaut und stückweise heraufgeschafft, bildet sie den höchsten Punkt der Reise: 4220 Meter. Auch für den Amerikaner wird es ein Erlebnis besonderer Art. Er klagt über pochende Kopfschmerzen, dann erbricht er sich in seine Vespertüte.

Seine Frau ruft heiter: »Ist dir nicht gut, *honey*?« Die Männer in Weiß eilen herbei, streifen ihm eine Maske über und drehen die Sauerstoffflaschen auf. »Engel«, lallt der Amerikaner. »Könnt ihr sie sehen? Ganz in Weiß! Wundervoll!«

In diesem Moment verschwindet jenseits der Fenster die Landschaft. Das Rattern wird plötzlich nicht mehr von Felsen zurückgeworfen und verliert sich in der Weite. Der Zug ist auf die Brücke gefahren, doch es ist, als habe er abgehoben, als schwebe er. Der Amerikaner wimmert. Seine Braut hält ihm lächelnd die Hand. Sie sitzt da wie eine Erleuchtete, schwerelos, als wolle sie auf eine der fein ziselierten Wolken steigen, um davonzusegeln. Der Zug hält auf der Brücke, und zum ersten Mal seit Salta ist es still, völlig still. Stille der Puna? Stille des Alls? Dann schwingen Oboen und Streicher aus den Lautsprechern. Das Stück klingt vertraut. Johann Sebastian Bach. Es ist die Himmelfahrtskantate.

Wo ist deine Heimat? *Die Frage wird mir oft gestellt. Dann frage ich zurück: Was ist das, Heimat? Immer ernte ich verständnislose Blicke und schnelle, sichere Antworten: Heimat ist, wo du geboren bist. Wo du deine Kindheit verbracht hast. Wo man deine Sprache spricht. Wo du verwurzelt bist, dazugehörst, wo man dich kennt, wo du sterben willst, wo du nicht ins Museum gehst.*

»Heimat« – ich mag das Wort nicht. Sein Klang lässt Bilder von Mauern und Stacheldraht in mir aufsteigen. »Heimat« steht immer auch für das Eigene, und dieses Eigene wird nur in der Abgrenzung vom Fremden greifbar. Als Reisender bin ich immer ein Fremder. Überall. Und die sogenannten Einheimischen lassen mich – gewollt oder ungewollt – spüren, dass ich nicht dazugehöre, dass ihr Eigenes gegen mich verteidigt werden muss. »Heimat« ist oft auch ein Kampfbegriff.

Während ich diese Gedanken niederschreibe, muss ich an die alten Krim-Tataren denken, die ihre Toten heimlich in Koffern nach Hause brachten. Ende des achtzehnten Jahrhunderts waren sie unter russische Herrschaft geraten, viele wanderten in die Türkei aus, und die meisten Verbliebenen wurden 1944 wegen angeblicher Kollaboration mit den Deutschen nach Zentralasien deportiert. Wenn dort der Vater oder die Mutter starb, kaufte man einen großen Koffer, verstaute den Leichnam darin und reiste heim auf die Halbinsel Krim in der heutigen Ukraine, um den Angehörigen bei Nacht und Nebel zu beerdigen. Diese Tataren hatten ihre Heimat verloren und gelernt, irgendwie damit fertig zu werden. Heimatlos begraben zu sein hätte jedoch geheißen, nicht gelebt zu haben.

In der Fremde – auf Reisen, auf der Flucht, im inneren oder äußeren Exil – entsteht allmählich die Sehnsucht nach dem eigenen Ort, einem Ort, an den man zurückkehren und Ruhe finden, wo man bleiben kann. »Dann komme ich zurück mit eisernen Knochen, mit dunkler Haut, mit Tigerblick«, schreibt Rimbaud unterwegs. Was ihm nicht gelingen soll, setzt Gilgamesch in die Tat um: Er kehrt heim und meißelt die Geschichte seiner Reise in Stein. Odysseus kehrt zurück. Theseus kehrt zurück. Iason kehrt zurück. Auch Gulliver kommt aus Liliput heim und bückt sich, als er sein Haus betritt, »wie eine Gans, die ein Gatter passiert« – aber er tritt ein. Erst nach seiner Rückkehr aus dem Land der Houyhnhnms und Yahoos wird er zum Menschenfeind und verbringt seine Zeit fortan in der Gesellschaft von Pferden.

In den vergangenen Jahren hat sich meine Vorstellung von »Heimat« von ihrem räumlichen Kontext gelöst. Sie ist nicht mit einem Haus, mit überhaupt keinem Ort mehr verbunden. Wenn ich nach Breisach fahre, in die kleine Stadt am Rhein, in der ich geboren bin und meine Kindheit und Jugend verbracht habe, vollziehe ich ein immergleiches Ritual. Ich lege die Tasche im Haus meiner Eltern ab und gehe hinunter zum Fluss, um an einer Stelle, wo ich als Junge oft geangelt und vor mich hin geträumt habe, meine Hände ins Wasser zu tauchen. Lange Zeit fand ich in dieser Berührung noch am ehesten eine »Heimat«.

»Die Gedanken der Menschen / In meinem Heimatdorf / Sind mir nicht mehr vertraut«, schreibt der japanische Dichter Ki No Tsurayuki. »Aber die Blumen duften noch wie da-

mals / Als ich ein Kind war.« Es ist die unvermeidliche Verletzung, die der Heimkehrer erfährt, wenn er mit einem Mal auch hier sein Fremdsein erkennen muss. Wenn er seine »Heimat« eben doch nicht findet, wo er geboren ist, wo er seine Kindheit verbracht hat, wo man seine Sprache spricht. Weil seine eigenen Leute ihn nicht wiedererkennen, in ihm eine Bedrohung sehen und sich genötigt fühlen, ihr Eigenes, das einst sein Eigenes war, gegen ihn zu verteidigen. Der japanische Vers sucht Trost in der Erinnerung, der Imagination. Ich suche ihn in immer neuen Räumen. Im Fremden. Und im Eigenen.

Wenn ich zu Besuch nach Breisach komme, vollziehe ich weiterhin mein Ritual. Aber ich muss meine Hände nicht mehr in den Fluss meiner Kindheit tauchen, um ein Gefühl von Ruhe und Geborgenheit zu verspüren – jeder Strom der Erde erweist mir diesen kostbaren Dienst.

Brasilien
Unter der Haut des Flusses

Wer dies Wasser und seine Geheimnisse verstünde,
so schien ihm, der würde auch viel anderes verstehen,
viele Geheimnisse, alle Geheimnisse.
Hermann Hesse

Tage später, als ich wieder bei Bewusstsein war, erklärte man mir, der Fluss habe sich in eine Schlange verwandelt und sei in meinen Körper eingedrungen. An jenem Abend im Amazonasbecken hätte ich darüber gelacht. Ich stand bis zum Bauch im Rio Negro, mehrere Tagesreisen oberhalb von Manaus, und genoss mit einigen Männern vom Volk der Tukano das abendliche Bad; dann schlang sich etwas um meinen rechten Fußknöchel. Es fühlte sich nicht glitschig an, eher trocken und sehr kräftig, gleich darauf riss es mich aus der Mitte der Tukano in den Fluss.

Ich war wie gelähmt. Mein Fuß begann zu brennen. Ich erinnere mich genau an dieses Brennen, das aufwärts wanderte, um bald meinen gesamten Körper zu erfassen. Und ich erinnere mich daran, wie ich die Augen schloss und es hell wurde, gleißend hell. Zu meinem Erstaunen geriet ich nicht in Panik. Während ich zu ertrinken glaubte, durchströmte mich ein leises Staunen über das schwindelerregende Kreisen meines Bewusstseins. So muss der Tod aussehen, dachte ich dort unten im Fluss, der Tod muss wie dieses Brennen und Gleißen sein.

Flüsse sind eigenartige Orte. Sie atmen Geheimnisse aus wie Dunst am frühen Morgen. Daher meine Empfänglichkeit für große Ströme, für ihre kristallinen Falten, Runzeln, Kräuselungen, für den Geruch, den sie verströmen, für ihre Erhabenheit, ihr stetiges Fließen, ihre Tiefe. Flüsse faszinieren mich seit meiner Kindheit. Ich bin am Rhein geboren und aufgewachsen, habe in der Strömung schwimmen gelernt, sah beim Angeln den Frachtschiffen nach und träumte mich an Bord, um phantastische Reisen zu unternehmen. Bis heute kann ich an keinem Fluss vorbeigehen, ohne hinauszusehen und mir auszumalen, welche Landschaften er durchfließt, welche Geheimnisse er hütet.

Ich bin süchtig nach Flüssen. Flüsse haben mich zum Reisenden gemacht: Amazonas, Mississippi, Río de la Plata, Paraná, Mekong, Sambesi, Nil ... zuletzt der Niger, in sieben Monaten von der Quelle im Regenwald Guineas, durch Sahel und Sahara bis zur Mündung im Golf von Benin. Alles ferne Flüsse. Warum? Ich erinnere mich an die Geschichten, die ich mir als kleiner Junge zusammenspann. Über jene Welt unter der Haut des Flusses, wo nicht alles erklärt war, wo es noch Geheimnisse gab: eigenartige Mischwesen – halb Fisch, halb Mensch –, die ich auf fast religiöse Weise verehrte. Ich brachte ihnen Geschenke, sprach mit ihnen, bat sie um kleine Gefallen. Ich glaube, dass ich nie aufgehört habe, nach dieser »inneren Welt« zu suchen, nach den Wesen, die sie bevölkern und die mich unendlich faszinieren. Deshalb ferne Flüsse: weil diese Wesen in unserer Kultur längst begraben, in entlegenen Weltgegenden indessen noch lebendig sind – uralt, phantastisch, rätselhaft.

Ich ertrank nicht im Rio Negro. Als ich erwachte, lag ich auf einer Matte in der Hütte eines Schamanen. Noch immer nackt, wie beim Bad im Fluss. Auf meinem rechten Schienbein lag ein Lappen, voll Blut und mit einer moosgrünen

Paste beschmiert. Ich war von ganz allein an die Wasseroberfläche gekommen. Die Tukano hatten mich an Land gezogen. Tagelang war ich ohne Bewusstsein gewesen. Und jetzt schien mir, als hätte ich diese Zeit in einem wundersamen Raum verbracht, aus dem die Welt ausgeschlossen war, im Raum jenseits unseres Bewusstseins, von dem wir intuitiv annehmen, er sei schwarz. Doch er ist nicht schwarz. Er ist farblos und völlig durchsichtig. In mancherlei Hinsicht erinnert er an klares Wasser; zugleich an die Wüste: Er ist geruchlos und völlig still.

Der Schamane rang um mein Leben, schwang seine Rassel, räucherte die Hütte mit verbrannten Samen aus, flößte mir einen bitteren Sud ein. Die Tukano nannten den kleinwüchsigen Mann *yaí* – Jaguar. Er trug einen gelben Federhut, sein glänzendes Gesicht war mit roten Zeichen bemalt. Er war es, der mir erklärte, was alle im Dorf schon wussten: Der Fluss selbst hatte sich in eine Schlange verwandelt, er hatte Gefallen an mir gefunden und war in meinen Körper gekrochen, wo er sich lange aufhielt, unschlüssig, ob er mich töten wolle – »von innen ertränken«, wie die Tukano es nannten. »Dann hat der Fluss deinen Körper doch nur ausgewaschen«, sagte der Schamane, und der Dorflehrer übersetzte ins Portugiesische. »Er hat dich ausgespült wie das Gehäuse einer Wasserschnecke.«

Die andere Welt. Die innere Welt. Die Welt dort unten im Fluss. Alle großen Ströme haben dieses geheimnisvolle Innenleben. Ich erinnere mich an eine Geschichte, die mir meine Großmutter erzählte: Drei Frauen badeten im Rhein, passten nicht auf und wurden hinuntergezogen. Doch sie ertranken nicht, sondern lebten am Grund des Flusses weiter – als Wasserfrauen. Manchmal hörte man ihren Gesang, und die Alten wussten dann, dass der Rhein sich bald einen Schiffer holen würde. Meine Großmutter hatte die Geschichte von ihrer Mutter und diese wiederum von ihrer Mutter. Als ich später nachforschte, stellte sich heraus, dass die Wurzeln der Legende bis ins Mittelalter zurückreichten. Ein halbes Jahrtausend lang war sie von Generation zu Generation weitergegeben worden. Als meine Großmutter starb, starb die Geschichte mit ihr. Natürlich ist sie in Archiven nachzulesen, doch niemand sucht nach ihr, niemand scheint sie mehr zu brauchen.

Die Flüsse sind noch da. Und der Reisende verdankt ihnen mehr als faszinierende Geschichten, er verdankt ihnen auch Zustände rauschartigen Glücks. Getragen von der Strömung gleitet er dahin, und dieses Gleiten ist alles, was er braucht, während die Zeit sich zieht und dehnt, um sich schließlich umzudrehen und rückwärts zu laufen. Joseph Conrads Ansicht, einen Fluss hinaufzufahren sei wie eine Reise zurück zu den frühesten Anfängen der Welt, stimmt zumindest hinsichtlich der eigenen Welt, die ihren Anfang im Kindesalter nimmt. Eine Flussfahrt – ob stromauf- oder stromabwärts – führt geradewegs zurück in diese goldene Zeit und lässt das unwiederbringlich Verlorene noch einmal aufscheinen. Jeder Reisende durchläuft unterwegs eine Verwandlung, insbesondere gilt dies jedoch für den Flussreisenden. Er geht als einer fort und kommt als ein anderer zurück, dazwischen ist er Kind.

Ein Sprichwort sagt, man steige nie zweimal in denselben Fluss. Das Gegenteil ist der Fall. Es ist der Fluss der Kindheit, den der Reisende in der Ferne sucht, dem er sich stets von Neuem überlässt, um im fremden Fluss den eigenen zu entdecken, im Fremden das Eigene. Auf dem Mississippi ging es mir so, als ich insgeheim nach Jackson Island Ausschau hielt, der Seeräuberinsel von Tom Sawyer und Huckleberry Finn, meiner Kindheitshelden, damals, als die Arme des Altrheins mein Mississippi und die Lastkähne die Schaufelraddampfer waren und ich Blindschleichen fing, um »Klapperschlangenrasseln« aus ihren Gerippen um meine Fußgelenke zu binden. Auf dem Niger habe ich den Fluss meiner Kindheit entdeckt, als ich in der Stadt Segu in Mali einen Hund vor dem Kochtopf einer Familie vom Volk der Bobo rettete und ihm den Namen Rex gab, wie dem Hund meiner Großmutter, mit dem ich meine Jungenjahre am Rhein verbracht hatte. Und nun klaffte am Rio Negro, in einem Tukano-Dorf unweit der Nebelberge, eine tiefe, kreisrunde Wunde an meinem Schienbein. Zum Knie hin war die Haut gerissen, als habe sich tatsächlich etwas sehr Dickes unter sie geschoben. Der Schamane mit dem gelben Federhut sprach von der geheimnisvollen Schlange – und sofort waren die in der Kindheit verehrten Mischwesen wieder da.

Die Stelle am Schienbein ist heute gut verheilt, die Narbe kaum noch zu sehen, die Haut jedoch gefühllos geblieben. Hin und wieder spüre ich ein leichtes Brennen, als pulsiere der Fluss durch mein Bein, um mich an das Gehäuse der Wasserschnecke zu erinnern. Man hält dieses spiralförmige Gehäuse ans Ohr und hört den Fluss noch, nachdem man seine Ufer längst verlassen hat. Ich habe versucht herauszufinden, was am Rio Negro mit mir geschehen ist, habe mit Amazonasspezialisten, Tropenärzten, Zoologen gesprochen. Vergeblich. Alle betrachteten erstaunt die Narbe, aber niemand konnte den Vorfall erklären. Am Ende blieb nur die Version der Tukano: Der Fluss hatte sich in eine

Schlange verwandelt, um sich in mir umzusehen. Er hätte mich töten können, hat mich jedoch nur ausgewaschen.

Für Außenstehende muss das befremdlich klingen. Zu Recht. Der Fluss *ist* uns fremd. Und wie alles Fremde lässt er sich mit unserem Wissen, unseren Werten und Vorstellungen nicht begreifen, nicht festhalten. Der Fluss ist immer in Bewegung. Wie der Reisende, der ihm folgt und dem nur kurze Berührungen mit ihm gegönnt sind. Ein Trost bleibt. Der Fluss lehrt uns das Zuhören. Wie schon der Fährmann Vasuveda dem Siddharta verriet: »Er weiß alles, der Fluss, alles kann man von ihm lernen. Sieh, auch du hast schon vom Wasser gelernt, dass es gut ist, nach unten zu streben, zu sinken, die Tiefe zu suchen.«

Vor einer Reise *in die Dominikanische Republik sah ich mir einige Bildbände über die Großen Antillen an, und dabei kam mir der Gedanke, ich hätte es nach all den beschwerlichen Touren der vergangenen Jahre verdient, mich der Schönheit der Karibik und ihren Annehmlichkeiten hinzugeben. Ich würde eine Reportage über die Buckelwale in der Bucht von Samaná schreiben und hinterher für ein paar Wochen an einem sichelförmigen Strand ausspannen: exotische Cocktails, marinierte Langusten, türkisfarbenes Wasser, Palmen, Sand ...*

Und tatsächlich fand ich den Strand meiner Träume. In Anacoana, wo die Insulaner Kolumbus mit Pfeilen begrüßt hatten. Ein paradiesisches Fleckchen Erde. Doch schon nach drei Tagen ertrug ich die Idylle nicht mehr. Ich nahm einen Bus und fuhr über die Grenze nach Haiti.

Am Abend zuvor war ich in der Strandbar mit einem Privatdetektiv ins Gespräch gekommen. Steve, ein sportlicher, kleiner Mann aus San Francisco, arbeitete für eine amerikanische Versicherungsgesellschaft und wurde dafür bezahlt, in Haiti »lebende Tote« zu suchen. Er hatte eine dicke Akte mit der Aufschrift QAD *bei sich –* Question of Actual Death. *Die Unterlagen befassten sich mit Haitianern, die im Exil in den Vereinigten Staaten eine Lebensversicherung abgeschlossen hatten und nach Haiti zurückgekehrt waren, um dort überraschend zu versterben. Steve ging in die Städte und Dörfer, sprach mit Leuten und schnüffelte auf Friedhöfen herum: »Ich finde heraus, ob der Typ wirklich tot ist oder ob er auf einer Veranda sitzt und auf seinen Scheck wartet.«*

Im Schnitt erhielt Steve fünf QADs pro Monat. Oft mit einem Video als Beweis für den Tod des Versicherten. »Richtige kleine Kunstwerke«, verriet er mir beim Essen. »Eine komplette Beerdigung: weinende Witwe, Familie in Schwarz, hundert Trauergäste. Die Kamera schwenkt auf den Leichnam, Großaufnahme des Gesichts: ein schwarzer Mann in Anzug und Krawatte, die Hände auf der Brust gefaltet, sehr überzeugend – nur leider schwitzt der Typ.«

Am Rand seiner Arbeit hörte Steve immer wieder von Toten, die nie in den Vereinigten Staaten gewesen waren und keine Lebensversicherung abgeschlossen hatten, Hirten, Fischer, Bauern, einfache Menschen mit Sterbeurkunden von seriösen Ärzten – und plötzlich tauchten diese Leute wieder bei ihren Familien auf, verwirrt, abgemagert, mit rätselhaften Wunden übersät. »Untote!«, flüsterte Steve. »Zombies!« Er sah sich in der Strandbar um, als wären wir von ihnen umzingelt. Dann brüllte er vor Lachen und rief: »Natürlich ist das Blödsinn! Aber jeder Haitianer glaubt daran!«

Bei meiner Ankunft in Port-au-Prince erinnerte Haiti an einen Schnellkochtopf mit gelockertem Ventil. Raubüberfälle waren an der Tagesordnung, und die Bewaffneten nahmen selbst die Glühbirnen aus den Lampen mit. Die Haitianer kämpften ums nackte Überleben. Das Chaos im Frühjahr 2003 ist so groß, dass sich die Drogenbarone aus dem Land zurückgezogen haben, weil sie fürchten, die Banditen könnten sie um ihre hart erarbeiteten Reichtümer bringen. Ein Witz, der in Port-au-Prince die Runde macht, trifft die Stimmung am besten: »Wenn man sich selbst um-

bringt, ist das ein Suizid. Wenn man einen anderen umbringt, ein Homizid. Bringt einer ein ganzes Volk um, nennt man das Genozid. Ist es sein eigenes, heißt er Aristide.«

Aristide war der damalige Präsident Haitis. Seine Todesschwadronen machten in den Slums Jagd auf »Kriminelle«. Er selbst bewegte sich, aus Angst um sein Leben, nur noch im Hubschrauber vom Fleck. Es gab gut informierte Leute, die behaupteten, Aristide lasse sich seine persönliche Sicherheit jährlich dreißig Millionen Dollar kosten, eine Menge Geld in einem der ärmsten Länder der Welt.

Während ich durch die unsicheren Straßen von Port-au-Prince streifte, stellte ich mir vor, wie Steve, der amerikanische Detektiv, unter diesen Umständen nach lebenden Toten fahndete. Und erst da begriff ich, was mich nach Haiti geführt hatte. Mein Vorhaben war nicht weniger riskant. Es gab nur einen kleinen Unterschied. Steve suchte nach Toten, die nicht gestorben waren. Ich suchte nach Toten, die man begraben und wiedererweckt hatte, damit sie als Zombies über die Voodooinsel geisterten.

Haiti
Nacht der lebenden Toten

> *Am Rande verstand sie, dass es kein Mensch war,*
> *der sich an ihr zu schaffen machte, sondern etwas*
> *weitaus Gefährlicheres, eine dunkle Konfiguration*
> *von Leuten und Ereignissen, etwas Ursprüngliches,*
> *etwas, was gleich einen Namen haben würde.*
> Denis Johnson

Menschenknochen liegen herum, zerrissene Leichentücher, ein verstaubter Sonntagsschuh. Grüfte sind aufgebrochen, Schädel unter Kreuzen arrangiert wie Grabverzierungen. Der Hauptfriedhof von Port-au-Prince gleicht einer Stadt aus Gräbern. »Der beste Ort, um die Spur der Zombies aufzunehmen«, flüstert Tektek, der drahtige, hochgewachsene Haitianer. Ganz wohl ist ihm bei der Sache nicht. Zombies seien gefährlich, besonders für einen Weißen. Ob die lebenden Toten tatsächlich existierten? »Dumme Frage«, zischt Tektek. »Haiti ist Voodooland. Jeder hier weiß, dass es Zombies gibt. Sicher wie Regen im Mai.«

In Haiti wird oft und gern über Zombies gesprochen, sobald ein Außenstehender jedoch genauer nachfragt, herrscht eisiges Schweigen. Zombies gehören zur dunklen Seite des Voodoo und flößen selbst Anhängern des afrokaribischen Kults, der Überreste der Sklavenreligionen mit der christlichen Heiligenverehrung der Kolonialherren vermischt, Angst ein. Auch Tektek, der auf naive haitianische Kunst spezialisierte Maler, dessen Bilder schon in Amerika und England zu sehen waren, hat die Initiationszyklen durchlaufen. Er ist rituell mit der Liebesgöttin Erzuli Freda verheiratet und trägt ihren Ring, ein massives Schmuckstück mit rubinrotem Stein. Nach unserem ersten Treffen, das über gemeinsame Bekannte zustande kam, hat es Tage gedauert, bis Tektek sich zur Suche nach den Untoten überreden ließ.

»Die Griffe der Särge bringen viel Geld«, sagt Tektek leise, während er auf dem Friedhof in seinen blauen Badeschlappen über die verstreuten Kleider von Verstorbenen hüpft. »Die Diebe verkaufen sie wieder an die Bestattungsunternehmen.« Dazu müsste man die Särge wohl kaum aufbrechen. »Grabbeigaben und Zahngold«, gibt Tektek zögernd zu und wirft einen flüchtigen Blick auf Erzulis Ring. »Auch Leichenteile. Sie werden in der schwarzen Magie verwendet.« Um Zombies zu machen? Tektek schweigt. Sein Ringfinger zittert, und der Rubin scheint kurz aufzuleuchten.

Ein paar Gräberstraßen weiter flackern schwarze Kerzen an einem massiven Steinkreuz. Es verkörpert Baron Samedi, den Totengott. Feuer brennen, beißender Rauch steigt auf. Ein kopfloses Huhn zuckt am Boden. Sein Blut klebt am Kreuz. Der süßliche Duft des Todes hängt in der Luft wie ein Nebelschleier. Ein Bokor, ein Schwarzmagier, nimmt eine Stoffpuppe zur Hand. Sie hat kein Gesicht, doch zwischen den Beinen sind Penis und Schamhaar angenäht. Der Bokor umwickelt die Puppe mit Schnüren und Drähten und vergräbt sie vor dem Kreuz. Sein Auftraggeber, ein betont aufrecht gehender Mann in blau-weiß gestreiftem Hemd, tritt mit dem linken Fuß die Erde fest. »Wenn der Bokor eine Puppe von dir macht und sie vergräbt, vergräbt er *dich*!«, flüstert Tektek. »Du bist so gut wie tot!«

Mord also. Mord auf Distanz. Auf haitianische Art. Und als solcher im Strafrecht der Voodooinsel festgeschrieben. Niemand scheint jedoch jemals dafür verurteilt worden zu sein. Die Polizei braucht Beweise. Die Mordwaffe, eine Stoffpuppe? Eine Zauberformel? »Das perfekte Verbrechen«, sagt Tektek in der ihm eigenen Art zu sprechen. Und während das Opfer irgendwo nichts ahnend seinem täglichen Leben nachgeht, umrundet der Auftraggeber in seinem frisch gebügelten Hemd das Kreuz, peitscht es mit einem Seil und stößt kurze, spitze Laute aus. Der Bokor folgt ihm, schüttelt die Rassel, singt ein Totenlied – weggetreten, taumelnd, die Augen weit aufgerissen. Er spuckt Schnaps auf das Kreuz. Sonnenstrahlen brechen sich in der Gischt und bilden einen Regenbogen. »Er wird sterben«, schreit der Bokor auf Kreol. »In zwei Tagen ist er tot! Tot! Bezahl mich nicht, wenn er in zwei Tagen noch lebt!«

Wie soll das funktionieren? Führt der Bokor hier ein Ritual durch und verlässt danach den Friedhof, um das Opfer eigenhändig zu erschießen, zu erstechen, zu vergiften? »Der Bokor hat den Mann bereits getötet«, sagt Tektek verärgert und streichelt Erzulis Rubinring, als bitte er die Göttin für die alberne Frage um Verzeihung. »Gerade eben, vor unseren Augen. Das Opfer hat keine Chance mehr.« Schwarze Magie solcher Art stehe am Anfang jeder *zombification*, erklärt Tektek leise. Nach einer Zeremonie solle man allerdings besser nicht mit einem Magier sprechen. Er sei noch heiß und unberechenbar, aufgeladen von dunkler Macht.

In Haiti ist die Wirklichkeit oft merkwürdiger als die Fiktion. Es gibt Schätzungen, wonach jährlich bis zu tausend Personen von ihren Familien oder Freunden als zurückgekehrte Zombies anerkannt werden, als Menschen, die gestorben sind, begraben wurden und später wieder auftauchen. Selbst Wissenschaftler diskutieren darüber, ob Zombies tatsächlich existieren. Während die einen glauben, es handle sich um herumirrende geistig Verwirrte und bei deren Identifikation durch Verwandte schlichtweg um Verwechslungen, vermuten andere, dass die Bokor ihre Opfer in einen todesähnlichen Zustand versetzen, mit Tetrodotoxin, einem Gift, das aus lokalen Kugelfischen gewonnen wird. Es soll durch die Haut in den Körper dringen und die Lebensfunktionen derart drosseln, dass der »Tote« im Sarg eine gewisse Zeit zu überstehen vermag. In der Nacht nach der Beerdigung bricht der Bokor nach dieser Theorie den Sarg auf und belebt sein Opfer wieder, möglicherweise mit Extrakten aus dem Stechapfel (*Datura stramonium*). Jenseits wissenschaftlicher Erklärungsversuche ist die Angst vor einer *zombification* in Haiti so groß, dass manche Angehörige ihre Verstorbenen zur Sicherheit ein zweites Mal töten – durch Strangulation oder eine starke Giftinjektion. Ein Leben als Zombie soll ihnen so erspart bleiben.

Den Schlüssel zum Geheimnis hüten die Bokor. Tektek kennt einen in Jacmel, hundertzwanzig Kilometer südwestlich der haitianischen Hauptstadt. Das bunt lackierte *taptap*, wie die überfüllten Kleinbusse in Haiti genannt werden, quält sich durch die staubigen, drückend heißen Straßen von Port-au-Prince, vorbei an Marktständen und kleinen Läden, in denen Sicherheitsleute mit Schnellfeuergewehren hantieren, an fliegenden Händlern und Bettlern und Schreibern, die für ihre Kunden Briefe in rostige Maschinen hacken. Zahlreiche Kanaldeckel fehlen, den Schlünden der Straße entströmt ein ekelerregender Gestank. In den Stromleitungen hängen Papierdrachen wie zerfetzte Krähen.

»Die meisten Voodoopriester haben Gutes im Sinn«, erklärt Tektek, während das *taptap* die ausgefransten Ränder von Port-au-Prince hinter sich lässt. Er wiederholt das mehrmals, um zu unterstreichen, wie wichtig es ihm ist. »Ein Voodoopriester bittet die Götter für seine Gemeinschaft um Arbeit, Geld, Glück, Liebe, Gesundheit. Der Bokor dagegen kann nur schaden, nur töten.« Voodoo sei im Grunde eine sehr positive Religion. Die schwarze Magie, die Stoffpuppen, die Zombies – das alles habe nur am Rande mit Voodoo zu tun und bestimme zu Unrecht das Bild, das sich Außenstehende davon machten. »Weil ihr Weißen euch nur für das Spektakuläre interessiert«, sagt Tektek in den ofenheißen Fahrtwind hinein.

Die Straße überquert jetzt eine Halbinsel, die wie eine warzige Zunge an der Karibik leckt. Der Anblick des geschundenen Landes offenbart das ganze Verhängnis Haitis, das zu den ärmsten Ländern der Erde zählt, überbevölkert, mit schlechten hygienischen Verhältnissen, von Krankheiten geplagt. Eine Infrastruktur ist nur rudimentär vorhanden, die Sicherheitslage kritisch.

Die Aussicht aus dem *taptap* gewährt wenig von dem, was die Phantasie gemeinhin mit einer karibischen Insel verbindet. Die Wälder sind abgeholzt. Der Regen hat den Boden weggespült. Bauern graben Terrassen in öde Hänge. In glühenden Dörfern häuft sich Müll, dampfen Kloaken, nirgendwo Schatten, in der Ferne leuchten weiße Strände; dahinter türkisgrünes Meer. »Wundervoll«, seufzt Tektek. »Berge, Täler – wundervoll.«

Nach dem brodelnden Port-au-Prince wirkt Jacmel wie ein kleines Paradies. Kolonialbauten mit schmiedeeisernen Geländern an den Balkonen erinnern an das Ende des neunzehnten Jahrhunderts, als der Ort ein wohlhabender Kaffeehafen war. Heute nagt die Seeluft an den Herrenhäusern, die einen windschiefen Charme verströmen. Jacmel ist berühmt für seinen ausgelassenen Karneval und die zahlreichen Künstler, die hier naive Gemälde und bunte Pappmaché-Skulpturen schaffen.

Der Bokor, den Tektek kennt, ist zweiundsiebzig Jahre alt und heißt Joseph. Sein linkes Auge ist blind, die Haut hängt schlaff über seine Schultern und Schlüsselbeine. Er gehört einer der Geheimgesellschaften an, die mit *zombification* zu tun haben sollen. Joseph sitzt im Halbdunkel seiner Bretterhütte und ist nicht begeistert vom neugierigen Besuch. »Es ist eine Arbeit wie jede andere«, beginnt er nach langem Schweigen. Um den Fremden nicht ansehen zu müssen, mischt der Bokor Spielkarten. »Ich lasse dich sterben. Du wirst begraben. In der folgenden Nacht wecke ich deinen Körper auf. Du bist stark, aber willenlos. Du arbeitest auf meinem Feld. Oder ich verkaufe dich. Du wirst ein Zombie, ein Sklave.« Eine Karte fällt auf den Boden. Es ist das Pik-Ass.

Er habe eine lange Lehrzeit absolviert, fährt der Bokor fort und betrachtet die Karte eingehend, als habe sie etwas mit dem zu tun, was er zu sagen hat. Um Menschen in Zombies zu verwandeln, bedürfe es magischer Formeln, Inkantationen in der Sprache der Geister, spezieller Zutaten aus der Buschapotheke – alles streng gehütete Geheimnisse. Tekteks Ringfinger zittert wie ein Malariakranker. Sein Rubinring schimmert eigenartig im Licht der Glühbirne.

»Ich weiß alles über Zombies«, sagt der Bokor beschwörend. »Hollywood weiß nichts.« Ein Zombie könne sehr wohl sterben, sobald seine Zeit gekommen sei. Eine Enthauptung sei unnötig. Und das Zombiedasein stelle mitnichten eine ansteckende Krankheit dar. Nur ein Bokor könne einen Untoten hervorbringen, der dann gefesselt und ständig gezüchtigt werden müsse. Auf keinen Fall jedoch dürfe ein Zombie Salz essen, warnt der Bokor und schiebt das Pik-Ass wieder zwischen die anderen Karten. Weil er sonst aufwache, sehr wütend werde und den Bokor totschlage. Einen Zombie sehen? Der Bokor erhebt sich eilig. Die Audienz ist beendet.

Einen Zombie sehen – mit eigenen Augen. Dass lebende Tote tatsächlich auf versteckten Feldern arbeiten könnten, erscheint angesichts der hohen Bevölkerungsdichte Haitis wenig glaubhaft. Doch wer weiß? Die meisten Felder gibt es im Norden des Landes. Aus den Lautsprechern des Busses, der uns in diese Gegend bringt, schreit ein protestantischer Prediger sein Glaubensbekenntnis. Der Chauffeur schließt andächtig die Augen, lässt das Lenkrad los, erhebt die Hände zum Himmel – bei Tempo siebzig auf einer zerfressenen Landstraße, von der hinter Saint Marc noch eine kalkweiße Piste übrig ist. Staub dringt durch die Löcher im Unterboden. »Das Ende naht!«, schreit der Prediger. »Betet! Betet!« Draußen zieht eine erstickte Landschaft vorüber: dorniges Buschwerk wie mit künstlichem Schnee besprüht, Kakteen wie riesige Eiskristalle. »Gott ist gütig!«, singen die Leute im Bus. »Alles wird gut. Amen! Amen!« Die vertraute Gebetswendung ruft in Erinnerung, dass bis zu neunzig Prozent der Haitianer Christen sind. Die meisten sollen gleichzeitig Anhänger des Voodoo sein.

An der Nordküste von Haiti liegt Cap Haitien, die zweitgrößte Stadt des Landes. Die Architektur erinnert eher an spanische als an französische Vorbilder. Die engen Straßen bieten fast immer eine schattige Seite, auf der man gehen kann. Am Abend genießen die Leute den frischen Seewind auf ihren Balkonen. Im Hafen warten Berge getrockneter Orangenschalen auf ihre Verladung nach Frankreich – als Zutaten der Liköre Grand Marnier und Cointreau.

Medine, der grobschlächtige Bokor mit den trüben Augen, wohnt etwas außerhalb der Stadt. Es war viel Zeit notwendig, um einen gesprächigen Magier zu finden. Nicht ohne Stolz behauptet Medine, er habe zwei Zombies versteckt. Ob der *blanc*, der weiße Fremde, sie sehen darf, könne er jedoch nicht selbst entscheiden. Die Götter müssen befragt werden. Im Voodootempel ist es düster und schwül. Es riecht eigenartig, entfernt nach Vanille. Auf dem Altar stehen Heiligenbilder, Flaschen und irdene Krüge mit »kleinen Engeln« – gefangenen Seelen. Daneben liegt das Wasserbecken für den Schlangengott Damballah. Am Grund hocken weiße Plastikfrösche. Ameisen wuseln über Baron Samedis Kreuz und lassen es lebendig erscheinen.

Der Bokor wäscht sich die Hände mit Rum und zündet sie über einer Kerze an. Blaue Flammen züngeln bis zu seinen Ellbogen. Leute drängen herein, darunter eine Mambo, eine Voodoopriesterin, die Rum auf den Boden tröpfelt und eine Rassel schüttelt. Frauen mit schwangeren Bäuchen klatschen in die Hände und singen. Trommeln schlagen, rasen, und die Dunkelheit im Tempel verdichtet sich, spannt sich, droht zu zerreißen wie eine schwarze Folie. Dann stößt der Bokor einen Schrei aus, einen hässlichen, gutturalen Schrei, der einen zurückweichen lässt. Er schnellt in einer unerklärlichen Bewegung in den Stand, keift, zittert, reißt die Augen auf und rollt sie nach hinten – weiße Kugeln, umgarnt von blutroten Äderchen. »Baron Samedi!«, ruft die Mambo. »Baron Samedi ist gekommen!«

Der Totengott, der jetzt im Körper des Bokor steckt, wird weiß gepudert. Er ächzt, stöhnt, fragt mit einer Fistelstimme, warum er gerufen wurde. Die Mambo sagt es ihm. Baron Samedi bäumt sich auf und brüllt. Tektek reibt an Erzulis Ring wie Aladin an der Wunderlampe. »707 Gourdes!«, sagt Baron Samedi plötzlich, und die Forderung nach Geld lässt die Spannung ins Absurde kippen. Doch außer dem Fremden, scheint das niemand so zu sehen. Das Surreale ist hier ganz normal. »Sehr teuer«, entgegnet Tektek mutig. »307?« Schließlich einigt er sich mit dem Totengott auf 407 Gourdes.

Draußen ist es Nacht geworden. Nacht der lebenden Toten? Die Mambo geht voran und träufelt Rum auf den Pfad. Baron Samedi folgt ihr, gepudert, die Hüften schwingend, zischelnd – *tsts-tststs* –, dahinter die Frauen, Tektek und der weiße Fremde. Erschrockene Kinder stieben auseinander wie aufgeschreckte Fliegen. »Ich, ich …«, stammelt Tektek. »Diese Dinge … sie machen mir Angst.«

In einem verlassenen Gehöft wird das schwere Vorhängeschloss eines Bretterverschlags geöffnet. Die Tür springt auf. Drinnen kauern zwei in Lumpen gekleidete Gestalten am Boden. Keine halb verwesten Glieder, keine Reißzähne. Zwei Männer aus der Nachbarschaft, die sich für einen Mummenschanz hergeben? Ein Hokuspokus für den Fremden? Doch dann erhebt sich einer von ihnen. Seine Handgelenke sind vernarbt wie von Stricken oder Ketten, seine Augen starr zu Boden gerichtet. Eine kreisrunde Wunde klafft in seiner Brust. Tektek weicht einen Schritt zurück, und sein Ringfinger schlägt aus wie die Nadel eines Strahlendetektors. Der Rubin glüht und funkelt. »Ti-Jean«, sagt der Mann in näselndem Tonfall. Er steht steif da und reibt sich unentwegt die Schultern. »Ti-Jean, heiße Ti-Jean.«

Ti-Jean und sein Bruder seien Denunzianten gewesen, findet Tektek heraus. Sie hätten Nachbarn und Verwandte bei der Polizei angeschwärzt. Ein Bokor wurde beauftragt. Kurz darauf hätten sie Fieber bekommen, ihre Bäuche seien angeschwollen. Zwei Tage später seien sie gestorben und begraben worden. »Ti-Jean, heiße Ti-Jean«, sagt der Mann immerzu. Sein Bruder hockt am Boden und klappert mit den Zähnen. »Jeder im Ort hat die Zombies als die Denunzianten wiedererkannt«, flüstert Tektek. »Sie haben ihr Schicksal verdient. Öffne ihre Gräber, und du wirst sie verlassen finden.«

Darf man ihnen Fragen stellen? Baron Samedi fährt wütend auf, verzerrt sein Gesicht zu einer grausigen Grimasse, schlägt mit dem Stock um sich. Er stößt alle hinaus. Auf dem kleinen Vorplatz knallt eine Peitsche; dann sackt der Körper des Bokor zusammen. Der Totengott hat ihn verlassen. Medine ist wieder Medine. Sie setzen ihn auf eine Baumwurzel. Er ist benommen, erschöpft, sagt, er könne sich an nichts erinnern.

Sind die beiden Brüder wirklich Zombies? Oder sind sie gar nicht an ihrer Krankheit gestorben? Hat der Bokor sie nur leicht vergiftet und dann heimlich eingesperrt? Wurden etwa leere Särge bestattet? Eine groteske Art von Selbstjustiz? »Ihr Weißen denkt, dass ihr alles erklären könnt«, sagt Tektek leise. »Dabei wisst ihr nichts.« Seine Hand liegt auf der Brust. Der Ringfinger wirkt leblos, der Rubin erloschen, fast schwarz.

Am Popocatépetl *begegnete ich dem Tod. Meinem Tod. Es gibt Leute, die behaupten, ich hätte ihn gesucht. Für mein Empfinden trat er völlig überraschend in mein Leben. Im Frühjahr 2005 wanderte ich durch die Falten des Popocatépetl, eines Vulkans im mexikanischen Hochland. Oberhalb der Baumgrenze gab es plötzlich eine laute Explosion. Eine Bö schlug mir entgegen wie die Druckwelle einer Bombe und warf mich zu Boden. Steinbrocken regneten vom Himmel. Ich fand Schutz in einer kleinen Höhle, als die Erde auf einmal heftig erbebte. Felsen krachten herab. Es wurde stockdunkel. Und still. So still, dass ich ernsthaft glaubte, ich sei tot. Aber ich lebte. In den nächsten Stunden würde ich dies bedauern.*

Um mich herum herrschte völlige Finsternis. Ich hatte keine Lampe bei mir und wusste nicht, wo sich der Eingang befand, durch den ich hereingekrochen und der nun verschüttet war. Vorsichtig befühlte ich meinen Körper ... ich war unverletzt ... gefangen ... in einer Höhle, kaum groß genug, um mich darin umzudrehen. Ich vernahm ein schweres Schnaufen, hielt die Luft an, das Geräusch verstummte jedoch nicht: der Atem des Vulkans – er durchdrang das Gestein und belebte die Finsternis. Ich zitterte.

Niemand wusste, dass ich mich dort oben aufhielt. Dreitausend Meter über dem Meer. Allein. Wie lange würde der Sauerstoff in diesem Verlies ausreichen? Alles, dachte ich in panischer Angst, nur nicht ersticken, nicht ... tastete um mich wie ein Blinder, räumte Steinbrocken weg, hier einen, dort einen, wahllos, ohne Orientierung, bis ich erschöpft zusammensank. Es war zwecklos. Ich saß fest.

Ich möchte hier nicht beschreiben, was mir in diesen Stunden durch den Kopf ging, denn ich habe dies an anderer Stelle versucht, in einem Buch, das so verstörend war, dass niemand es drucken wollte. Viel wichtiger scheint mir, was mich dieses Erlebnis gelehrt hat. Lange Zeit hatte ich geglaubt, ich würde die Dinge aufschreiben, um festzuhalten, dass sie geschehen sind. Erst als ich über die mexikanische Höhle schrieb, verstand ich: Du hältst fest, dass du selbst geschiehst, reisend, unterwegs, du geschiehst, indem du dich von deiner Kultur und von dir selbst losreißt, um dich später wieder hineinzuversetzen. Hat der Popocatépetl nicht genau das mit mir gemacht?

Erst ganz allmählich habe ich begriffen, dass sich im alchimistischen Akt des Schreibens meine Zeit in Raum verwandelt, einen Raum, durch den ich wandere, um die Welt stetig neu zu entdecken. Deshalb sind Schreiben und Reisen für mich untrennbar miteinander verbunden. Das eine funktioniert nicht ohne das andere. »Ich reise, weil ich schreibe«, hat Ryszard Kapuściński einmal gesagt. Bei mir ist es eher so, dass ich schreibe, damit ich überhaupt reisen kann, weiterreisen, immer weiter, durch einen Raum, der sich fortwährend um mich herum ausdehnt. Auf diesen Raum kommt es mir an, auf die Bewegung, den Weg, das geografische Werden.

Der Berg bebte noch einmal an jenem Tag. Er ließ meine Zähne klappern, Schweiß rann mir in die Augen, mein Herz raste. Ich zog die Knie an die Brust. Doch auf einmal verebbte meine Angst, und eine tiefe Dankbarkeit durchströmte mich. Du wirst nicht ersticken, dachte ich, während sich Ge-

stein aus der Gewölbedecke löste, der Popocatépetl wird dich ausschalten, ein paar Millionen Tonnen erkalteter Lava und Obsidian, in weniger als einer Sekunde, einfach so – OFF!

Stattdessen gebar mich der Vulkan. Die Höhle hielt dem Beben stand, und die Erschütterungen ließen das Geröll vor dem Eingang ein wenig zusammensacken. Licht fiel herein. Mit letzter Kraft wühlte ich mich hinaus. Und wurde ohnmächtig. Oder schlief ein. Jedenfalls war es dunkel, als ich zu mir kam. Ich stieg ein paar Hundert Meter hinab, rollte mich in meine Jacke ein und verbrachte die Nacht im Wald. Auf dem Rückweg beim Abstieg ins Tal am nächsten Morgen wusste ich, dass ich nie mehr nach Mexiko zurückkehren würde, wenn ich jetzt nach Hause flog. Es mag pathetisch klingen, aber warum sollte ich es nicht aussprechen: Ich liebe Mexiko.

Und so fuhr ich mit dem Bus an die Pazifikküste, nach Puerto Escondido. Nach der Finsternis in meinem Verlies wollte ich den Horizont sehen, das Meer, Wolken, Licht, ich wollte den Seewind spüren, atmen.

Mexiko
Die Welt in der Hängematte

Ich lasse gern einen breiten Rand an meinem Leben.
Henry David Thoreau

Man müsste es wie Goethe machen, der Idiot:
alles und jedes gut finden ... jeden kleinen Katzenschiss
bewundert der und bringt sich damit ins Gerede.
Rolf Dieter Brinkmann

Zuerst tauchen Fregattvögel auf, feine Risse im Morgenhimmel, und erst viel später sind die Boote der Fischer zu erkennen: winzige Schatten, die zögernd aus der Weite des mexikanischen Pazifiks wachsen, bis sie Farben annehmen, ihre Namen am Bug zu erkennen sind – *Dolores, Betty, Dayana* – und die hölzernen Körper sich schließlich in den palmengesäumten Strand von Puerto Escondido graben. Sand knirscht unter den Kielen wie zertretenes Glas.

Bald rollen die Fischer ihre Boote auf Palmstämmen an Land, laden Schwert-, Thun-, Tintenfische aus, Red Snapper, Bonitos, Hummer; sie wiegen, feilschen, schneiden, hacken, zertrümmern massive Eisblöcke und bedecken den Fisch mit den Splittern. Die Fregattvögel schwirren jetzt dicht über ihren Köpfen, mit den Schwanzfedern gestikulierend wie mit asiatischen Essstäbchen. Netze werden ausgebreitet, geflickt, zusammengerollt. Filets brutzeln bereits in siedendem Öl, während das weiche Licht der Morgensonne an starken Angelleinen durch den Schatten der Palmen läuft, hinüber zu den ersten Badegästen, die ihre Handtücher ausbreiten und bunte Schwimmwesten anlegen. Denn die sanft geschwungene Bucht von Puerto Escondido ist nicht nur eine Bühne des mexikanischen Alltags, sondern auch eine der beliebtesten Bademeilen östlich von Acapulco. Die Strände zwischen Puerto Escondido und dem siebzig Kilometer entfernten Puerto Angel gehören zu den schönsten in Mittelamerika. Und am Pazifik gibt es keine Bettenburgen. Hier ist Mexiko noch Mexiko.

Rührt daher diese innere Stimme, die zum Weiterreisen drängt? Weil hinter der nächsten Klippe womöglich noch schönere Strände warten? Noch feinerer Sand, noch klareres Wasser? Noch intensivere Eindrücke und Begegnungen? »Dort« – an der mexikanischen Pazifikküste wirkt das Wörtchen wie eine Zauberformel, von der sich der Reisende unwiderstehlich vorwärtsgezogen fühlt, von Strand zu Strand, stetig nach Osten, Puerto Angel entgegen. Dort, die Wellen, die Dörfer, das Anderswo.

Das Sammeltaxi verlässt Puerto Escondido, nachdem der letzte Platz auf den Holzbänken der Ladefläche belegt ist. Bald entrollt sich die Küstenstraße durch sonnenverbrannte Hügel, gelegentlich von Maisfeldern durchbrochen, von Palmen, Papayapflanzungen oder strohgedeckten Hütten; dahinter reihen sich ununterbrochen kleine Strände an den sattblauen Streifen des Pazifiks. Der Fahrtwind ist heiß, aus der Fahrerkabine klingt mexikanischer Hip-Hop, eine Mutter säugt ihr Baby, Kisten und Säcke stapeln sich, Sonnenstrahlen sickern durch die Risse in der Plane und lassen das Rückengefieder eines Truthahns bronzefarben schimmern. Die Füße gefesselt, hängt er am Handgelenk einer Bäuerin wie eine groteske Tasche und kollert laut, als wolle er irgendwelche Hennen auf sich aufmerksam machen.

»Fleisch!«, sagt die Bäuerin, lächelt und reibt sich vielsagend den Bauch; dann schlägt sie den Griff ihres rostigen Messers gegen das Bodenblech des Pick-ups, als Zeichen für den Fahrer, dass er anhalten soll. Die Frau bezahlt, steigt aus und verschwindet mit dem Truthahn auf einem der zahllosen Pfade, die sich in der Hitze verlieren.

Im Dorf La Ventanilla, das nach einem natürlichen Fenster in den Klippen benannt ist, taucht Eduardo Reyes-Sanchez sein Paddel ins Wasser, behutsam, als könnte er die Lagune damit verletzen. »Unsere Flusskrokodile sind friedliche Tiere«, erklärt der stämmige Mann in Shorts und Strohhut seinen Gästen, Mexikanern, die mit ihren Kindern einen Ausflug an die Küste machen. Auf Sandbänken sonnen sich sechs Meter lange und eine Tonne schwere Reptilien, weitere treiben im Wasser: Baumstämme mit Augen, Schnauzen wie Klarinetten, gezackte Schwänze. »Sie fürchten den Menschen«, flüstert Eduardo. »Sie haben Angst, sich in Schuhe, Gürtel oder Geldbörsen zu verwandeln.«

Seit über zehn Jahren paddelt Eduardo Besucher durch die Mangrovenwälder der Lagune. Gespeist vom Río Grande Tonameca und vom Río San Francisco, bietet sie vom Aussterben bedrohten Spitzkrokodilen und Hunderten exotischer Vogelarten einen geschützten Lebensraum. Geschützt, weil die kleine Gemeinde von La Ventanilla dies so beschlossen hat. Ein Programm zur Aufzucht von Krokodilen, Patrouillen gegen Wilderer, Recyclingprojekte, eine Mangroven-Baumschule, aus der wiederaufgeforstet wird, was der Hurrikan Paulina 1997 zerstört hat – und niemand wird für seine Arbeit bezahlt. »Wir machen es aus Überzeugung«, sagt Eduardo, der eigentlich Bohnenbauer ist. »Wir machen es für unsere Kinder.«

Eduardos Paddel schickt gluckernde Strudel in die Lagune hinaus. Mangroven balancieren wie langbeinige Insekten über das Wasser, das sie wie natürliche Filter reinigen und korallenrot färben. Ein Schwarm Kuhreiher lässt abgestorbene Bäume weiß erblühen. Ameisen- und Waschbären, Silberdachse, Grüne Iguanas. Und immer wieder Krokodile. Höchstens dreihundert davon kann die Lagune einen Lebensraum bieten. »Nächstes Jahr erreichen wir diese Zahl«, freut sich Eduardo. »Dann werden wir Krokodile für andere Lagunen aufziehen.« Allerdings fehlen hierzu bisher noch die Mittel.

Die Lagune von La Ventanilla könnte man tagelang durchstreifen, doch die innere Stimme meldet sich zu Wort, gibt keine Ruhe. Sie drängelt, quengelt, zieht. Dort, beharrt sie, nur wenige Kilometer von hier, warte der Traumstrand von Mazunte. Tatsächlich ist der Pazifik dort von noch makelloserem Ultramarin, besprenkelt mit noch feinerem Wellenschaum. Strohgedeckte Hütten – *palapas* – kleben wie Vogelnester an den Hängen, die sich hinter dem Strand erheben. In Rot- und Brauntönen gehalten, sind sie kaum auszumachen im sonnenverbrannten Gestrüpp, das die Hügel überzieht wie ein borstiger Pelz.

Noch vor wenigen Jahren war Mazunte, wie alle Küstenorte zwischen Puerto Escondido und Puerto Angel, ein abgelegenes Fischerdorf. Die Leute lebten von der Jagd auf Schildkröten. Nach dem Erlass des Fangverbots von 1990 verschrieben sie sich dem Schutz derselben und bauten ein Schildkrötenzentrum, das mit seinen sehenswerten Schaubecken landesweite Berühmtheit erlangt hat. Die Fischerdörfer wurden durch asphaltierte Stichstraßen an den Highway im Hinterland angebunden, das nahe Puerto

Escondido fand Anschluss ans nationale Flugnetz, und der Küstenstreifen entwickelte sich vom Geheimtipp unter Rucksackreisenden zu einer beliebten Urlaubsmeile für Mexikaner.

Auch Reisende aus Übersee entdecken allmählich die Vorzüge der Region und kehren den Bettenburgen auf der Halbinsel Yucatán den Rücken. Obwohl die Standards nicht vergleichbar sind. Oder gerade deshalb. Nach Mazunte beispielsweise sind Klimaanlagen noch nicht vorgedrungen. Fließend heißes Wasser gibt es selten. Telefon? Internet? Meist außer Betrieb. Stattdessen: zwei Kilometer Strand von leuchtendem Weiß, gerahmt von Strohdächern. Hühner gackern zwischen Palmen. Zum Essen rücken die Leute ihre Tische in den Sand und speisen hypnotisiert von den Gezeiten.

Im *Cabañas Ziga*, einer Pension, die etwas erhöht am östlichen Ende der Bucht liegt, sorgt ein Skorpion im Zimmer für Aufregung. »Skorpionstiche, na, Skorpionstiche sind Medizin«, entgegnet die Hausherrin Doña Ziga, eine liebenswürdige Frau in Blumenkleid und Schürze. »Das Gift, na, es geht direkt ins Gehirn. Hilft gegen Nervosität und hohen Blutdruck. Mehr als drei Stiche am Tag, na, das sollte man besser vermeiden.« Mazunte liege eben auf dem Land. Und auf dem Land, na, da gebe es eben Tiere. Doña Ziga zertritt den Skorpion trotzdem, der Gast soll sich in ihrem Haus schließlich wohlfühlen.

Tage in Mazunte sind Tage in der Hängematte. Unter Palmen lesen, schreiben, dösen; den Fregattvögeln am Himmel nachsehen oder einfach nichts tun, vor allem nicht denken, mit geschlossenen Augen den Wellen lauschen, dem Rascheln der Palmfächer, den Seewind auf der Haut spüren und die unsichtbaren Hände der Erdumdrehung, die einen sachte wiegen. Mazunte gehört zu den Orten, wo sich die Abreise immer weiter hinauszögert. Die drängende, innere Stimme wird schwächer, langsam, als entferne sie sich in einem davontreibenden Boot. Noch ist sie deutlich hörbar: Dort! Was steht im *Lonely Planet*? »*Zipolite – Another glorious beach!*« Gut, denn: Raus aus der Hängematte, weiter – dorthin.

Wirklich *glorious* ist in Zipolite das westliche Ende des Strands, wo Antonio Nadurille und die Schweizerin Regula Hillmann das *Lo Cósmico* führen, eine Oase der Ruhe, die aus der Zeit gefallen scheint. Durch Felsen und Meer vom Rest Zipolites getrennt, streben *palapas* auf hohen Pfählen die Klippen hinauf. Die großzügigen Unterkünfte erinnern von außen an eine Siedlung aus der Steinzeit. Antonio steigt zum obersten Pfahlhaus hinauf und rollt hoch über dem Pazifik ein Foto aus. Es zeigt Zipolite vor zwanzig Jahren: Meer, Palmen, Sand – sonst nichts. »Damals sah ich tagelang nur meine eigenen Fußspuren«, erinnert sich Antonio.

Heute ist die Zeit der Robinsonaden vorbei. Eine lange Reihe aus *palapas* säumt den Strand, und trotz strenger Bestimmungen sind erste Gebäude aus Beton entstanden. Die Region bietet außer Fischfang und ertragsarmer Landwirtschaft kaum Lebensgrundlagen. Der Tourismus ist der einzige Hoffnungsschimmer. »Wir dürfen trotzdem nicht die gleichen Fehler machen wie an der Karibikküste«, sagt Antonio und verweist auf lokale Organisationen und Vereinigungen, die für den Schutz der Natur und des Landschaftsbildes an der Pazifikküste kämpfen.

In Zipolite rollt das Meer ungestüm herein. Surfer reiten auf wuchtigen Brechern. Rettungsschwimmer haben ein waches Auge, denn die Unterströmung ist gefährlich. Jedes Jahr kommen hier unvorsichtige Schwimmer ums Leben. Der Aufruhr des Ozeans steht in starkem Gegensatz zur Gelassenheit an Land: Ein Junge spaziert über einen Pfad, einen Thunfisch geschultert. Esel sind mit riesigen Bündeln von Palmfächern beladen, was aussieht, als trügen sie ihre eigenen Stallungen mit sich herum. Vereinzelt wippen Reisende in Hängematten, an Strohhalmen saugend. Die meisten sind seit Monaten unterwegs, wollen weiter nach Guatemala, Honduras oder Costa Rica, ohne ein bestimmtes Rückreisedatum, ohne Eile.

Ein Fischer sitzt im Schaukelstuhl, zupft auf seiner Gitarre und raucht Pfeife. »Komm, Junge!«, ruft er, als er den Fremden sieht. »Komm essen!« Wenig später ist der Tisch gedeckt: Tortillas, frischer Tintenfisch, scharfe Soßen. »Ah, Mexiko!«, ruft der Fischer aus und lacht und stapelt gegrillte Filets auf den Teller seines Gastes. »Bei uns in Mexiko wird gegessen, dann die Siesta genossen und wieder gegessen. Bei uns in Mexiko, Junge, da lernst du leben!« Allmählich wird es Abend, der Wind ist lau, der Horizont über dem Meer leicht geschwungen. Wellen donnern auf den Strand und lassen das Bett in der *palapa* beben.

Am folgenden Morgen fällt es besonders schwer, aufzubrechen. Die drängende Stimme ist kaum noch zu vernehmen. Eine Stunde östlich von Zipolite, immer die verschlafene alte Küstenstraße entlang, lässt die zerklüftete Felsenbucht von Puerto Angel an eine Seeräuberfestung denken. Ein böiger Morgen. Palmen rudern mit ihren Armen wie Windmühlen. Kastanienbraune Kinder springen von der Mole ins Wasser, Saltos schlagend, kreischend vor Glück. Taucher steigen aus dem Meer, klappen einen Tisch auf, öffnen frische Austern und bieten sie Strandgängern an. Fregattvögel stehen am Himmel wie Drachen an einer Schnur.

Dort, die Hängematte. In ihr ordnen sich die Eindrücke der Reise, die einzelnen Teile finden zusammen, kommen zur Ruhe. Essen, Siesta, Essen ... während man die Welt durch die Maschen der Hängematte betrachtet, durch ihr gleichmäßiges Muster aus ruhigen Farben, stellt sich ein wohltuendes Gefühl ein: zu sein, wahrhaftig zu sein – nichts weiter. Die drängende Stimme ist endgültig verstummt, einer anderen gewichen. Die säuselt: »Hör nicht auf das Dort; das Dort ist hier – jetzt!«

Irgendwo erklingt der Gesang von Mariachis. Fischerboote verlassen die Bucht. Nach und nach verblasst ihre Farbe, sie schrumpfen zu winzigen Schatten und lösen sich in der Weite des mexikanischen Pazifiks auf. Nur die Fregattvögel bleiben zurück, feine Risse im Morgenhimmel.

»Ich weiß«, *sagte der Redakteur am Telefon, »Island ist nicht Afrika oder Südamerika, aber es gibt auch dort großartige Landschaften.« Ich flog ein paar Tage später und begegnete in den Westfjorden einem vertrauten Thema wieder, dem alten inneren Konflikt des Reisenden, ob er gehen oder bleiben soll.*

Island kam mir vor wie eine Leinwand, eine Projektionsfläche für alle Arten von Sehnsüchten. Es verging kein Tag, ohne dass ich mir vorstellte, wie es wäre, sich an einem dieser vergessenen Orte niederzulassen. In Adams Garten, auf Noahs Arche oder Robinsons Insel. Und den Rest zu vergessen. So zu tun, als existiere nur dieses Tal, nur dieser Fjord – bis die Welt dich einholt. Denn sie holt dich ein, die Welt, sie findet dich, stöbert dich auf, wo immer du Zuflucht suchst. Die Welt ist schlau, sie weiß alles – über jeden, jederzeit.

Island
Im Innern der Stille

*Auf Reisen habe ich manchmal
an den merkwürdigsten Orten das Gefühl,
dass ich nirgendwo anders sein möchte.*
Paul Theroux

Elisabet bleibt, sie geht nicht weg – nirgendwohin. Früher gab es in Ingjaldssandur sieben Farmen. Zuerst machten sich die Jungen davon, dann starben die Alten, und die Gehöfte verwaisten. Heute ist Elisabet die letzte Bewohnerin des entlegenen Tals in den isländischen Westfjorden. »Ja, ja ... die Westfjorde ... ja, ja«, sagt die kräftige, kleine Schafzüchterin manchmal in ihr Schweigen hinein, auf der windschiefen Terrasse in einem zerschlissenen roten Polstersessel sitzend wie darin festgewachsen. »Die Westfjorde ... ja, ja ... die lassen dich einfach nicht los.«

Draußen auf der Wiese steht ihr Traktor. Die Ölpumpe streikt, mitten in der Heuernte. Der Mechaniker hat keine Eile, die schlechte Piste nach Ingjaldssandur zu nehmen. Für ihn ist eine Ölpumpe eine Bagatelle. Für Elisabet ist sie so kostbar wie ihr ganzer Hof, denn wenn sie das Gras nicht rechtzeitig einfährt, bringt sie ihre hundertfünfzig Schafe nicht durch den Winter, und im Tal gehen endgültig die Lichter aus.

Das Tal, *ihr* Tal – es spiegelt sich in Elisabets Sonnenbrille: Ruinen verlassener Gehöfte, Gras an steilen Hängen, weiter oben nur Geröll. Gleich hinter dem Farmhaus wütet der Nordatlantik. Im Winter ist die Passstraße oft unpassierbar und die Farm von der Außenwelt abgeschnitten. Polarfüchse machen sich über die Lämmer her. Und die Stürme – in diesen entlegenen Tälern können sie einen Hof mühelos auf das Meer hinausblasen.»Ja, ja … die Westfjorde«, sagt Elisabet wieder und verschränkt die Arme vor der Brust. »Ein wenig verrückt muss man schon sein, um hierzubleiben.«

Jeder dritte Westfjorder hat sich diesem ganz speziellen Lebensgefühl in den letzten zwanzig Jahren entzogen und jene isländische Halbinsel verlassen, die sich wie eine vielfingrige Hand nach der Arktis ausstreckt. Fischerei und Schafzucht bringen nicht mehr genug ein. Alternativen gibt es kaum. Die Jungen gehen nach Reykjavík, um zu studieren, und bleiben im Süden hängen, im gelobten Land für alle, die mehr wollen – mehr Chancen, mehr Geld, mehr von der Welt. Nur 7500 Westfjorder harren noch auf ihrem zerklüfteten Vorposten im Atlantik aus, auf einer Fläche, viermal so groß wie das Saarland.

Gehen oder bleiben? Eine Reise auf der Ringstraße durch die Westfjorde führt immer auch zu Menschen und Orten, die von dieser Frage geprägt sind. Im Gegensatz zu ihrer großen Schwester, der viel befahrenen *Road No. 1* um die Hauptinsel Islands, ist die einsame Holperstrecke bei Reisenden kaum bekannt. Der Asphalt liegt verlassen da. Schafe ruhen sich unter den Leitplanken aus. Laternen brennen Lichtpunkte ins matte Blau des frühen Morgens. Ísafjörður, das Verwaltungszentrum der Westfjorde, schlummert auf einer Landzunge im ruhigen Wasser des Fjords, auf drei Seiten von Bergen umschlossen, eine Stadt wie ein Dorf, die Häuser niedrig und mit Wellblech verkleidet, manche bunt gestrichen, andere von der Seeluft zerfressen. In den Fenstern: Spitzengardinen, Tierfiguren, Puppen, Zwerge. Als gelte es, der rauen Welt draußen zu zeigen, dass es drinnen eigentlich ganz gemütlich ist.

Die Ringstraße führt geradewegs hinein in solche Innenwelten. Im Uhrzeigersinn befahren, taucht sie jenseits von Ísafjörður in menschenleere Weiten ein, eine vibrierende Schwingung aus Schotter und Asphalt, vom Wind in zahllose Fjorde hineingebogen. Wolken ziehen vor dunklen Steilwänden dahin wie Gänseflaum. Der Atlantik ist poliertes Blei, nur hier und da zerkratzt vom Kielwasser der Stockenten und Graugänse. Einzelne Strahlenbündel tasten sich über das Meer und lassen schwimmende Dorschzuchten aufscheinen. Dahinter bäumt sich der Drangajökull auf wie eine riesige gefrorene Woge, eine Reminiszenz an die letzte Eiszeit, als wandernde Gletschermassen die Gebirge zurechtschnitzten, um ihnen ihre heutige Gestalt zu verleihen: schroffe Wände, die aus flach gehobelten Hochebenen in die Buchten stürzen und nur wenig bewohnbares Unterland zulassen.

Die meisten, die versucht haben, hier zu leben, sind längst wieder fort. Ihre Gehöfte verwittern überall entlang der Ringstraße. Im kleinen Farmhaus bei Eyri bröckelt der Putz von den Wänden, die Fenster sind erblindet, in der Küche stehen noch Töpfe auf dem Herd. Spinnennetze, Vogelnester; Gras wächst aus dem Teppichboden. Die Natur holt sich langsam zurück, was ihr einst mühsam abgerungen wurde, und der Wind fegt durch die Räume, in denen einst Hoffnungen gehegt, Pläne geschmiedet, Leben gelebt worden sind. An solchen Orten wächst die Empfindung, in den Westfjorden an eine Grenze gelangt zu sein, in ein geisterhaftes Zwischenreich, genährt vom Gefühl der Einsamkeit, ein wenig traurig und zugleich erhebend, da ihm die scheinbare Gewissheit innewohnt, mit wenigen Schritten anderswo zu sein.

Anderswo – ein westfjordisches Synonym für dieses Wort ist Djúpavík, eine Handvoll Häuser an einem glasklaren Fjord im Norden der zerklüfteten Strandir-Küste. Zur Zeit des Heringsbooms in den Dreißigerjahren haben hier 260 Menschen gelebt; heute sind es noch zwei. Die Reykjavíker Eva und Ásbjörn sind nach Djúpavík gezogen, um hinter sich zu lassen, wonach jene strebten, die den Ort nach dem Ausbleiben des Herings verlassen haben: Business, Supermärkte, Kneipen, Kinos.

Vor zwanzig Jahren kam Ásbjörn, ein schweigsamer Grauhaariger mit Stoppelbart, aus Neugier nach Djúpavík. Als er wieder ging, war da ein riesiges Gebäude in seinem Kopf, eine monumentale Ruine mit verrosteten Maschinen, Trockenrohren, Fischöltanks. Er kehrte mit Eva zurück und kaufte, was noch von der alten Heringsfabrik übrig war. Seit zwei Jahrzehnten verschwindet er morgens in den labyrinthischen Hallen, allein mit den Gespenstern des Heringsbooms, und kommt erst abends wieder heraus. Niemand weiß so recht, was er dort drinnen den ganzen Tag über tut. Er hebt alles auf, jede Mutter, jeden Nagel, Türklinken, Schiffsschrauben, verstaubte Oldtimer, einfach alles, und so ist ein surreal anmutendes Kunstwerk entstanden, wie aus dem Fjord gewachsen, um Teil einer Landschaft zu werden, der etwas Magisches anhaftet.

Ursprünglich wollten Eva und Ásbjörn Fischzucht betreiben. Der Fjord erwies sich jedoch als nicht tief genug, und so kauften sie die ehemalige Unterkunft der Fabrikarbeiterinnen, aus der allmählich das *Hotel Djúpavík* entstand, das einsamste Hotel der Welt. »Ich liebe jeden Inch dieses Hauses«, sagt Eva mit leuchtenden Augen, während sie dampfenden Marmorkuchen aufschneidet. »Ich liebe den Wasserfall, das Meer, ich liebe es, im Herbst Beeren zu pflücken und im Frühjahr die ersten Blumen aus dem Schnee wachsen zu sehen.« Und Ásbjörn sagt, Djúpavík sei nichts anderes als eine einzigartige Beziehung zwischen Menschen, einem Ort und einer Landschaft.

Entlang der Ringstraße entblößen die Westfjorde ihre Seele, und diese verrät, dass unter der Abwanderung eine kaum wahrnehmbare entgegengesetzte Strömung verläuft. Was die einen vertreibt – der scheinbare Mangel an Perspektiven, die raue Natur, die Einsamkeit –, schlägt andere in seinen Bann. Menschen wie Stella, die pensionierte Schulleiterin aus dem Süden, die eine Scheune im entlegenen Heydalur in ein atemberaubendes Restaurant verwandelt hat und das Radio ausstellt, damit der Besucher die Stille hören kann, eine blaue Stille, wie sie nur in der Nähe der Arktis existiert, eine Stille, in welcher der Wind sitzt und leise Melodien pfeift.

Oder die quirlige Ingunn aus Reykjavík, die gern vor ihrem »Fernseher« sitzt, wie sie das große Fenster über dem Breiðafjörður nennt, und so tief in den Anblick der Inseln versinkt, dass der Feuermelder des Hauses an das Brot im Backofen erinnern muss. Tordur, der Bauer von Laugaland, tut alles, damit er mit seiner Familie in den Westfjorden bleiben kann, fährt nebenbei den Schulbus für die weit verstreuten Gehöfte und dreimal die Woche fünfhundert Kilometer, um auch den entlegensten Farmen die Post zu bringen. Und der raubeinige Finnbogi aus Bolungarvík füttert den Besucher mit *hákarl*, verrottetem Haifischfleisch, und Lammkeule, »geräuchert in Schafscheiße«, wie er quer über den Tisch brüllt, bevor er in gewählten Worten ausführt, dass er in den Westfjorden noch Mensch sein könne, woanders dagegen nur Teil eines Systems. Und Teile von Systemen, das wisse schließlich jeder, könnten nicht einfach hinausgehen und an die nächstbeste Laterne pinkeln, ohne weiter darüber nachdenken zu müssen.

Hinter Holmavík windet sich die Ringstraße die Tröllatunguheiði hinauf. Mit jeder Kurve wird die Vegetation in dieser Berglandschaft karger, bis an den Hängen nur noch die rätselhaften Kalligrafien blassgrünen Grases hervortreten. Der Himmel ist aus in Asche gewälzter Watte, das Licht grau, fast weiß. In den Mooren schimmert Wollgras. Irgendwo knarren Schneehühner. Außer der Piste findet sich im Hochland kein Hinweis auf menschliches Tun. Über dem Pass geht heftiger Regen nieder. Die Windschutzscheibe beschlägt. Steine klopfen an den Unterboden. Dann reißt plötzlich der Himmel auf, als schieden sich am Pass die Welten, und die Piste taucht hinunter zur Südküste der Halbinsel, wo Hunderte von Inseln wie Walrücken hinaus auf den Atlantik streben, tief liegende Wolken aus ihren Spritzlöchern blasend und so dicht gedrängt, dass sie den Blick auf den Horizont versperren.

Gehen oder bleiben? Jenseits des Passes überträgt sich die Frage allmählich auf den Reisenden, dem es immer schwerer fällt, sich loszumachen – vom heißen Pool in Reykhólar, vom majestätischen Kreisen des Seeadlers über dem Kollafjörður, von den Daunen, welche die Bauern aus den Nestern der Eiderenten sammeln, um sie ins Bettzeug zu stopfen –, und der doch immer wieder aufbricht, aufbrechen muss, weil in jedem Fjord neue Überraschungen und Schätze auf ihr warten: ein dichter Nadelwald in den fast baumlosen Westfjorden, der famose Seeteufel in Senfsoße in Bjarkalundur, die Algenschneider bei ihrer harten Arbeit draußen vor Skáleyjar.

In Látrabjarg, am westlichsten Punkt Europas, geht es endgültig nicht mehr weiter. Bleiben. Einfach bleiben. Die Abbruchkante des Kontinents fällt vierhundert Meter tief ins Meer hinab. Millionen von Seevögeln nisten hier während der Sommermonate. Eissturmvögel und Dreizehenmöwen gleiten zum Greifen nah vorüber. Ihre fast flüggen Jungen hocken auf Vorsprüngen, kaum größer als sie selbst. Papageientaucher stehen vor ihren Höhlen wie bunt bemalte Pinguine. Gehen oder bleiben? Für die Clowns der Lüfte keine Frage. Sie rüsten sich bereits für die Abreise. In wenigen Tagen, Mitte August, wird es ruhig im Obergeschoss des Vogelhochhauses, denn dann ziehen sie auf das Meer hinaus und kehren erst zur Brutzeit im kommenden Jahr wieder zurück.

Elisabet ist noch da. Natürlich ist sie noch da. Ihr Traktor steht draußen auf der Wiese, an derselben Stelle, als sei keine Zeit vergangen. Doch das Tal sieht verändert aus. Das Gras leuchtet in Blau- und Purpurtönen. Kalte Böen bürsten das Fell der Schafe. Hinter dem Haus donnern schwere Brecher auf den Strand. »Es ist Herbst in den Wellen«, sagt Elisabet und schaut hinauf zur Passstraße, von wo sie den Mechaniker erwartet; dann rührt sie Blaubeeren in die Sauermilch und sagt: »Ja, ja ... die Westfjorde ... ja, ja.«

Es kam mir seltsam vor, *dass die Bewohner von Corvo keinen Spitznamen hatten. Sonst ließen die Azorer keine Gelegenheit aus, sich gegenseitig aufzuziehen. Die Leute von Santa Maria nannte man »Gelbschnäbel«, weil sie diese Vögel früher roh gegessen haben sollen. Und wer auf Fayal lebte, wurde »*canis*« genannt. Das Wort bedeutet Angelrute. Aber auch Stängel, Pimmel, Penis. Corvo hingegen schien den anderen Azorern zu weit entfernt und zu unbedeutend für jede Art von Rivalität.*

Ein Vertreter des Tourismusbüros auf Terceira erzählte mir, er habe alle Inseln des Archipels besucht, manche sogar mehrfach. Nur auf Corvo sei er nie gewesen. Und ein Angrenser, dessen Bruder zwei Jahre Pastor auf Corvo gewesen war, meinte, es sei eine Insel, die man erst möge, nachdem man sie wieder verlassen habe. Von den Corvinos behauptete er, sie seien Bauern: hinterwäldlerisch, grobschlächtig, dumm.

»Mein Gott, was wollen Sie denn auf Corvo?«, fragte man mich bei jeder Gelegenheit. Aus den Gesichtern sprach das blanke Entsetzen. Und immer folgte dieser Frage der gut gemeinte Rat, ich solle mir lieber Fayal oder São Jorge ansehen oder gleich auf Terceira bleiben. Das Meer um Corvo sei geradezu mordlustig. Außerdem gebe es dort draußen kein Hotel und nichts zu sehen, »wirklich ganz und gar nichts«, ein Vulkan, auf dem ein paar Hundert Bauern und Fischer mit verwachsenen Augenbrauen und weit auseinanderstehenden Schneidezähnen lebten und so viele See-

vögel, dass man sich »wegen ihrer Scheiße, ja, Sie haben richtig gehört, wegen ihrer zähflüssigen, grünen, ekelhaften Scheiße« selbst bei Sonnenschein nicht ohne Regenschirm aus dem Haus trauen könne. Je mehr man mich davon abzubringen versuchte, nach Corvo zu reisen, desto größer wurde meine Neugier, desto unbändiger der Wunsch, meinen Fuß auf diese entlegene Insel zu setzen.

Azoren
Letzte Ausfahrt vor Amerika

> *Und tatsächlich, wenn man diese Sichel zwischen*
> *der See und den schroffen Felswänden sah,*
> *konnte man sich kaum vorstellen, dass dahinter noch*
> *anderes Territorium lag. Es war ein stilles, unbekanntes,*
> *aber heiles Gebiet, ein Land voller Leben, das sich in der*
> *Abgeschiedenheit verstohlen regte und unsagbar ruhig*
> *dahinfloss, ohne Hirne oder Herzen aufzuwühlen.*
> Joseph Conrad

Das Boot kracht mit harten Schlägen in die Wellentäler, Gischt schießt über das Ruderhaus hinweg und klatscht in die Gesichter der Passagiere, eine Handvoll Männer auf dem Weg zu ihrer Insel – nach Corvo, im äußersten Westen der Azoren.

Niemand wischt sich das Meerwasser von den Wangen, niemand geht nach unten. Sie rufen den heranrollenden Wogen Frauennamen entgegen und erwarten ihre Umarmung. Sturmmöwen segeln über einem brodelnden Ozean. In der Ferne steigt ein Schatten auf, wie die mächtige Flanke eines mythischen Tiers, das sich aus dem Meer erhebt; dann hüllt neue Gischt das Boot ein, und Corvo verschwindet wieder.

Wenn es stimmt, dass die Art, wie der Reisende sein Ziel erreicht, ausschlaggebend dafür ist, wie er es später erlebt, dann gibt es keine passendere Ankunft auf Corvo als die im Boot, ausgeliefert den Wogen eines wütenden Ozeans. Corvo ist die kleinste bewohnte Azoreninsel, ein portugiesischer Kiesel zwischen den Horizonten, am Rand Europas, auf halbem Weg nach Amerika. Die einzige Ortschaft heißt Vila Nova do Corvo. Die »Neustadt« ist mit vierhundert Einwohnern eigentlich ein Dorf: dicht gedrängte Häuser aus Basalt, überragt von Rundziegeldächern, massiven Kaminen und einem weiß getünchten Kirchturm. Die einzige Straße endet hoch oben am Rand eines Vulkankraters.

Im *Restaurante Traineira*, dem erweiterten Wohnzimmer der gleichnamigen Familie, sind die Wände gelb vom Zigarettenrauch. Fischernetze, aufgerissene Haigebisse, Modelle von Segelbooten. Sebastião, ein sehniger Mann mit kantigem Gesicht, schenkt Bier aus und serviert einfache Inselkost – Seebarsch, Kartoffeln. Dazu die neuesten Gerüchte: über die »Apotheker«, ein paar Jugendliche, die in versteckten Winkeln der Insel Marihuana anbauen sollen. Und über den aus Lissabon stammenden Arzt und seine Frau, die Notfallschwester, die mangels Notfällen während der Arbeit schläft. Wozu brauchen die beiden ein Haus mit drei Badezimmern? Und warum haben sie es mit dieser monströsen Betonmauer umgeben, wo doch auf der Insel niemand seine Tür abschließt?

Der Wind schlägt die hölzernen Vorhangperlen gegen die Scheiben des Restaurants; direkt vor dem Fenster endet die Landebahn. Wer nicht mit dem Boot von der Nachbarinsel Flores kommen will, lässt sich in der alten Dornier herüberschaukeln, die Corvo dreimal die Woche anfliegt – sofern das Wetter es erlaubt. Früher sind die Jungen abends mit ihren Motorrädern über die Landebahn gerast. Nach dem 11. September wurde sie umzäunt und mit Stacheldraht umwickelt. Jetzt muss die einzige Straße der nur siebzehn Quadratkilometer großen Insel den Freiheitsdrang der Rennfahrer stillen.

Auf Corvo gibt es keine Neonreklame und keinen Supermarkt. Die Zeiten, als man in Vila Nova noch im gemeinsamen Fernsehraum beisammensaß, sind trotzdem vorbei. Auf vielen Häusern stehen jetzt Satellitenschüsseln. Der Informatik-Club ist im Feuerwehrhaus untergebracht, nebenan probt die Inselband *Filarmónia*. Die Kinder besuchen bis zum neunten Jahr die Inselschule, danach müssen sie auf die Zentralgruppe des Archipels, nach Terceira oder São Miguel. Die Frage, wie der Postdienst auf Corvo organisiert sei, löst bei der Frau hinter dem Schalter des kleinen Postamts Verwunderung aus. Die Post komme per Boot und Flugzeug an, sagt sie freundlich lächelnd, und werde von einem Boten ausgetragen. Ein ganz normaler Zustelldienst. Nur bei schlechtem Wetter sei mit Verzögerungen zu rechnen. Weil Corvo dann von der Außenwelt abgeschnitten sei. Im Winter könne das einen Monat dauern. Manchmal auch zwei.

Auf einer derart kleinen Insel ist es unverzichtbar, zu Fuß zu gehen, denn nur ein sehr langsames Vorankommen nährt die Illusion von einer gewissen Weite. Die Gassen von Vila Nova sind so eng, dass die Sonne manche Winkel nie erreicht, alle Wege enden früher oder später an den Klippen. Der Putz blättert von den Fassaden und lässt den porösen schwarzen Basalt erkennen, aus dem sie gebaut sind. Der Wind kratzt Löcher heraus, Tauben nisten darin. Bauern füttern ihre Schweine oder ernten Kartoffeln auf kleinen Feldterrassen. Hier und da streunen Katzen mit siamesischem Einschlag.

In einer Seitengasse macht Fátima Hilário Käse. Im Haushaltsraum der lebhaften kleinen Frau mit getönter Brille und flaumiger Oberlippe stapeln sich goldgelbe Laibe.

Rund fünfzehn Tage reift der Käse. Die Milch stammt von Fátimas eigenen Kühen. Fátima will sich nicht fotografieren lassen, nicht einmal wenn sie ihre schmutzige Schürze ablegen dürfte. Sie verteilt lieber herb schmeckenden Käse. Viele Corvinos bevorzugten den milderen, sagt Fátima, der mit dem Schiff von Flores herüberkomme.

Die Bauern auf Corvo produzieren Milch, Käse und Fleisch für das europäische Festland. Niemand dort würde freilich den realen Preis für das Hüftsteak von einem Rind bezahlen, das im Herbst von den Kraterweiden Corvos in den Hafen getrieben, dort per Lastkran auf ein Schiff verladen und auf dem Seeweg nach Lissabon verfrachtet wird. Die Gelder der Europäischen Union machen dies möglich. Durch die Subventionen ist das Leben auf Corvo, wie auf allen Azoreninseln, besser geworden. Über Jahrhunderte hinweg sind verarmte Azorer nach Amerika und Kanada ausgewandert – dort leben viermal so viele wie im Archipel –, heute bleiben sie lieber auf ihren Inseln und reisen zu stark vergünstigten Tarifen über das Wochenende zum Shopping nach Lissabon.

Entsprechend selten ist die *insularidade* geworden. Der azorische Dichter Vitorino Nemésio soll das Wort erfunden haben, welches das komplexe Lebensgefühl der Azorer beschreibt. *Insularidade* hat damit zu tun, wie schwer es ist, vom Rest der Welt isoliert zu sein und nicht an ihren Vorzügen teilhaben zu können. Zugleich steht die Insularität für die Sehnsucht der Azorer nach ihrer Insel, nachdem sie diese dann doch verlassen haben, um in der Ferne ihr Glück zu suchen. *Insularidade* – im Zeitalter der Globalisierung ein Wort wie »damals« oder »weißt du noch«. Und doch sickert schon wenige Tage nach der Ankunft auf Corvo die *insularidade* auch in den Reisenden ein, jener innere Widerstreit zwischen Fern- und Heimweh, in dieser Abgeschiedenheit, dieser scheinbaren Weltvergessenheit; wenn stürmische Tage ereignislos dahingehen und sich in ihrem Verlauf so sehr gleichen, als erlebte man denselben Tag stets von Neuem; wenn der Südost an Fenstern und Dächern rüttelt, der Horizont bis auf die Länge einer Angelleine heranrückt und der Wunsch, ihn hinter sich zu lassen, größer, drängender wird, ohne dass der Reisende wirklich fort will; wenn einzelne Strahlenbündel auf das Meer ein Glitzern streuen, wirbelnd wie phosphoreszierende Tierchen, die aus der Tiefe emporsteigen; wenn abends jene eigenartige Stille im Ort einkehrt, gefolgt von den jähen, unirdischen Schreien der Gelbschnabel-Sturmtaucher, die über der Steilküste durch die Nacht gellen. Manchmal knallt ein solcher Vogel gegen ein Fenster, vom Licht angezogen wie ein Insekt, und bleibt benommen liegen. Er kann aus eigener Kraft nicht vom Boden abheben und muss in die Luft geworfen werden, sonst verendet er.

Corvo ist die Spitze eines Vulkans, vor zwei Millionen Jahren vom Mittelatlantischen Rücken aus dem Meer gestemmt, ein Gipfel unterseeischer Gebirge. Die Straße klettert steil bergauf und gewährt eine atemberaubende Aussicht: das Meer, der Himmel, die Nachbarinseln. Wie blau-weiße Wollfäden verweben Hortensienhecken an den Hängen Corvos die Weiden mit den Feldern. Kühe, Schafe, Pferde grasen. Sonst herrscht vollkommene Einsamkeit.

Vom Kraterrand führt ein schmaler Weg hinunter, geradewegs ins Innere der Erde, wo tief hängende Wolken die Sicht bis auf wenige Meter einschränken. Böiger Wind steigt vom Grund auf, angereichert mit feinen, salzig schmeckenden Tropfen. Es ist, als atme der erkaltete Vulkan die Gischt des Atlantiks aus. Hier und da hallt das Gebrüll der Rinder durch den Krater wie das Nebelhorn eines Ozeandampfers. Unvermittelt reißt die Wolkendecke auf. Strahlenbündel dringen durch, lassen Kraterseen und kleine Vulkankegel aufleuchten. Rundherum erhebt sich ein Amphitheater – steil, schroff, mit grasgepolsterten Rängen, die in diesem Licht smaragdgrün strahlen. Der magische Anblick dauert nur ein paar Minuten; dann verfinstert sich der Krater wieder, und die Wolken radieren die gezackten Ränder, die Hänge und schließlich auch die Seen aus.

Am Tag der Abreise, eine halbe Stunde vor Ankunft des Flugzeugs, rückt die freiwillige Feuerwehr aus. Das rote Auto fährt eine Ehrenrunde durch Vila Nova und postiert sich an der Landebahn. Die Dornier kommt etwas wacklig herein, mit den Tragflächen rudernd wie ein Albatross. Als sie aufsetzt, grüßen die *bombeiros* mit Blaulicht und Sirene.

Es gibt keine passendere Ankunft auf Corvo als die im Boot, den Wogen eines wütenden Ozeans ausgeliefert. Und es gibt keine passendere Abreise als jene in der Dornier. Von oben scheint die Insel flach, eine verlorene Scheibe, die in glitzerndem Blau dahintreibt. Es sieht aus, als hätte das Floß namens Corvo die Anker gelichtet, um davonzusegeln, hinaus auf den Ozean, nach Neufundland oder zur brasilianischen Küste. Dann fliegt die Dornier eine Schleife nach Osten, auf die andere Seite des Horizonts.

Noahs Ruf auf die Arche *würde meine Rettung sein. Zumindest glaubte ich das. Ich war damals pausenlos unterwegs gewesen, in der Sahara, in den Anden, am Kaspischen Meer. Meine innere Waage hatte Schlagseite bekommen. Alles in mir schrie nach Ruhe und Sesshaftigkeit. Doch statt eine behutsame Balance herzustellen, warf ich – wie immer in solchen Situationen – ein Schwergewicht in die vernachlässigte Waagschale und vollzog den Kippeffekt so radikal, dass ich selbst jene, die mir am nächsten standen, in ungläubiges Staunen versetzte.*

Ich traf also den Noah aus dem Teufelsmoor und trieb mich ein paar Tage auf seiner Arche herum, ein Bauernhof, auf dem sich der pensionierte Manager aussterbenden Nutztierrassen widmete. Ich streichelte Moorschnucken und Bunte Bentheimer Schweine, trank frisch gemolkene Milch und aß selbst gemachten Schinken; dann fuhr ich zurück, kaufte mir ein Haus im Elsass und erzählte allen, ich wolle Kartoffeln und Weizen anbauen, Radieschen, Möhren und Salat anpflanzen. Und nicht nur das: Auch Ziegen und Schafe wollte ich halten, und vielleicht ein paar Schweine, ich wollte eigenen Käse machen, ich wollte mich selbst versorgen – und bleiben. Ja, vor allem das: bleiben. Ich wollte aus dem Nomaden einen Bauern machen.

Natürlich ging das nicht lange gut. Ich werkelte ein halbes Jahr an einem Haus herum, das nicht mir, sondern einer Bank gehörte, die aus unerfindlichen Gründen einen stattlichen Kredit lockergemacht hatte. Schließlich zog ich in die-

ses Haus ein, doch bevor ich das erste Samenkorn in die Erde bringen oder auch nur eine Ziege oder ein Schaf in Augenschein nehmen konnte, kippte meine innere Waage wieder auf die andere Seite, und jede Faser in mir schrie nach der Ferne. Zur Bestätigung all derer, die es die ganze Zeit gewusst hatten, verkaufte ich das Haus wieder und brach auf. Nach Neukaledonien.

Deutschland
Der Noah aus dem Teufelsmoor

*Die Welt außerhalb der Grenzen Deutschlands
interessiert die Deutschen nicht.
Höchstens fragen sie mich – was hast du dort gegessen?*
Ryszard Kapuściński

Bei der nächsten Sintflut legt die Arche in Ostersode ab, ein paar Kilometer nördlich von Bremen. Am Ruder wird Fritz-Günther Röhrßen stehen – pensionierter Manager, Tierfreund, Hobbybauer. Seine Arche ist ein 960 Meter langer und vierzig Meter breiter Moorstreifen mit einem reetgedeckten Zweiständerhaus.

Anders als sein biblisches Vorbild hat dieses »Schiff« nicht für alle Arten Platz. Es beherbergt ausschließlich Nutztiere, die sich über Jahrhunderte an die Moorlandschaften angepasst und diese maßgeblich geprägt haben: die Diepholzer Gans, die Moorschnucke, das Bentheimer Landschaf, das Exmoor-Pony, das Bunte Bentheimer Schwein. Sie bilden das Moorbataillon der alten Nutztierrassen, die sich heute heimlich, still und leise aus der Welt stehlen. 1500 solcher Rassen sind weltweit vom Aussterben bedroht. Jede Woche verschwindet eine weitere. Einzigartiges Genmaterial und wertvolles Kulturgut gehen verloren – für immer.

Seit knapp vier Jahren bewirtschaftet Fritz-Günther Röhrßen mit seiner Frau Anneliese den Öko-Noah-Hof im Teufelsmoor. Tragebalken, Querverstrebungen, schmale Planken – Röhrßens Tag beginnt im vorderen Teil des Bauernhauses, im Bauch der Arche. Für die lange Überfahrt ist vorgesorgt: Tiere, Zaumzeug, Schrot- und Getreidemühle, Regenklamotten, Gummistiefel, Gefriertruhen, Säcke und Kisten mit Proviant und allerlei Nützlichem. Beim Anblick dieser Ausrüstung wäre der biblische Noah vor Neid erblasst.

Mittendrin sitzt Bauer Röhrßen und melkt seine Thüringer Waldziegen. »Mit so einer Ziege hat alles angefangen«, erinnert er sich, während seine Finger an den Eutern ziehen. Vor fünf Jahren brachte ihm der älteste Sohn zum Geburtstag eine solche Ziege mit. Was sollte der Geschäftsmann damit anfangen – mitten in einem Bremer Wohngebiet? Das Tier mit der merkwürdigen schwarzen Kopfzeichnung entpuppte sich als eine Thüringer Waldziege. Damals existierten weltweit nur noch hundertzwanzig Stück davon. Ein Geschenk mit Folgen: Röhrßen überschrieb sein Unternehmen dem Sohn und wurde Landwirt. »Das wollte ich schon mein ganzes Leben lang tun. Und kombiniert mit der Erhaltung alter Nutztierrassen ist das gleichzeitig noch sinnvoll für die Zukunft.« Seither zimmert Röhrßen an seiner Arche – draußen im trockengelegten Teufelsmoor.

Die ersten Sonnenstrahlen brechen sich in den Tautropfen auf den Pusteblumen. Gleichmäßig zieht Röhrßen die Sense durch die Wiese. Nebenan warten die Bunten Bentheimer Schweine schon auf das frische Futter. Die Begrüßung fällt entsprechend herzlich aus: Eber Rudi, die Sau Blacky und die sechs Ferkel grunzen, was das Zeug hält. »Morgens haben sie immer viel zu erzählen«, meint Röhrßen und krault seinen gescheckten Schweinen den Hals. Die Tiere stehen bis zum Bauch im Moor, wühlen mit der kräftigen Schnauze darin, schmatzen genüsslich. Sommer wie

Winter leben die Bentheimer auf der Weide, wo ihnen nur ein einfacher Unterstand Schutz bietet. Die Rasse hat sich dem rauen Klima und den schwierigen Bodenverhältnissen im Moor über Jahrhunderte sehr gut angepasst. Kein Schwein könnte das sonst überleben.

Wenn Rudis Schweinefamilie mit dem Grasland fertig ist, ist es gepflügt, gedüngt, von Unkrautwurzeln und Schädlingen befreit. »Ich muss nur noch mit der Egge drüber, dann kann ich anpflanzen«, sagt Röhrßen, der seinen Moorstreifen in vier Bahnen eingeteilt hat und darauf Vierfelderwirtschaft betreibt. Die Jahresrotation ist einfach: erst die Schweine, dann Rüben, dann Kartoffeln, dann Hafer. Im fünften Jahr sind wieder die Schweine dran. Mastfutter, Kunstdünger, Pflanzenschutzmittel und sonstige Chemie braucht Röhrßen nicht. Schweinepest und andere Sauereien können den Bentheimern im Schutz der Arche wenig anhaben.

Trotz all ihrer Vorzüge ist die alte Rasse akut bedroht. Es existieren nur noch etwa fünfzig Herdbuchtiere. Das Bentheimer Schwein eignet sich nicht zur Massenhaltung. Im Gegensatz zur Pietrain-Rasse. Die führt ein übles Schweineleben. Man hat ihr einen Kotelettstrang angezüchtet, doch ihr Herz ist zu klein, um alle Muskeln mit Blut zu versorgen. Körperpartien sterben ab, Gelenke leiden. Den Schweinestall betritt man am besten erst gar nicht, denn die Tiere könnten Angstattacken erleiden und durch einen Kreislaufkollaps zusammenbrechen. Solche Stressschäden sind vererbbar. Und Stress mindert die Fleischqualität.

Weil die Verbraucher kein Randfett mögen, wurde es den Massenschweinen weggezüchtet. Leider ist dabei auch das wertvolle Muskelfett verschwunden. Und mit ihm der ursprüngliche Geschmack von Schweinefleisch. Den Bentheimern hat niemand an den Erbanlagen herumgepfuscht. Sie haben ihr Muskelfett noch. Und das Randfett trainieren sie sich auf Röhrßens Weide auf natürliche Weise ab. »Wer bei uns einen Braten isst, will meistens gleich ein ganzes Schwein auf Vorrat kaufen«, sagt Röhrßen, dem die Lust auf das Massenschnitzel längst vergangen ist: »Das Zeug krieg ich nicht mehr durch den Hals.«

Für die Bentheimer Schweine auf der Arche ist Stress ein Fremdwort. »Wenn Kinder den Hof besuchen, lassen wir sie auf Rudi reiten«, erzählt Röhrßen. »Das glaubt mir kein Landwirt, wie zutraulich meine Tiere sind.« Man könne zu Schweinen eine ähnlich intensive Beziehung aufbauen wie zu einem Hund, so Röhrßen. Schon bei der Geburt ist er dabei und reibt die Frischlinge mit Stroh ab. Jeden Tag redet er mit ihnen, streichelt sie. Und manchmal liegt er auf dem weichen Moorboden zwischen sechs Bentheimer Ferkeln und der Muttersau und lässt die Jungen auf sich herumhüpfen.

»Glückliche Tiere sind eine gute Basis für hohe Wirtschaftlichkeit«, erklärt der ehemalige Unternehmer in Cordhose und Gummistiefeln. Eine kürzlich veröffentlichte Studie gibt ihm recht: Eine Sau, die sich bei der Bezugsperson wohlfühlt, zieht im Vergleich zu einer Artgenossin in anonymer Haltung bis zu dreimal mehr Ferkel auf. Beobachtungen in England und Australien haben ebenfalls gezeigt, dass sich eine gute Mensch-Tier-Beziehung wirtschaftlich rechnet: weniger Stressgifte im Blut, qualitativ besseres Fleisch, bis zu einem Monat schnellere Entwicklung der Geschlechtsreife, deutlich schnellere Gewichtszunahme – Mast durch Zuneigung, könnte man sagen.

Obwohl es Röhrßen selbst nicht ums Geld geht, ist ihm die Wirtschaftlichkeit seiner Arche wichtig. Die Idee der Arche-Höfe wurde von der *Gesellschaft zur Erhaltung alter und gefährdeter Haustierrassen* (GEH) in Witzenhausen ins Leben gerufen. Mit der bundesweiten Vernetzung solcher Höfe, auf denen gefährdete Nutztierrassen artgerecht gehalten werden, strebt die GEH die Wiedereingliederung der alten Rassen in die aktive Landwirtschaft an. In Deutschland gibt es mittlerweile einundzwanzig dieser Rettungsschiffe. Jedes von ihnen hat auf die jeweilige Landschaft spezialisierte Nutztierrassen an Bord.

Eine solche Spezialistin ist auch die Diepholzer Gans. Sie begnügt sich mit saurem, sonst kaum verwertbarem Moorgras, reift ohne Zusatzfutter zur vollen Größe aus und gibt ein fettarmes, zartes Fleisch ab. Die alten Diepholzer trieben ihre Gänse im Frühjahr zu Tausenden auf die Moorwiesen. Die Tiere versorgten sich dort selbst, im Herbst sammelte man sie wieder ein. »Dann fingen sie auch schon an zu legen«, freut sich Röhrßen. »Das ist Wirtschaftlichkeit!«

Weil die Diepholzer Gans einen etwas kleineren Braten abgibt als die industriellen Mastgänserassen ist sie in Vergessenheit geraten. Die Verbraucher wollen einen größeren und zugleich billigeren Gänsebraten. Und den nicht nur zu Weihnachten, sondern rund ums Jahr. Die weidegewohnte Diepholzer Gans ist aber nicht schnellmastfähig und taugt nicht für die Massenproduktion. Heute gibt es nur noch zehn private Züchter, die sich um diese Gänse kümmern.

»Dabei braucht man für die Gänsezucht nichts weiter als eine Duschwanne«, sagt Röhrßen, während er seine Diepholzer auf die Weide hinter dem Haus treibt. Am Anfang legten sie nur unbefruchtete Eier, weil Röhrßen nicht wusste, dass eine Gans, um sich dem Ganter anzubieten, auf dem Wasser treiben und dort die Flügel ausbreiten muss.« »Wenn der Teich im Winter zugefroren ist, gibt eine Duschwanne mit warmem Wasser eine kuschelige Liebesinsel ab.«

Als Bio-Apostel sieht sich Röhrßen nicht. Im Gegenteil: »Die Sache mit den Pionieren der Biolandwirtschaft ist doch ein Witz, unsere Großväter würden sich totlachen.« Noch vor achtzig Jahren habe es gar nichts anderes gegeben. Die alten Werte seien vergessen worden und müssten nur wiederentdeckt werden. »Wenn wir das alles wieder hervorholen und mit den modernen, wissenschaftlichen Erkenntnissen kombinieren – dann leben wir wie Gott in Frankreich.«

Was die alten Werte bedeuten, demonstriert Röhrßen mit Hannibal auf dem Rübenacker. Der vierjährige Exmoor-Hengst zieht mühsam die Egge über den schwarzen Grund und sinkt bis zum Bauch in den tiefen Boden ein. Das Pony mit den extrem harten Hufen und dem langen wasserabweisenden Fell stammt aus dem englischen Südwesten, wo sich seine Art optimal an die Verhältnisse im Moor anpasste. Das hochintelligente Pferd ist trittsicher, anspruchslos und sehr robust. Es zählt weltweit zu den seltensten Pferderassen. Seit einem halben Jahr bringt Röhrßen Hannibal die Feldarbeit bei. Im Moor gibt es Landstriche, die mit modernen Maschinen nicht bewirtschaftet werden können. »Da hinten hat mein Nachbar ein Stück Land, wo sein Trecker absaufen würde«, erklärt Röhrßen. Mit dem Pferd kann es noch bestellt werden.

Während Röhrßen mit Hannibal das Feld eggt und tief in die humusreiche Erde einsinkt, holpert nebenan ein

150 000 Euro teurer Trecker über den müden, plattgewalzten Boden. An der Grenzlinie zu einer anderen Welt kann das Pony zusehen, wie sein Hightech-Nachfahre pflügt und Schädlinge vergiftet. Während diesseits natürlich angebaute Kartoffeln und Rüben gedeihen, pumpt der Nachbar seinen Boden siebenmal im Jahr mit Kunstdünger und Pflanzenschutzmitteln voll. Wenn die Sintflut Ostersode und den Rest der Welt überschwemmt, wird Noah einfach die Luken schließen und in seiner Arche davonschwimmen. »Ich habe alles an Bord, was ein Noah zum Überleben braucht«, sagt Fritz-Günther Röhrßen. »Nur der weiße Bart fehlt mir noch.«

Auf einer Reise durch Westafrika *suchte ich in Niamey, der Hauptstadt der Republik Niger, das* Cyber-Mekka *auf.*

Von der Straße drang das Geschrei der Händler auf dem Petit Marché herein. Frauen in bunten Gewändern hockten am Boden und feilschten um Tomaten und Trockenfisch. Ein Handwerker hackte Akazienholz mit einem Krummbeil zurecht und band es mit faserigen Stricken zu einem Stuhl zusammen, während das World Wide Web meine E-Mails auf einen nagelneuen 17-Zoll-Monitor zauberte. 436 E-Mails, um genau zu sein. Es war Monate her, seit ich zuletzt Internetzugang gehabt hatte.

Ich übersprang die meisten Nachrichten, ohne sie zu lesen, amüsierte mich über rote Dringlichkeitssymbole und überflog befremdlich wirkende Betreffzeilen, wie »Wo zum Teufel stecken Sie?« oder »Red Bull für Ihr bestes Stück!«. Schließlich blieb ich an den Zeilen eines Freundes hängen. »Es ist spät geworden in Freiburg«, las ich seltsam berührt. »Vollmond. Dieser kleine, miese Planet lässt mich nicht zur Ruhe kommen. Meine Füße stecken in einem Babyschlafsack. Vor mir steht eine wunderbare Flasche mit Ehrenstetter Spätburgunder. Meine Frau und die Kinder liegen im Bett und schlafen, und meine Gedanken schweifen in die Ferne und landen bei dir in Afrika. Noch habe ich mir die Reise in ›meine Heimat‹ aufgespart, alter Freund. Aber einmal, da stand ich in Gibraltar und sah hinüber – hard stuff, man!«

Damals, im Inneren des Kontinents, nahm ich mir vor, Afrika selbst einmal von der anderen Seite her zu betrachten. Jahre später reiste ich nach Gibraltar, stieg auf den Felsen, der in der Antike das Ende der Welt markiert hatte, und blickte über die Meerenge hinweg auf einen dunstverhangenen Streifen Land: Afrika! Natürlich blieb es nicht dabei. Nach zwei, drei Tagen hielt ich es nicht länger aus und nahm das Schiff nach Tanger.

Gibraltar
Fish and Chips unter Palmen

> *Man glaubt sich in jenem elysischen Randgebiet*
> *der Welt, in dem Homer zufolge das Leben für die*
> *Menschen am angenehmsten ist; wo kein Schnee fällt,*
> *kein Regen, wo kein starker Wind weht außer dem*
> *melodischen Westwind, der unablässig vom Meer her*
> *Kühlung bringt all denen, die dort leben.*
> Patrick Leigh Fermor

Mit wenigen Flügelschlägen vernähen sie zwei Kontinente. Und zwei Meere. Mühelos schießen die Möwen aus dem Schatten des Felsens von Gibraltar hinaus in jene saphirblaue Zwischenwelt vor der Südspitze Spaniens, um gleich darauf wieder zurückzuschwingen, gleichmäßige Bahnen beschreibend wie silberne Nadeln. Als wollten sie nur eins: mit unsichtbaren Fäden Europa mit Afrika verbinden, und das Mittelmeer mit dem Atlantik.

Die Luft ist klar und warm, das Wasser in der Straße von Gibraltar glitzert wie flüssiges Silber. Und jenseits der Meerenge leuchtet die Küste Afrikas, ein schmaler ockerfarbener Saum, überragt von den pastellfarbenen Rücken des marokkanischen Atlasgebirges. Ein friedlicher Anblick. Doch mit einem Mal stört ein durchdringendes Geschrei die Stille. Drahtige kleine Affen mit olivfarbenem Fell brechen aus dem Dickicht aus Waldreben, Terpentinpistazien und immergrünem Kreuzdorn, das den Felsen von Gibraltar überzieht, und drängen sich um einen Mann in den besten Jahren: freier Oberkörper, behaarte Brust, Glatze.

»Kommt her, ihr Affen!«, ruft er auf Spanisch mit andalusischem Akzent und versucht, die Tiere zu berühren. Obwohl überall Schilder darauf hinweisen, dass man die Affen nicht füttern darf, wirft der Spanier ihnen Popcorn hin. Einen Moment lang mustern ihn ein Dutzend wachsame Augenpaare, dichte Backenbärte beben in runzligen, rosafarbenen Gesichtern; dann beginnen die Berberaffen um die Krümel zu kämpfen, und als keine mehr übrig sind, springt ein Weibchen dem Mann auf die Glatze, zwei weitere krallen sich in seinem Brusthaar fest.

Die einzigen frei lebenden Affen Europas haben seit jeher ein gespanntes Verhältnis zu den Spaniern. 1704 hatten die Briten im Spanischen Erbfolgekrieg den strategisch wertvollen Felsen über der Straße von Gibraltar erobert, und als die Spanier ihn sich bei einem Nachtangriff zurückholen wollten, sollen die Berberaffen die britische Garnison gewarnt haben. Damit sorgten sie – effektiver als jedes Naturschutzgesetz – für den Erhalt der eigenen Art. Denn Gibraltar, so will es die damals entstandene Legende, wird britisch bleiben, solange die Berberaffen den senkrecht aufragenden Felsen bewohnen. Als der Bestand im Zweiten Weltkrieg schrumpfte, befahl Winston Churchill persönlich, Nachschub aus Marokko zu rekrutieren.

Die Affen sind noch da. Und Gibraltar ist noch immer britisch: ein sechseinhalb Quadratkilometer kleines Überseeterritorium des Vereinigten Königreichs, mit der Queen als Staatschefin, die am Fuß des Affenfelsens von einem Gouverneur repräsentiert wird. Auf der Westseite einer Landzunge, zwischen den zerklüfteten Wänden des Gibraltarfelsens und der weit geschwungenen Bucht von Algeciras, drängen sich die verschachtelten Häuser von Gibraltar-

Stadt. Es gibt Guinness-Pubs und *Fish and Chips*, auf den Straßenkreuzungen regeln Bobbys in schwarzen Uniformen und hohen, glockenförmigen Helmen den Verkehr wie am Piccadilly Circus. Die Telefonzellen sind rot lackiert, die Steckdosen riesig und dreipolig wie im Mutterland, und der Wert des Gibraltar-Pfunds entspricht stets dem britischen.

In der Main Street entstehen jeden Mittag regelrechte Menschenstaus. Spanienurlauber kommen von der Costa del Sol zur Schnäppchenjagd auf den verkehrsberuhigten Edelbasar. Beladen mit Elektrogeräten und Plastiktüten, die prall gefüllt sind mit Whisky, Zigaretten und Beutestücken von Gucci, Armani und Boss, arbeiten sie sich durch die engen Gassen. Gibraltarische Geschäftsleute und Büroangestellte genießen ihre Mittagspause in Cafés. Spanierinnen wandeln, mit zahllosen Parfümproben bespritzt, über das Pflaster wie lebendige Duftspender. Indische Frauen in bunten Saris verschwinden wie ein Schwarm exotischer Vögel in einem kleinen Laden. Wären da nicht die marokkanischen Straßenfeger, die senegalesischen Schmuckverkäufer und die Schaufensterreklamen in arabischer Schrift, könnte man die Nähe zu Afrika über dem geschäftigen Treiben in der Main Street fast vergessen. Für viele Afrikaner ist Gibraltar das Tor nach Europa. Die Glücklichen schaffen es über die Meerenge, erhalten eine Aufenthaltsgenehmigung oder schlagen sich ohne durch. Viele jedoch ertrinken in der Straße von Gibraltar, die auch das »größte Wassergrab Europas« genannt wird.

»Mein Freund«, sagt ein Zigarettenhändler in Anzug und Krawatte und zieht den Kunden an der Hand immer tiefer in ein Gewölbe aus Schachteln und Stangen. »Wo hast du so was schon gesehen, mein Freund? Wo in Europa kriegst du

Zigaretten so gut wie geschenkt?« Nirgendwo. Auch in Gibraltar nicht. Aber deutlich billiger sind Genussmittel hier schon. Denn obwohl die knapp 30 000 Gibraltarer gemeinsam mit dem Mutterland zur Europäischen Union gehören, genießt das Felsenterritorium einen Sonderstatus, der es unter anderem von der Mehrwertsteuer befreit. Tausende Grenzgänger machen täglich einen Abstecher in die Einkaufsoase. Die Hotels sind das ganze Jahr über gut belegt, der Tourismus boomt und ist wichtigster Wirtschaftsfaktor.

Nur wenige Meter oberhalb der Main Street beginnt ein anderes Gibraltar. Die letzten Boutiquen und Cafés bleiben zurück, allmählich verebben Stimmengewirr und Musik, und bald sind nur noch die eigenen Schritte zu hören, ein leises Hallen, fast wie in einer Kirche. Die Gassen münden in steile Treppen, die von Häusern im Kolonialstil gesäumt sind. Es riecht nach Gegrilltem, irgendwo miaut eine Katze, und hoch oben ragt die eigentliche Attraktion Gibraltars auf: jener Berg, den die antiken Seefahrer für eine der beiden Säulen des Herkules hielten. Die andere ragte, ebenfalls als Berg, auf der marokkanischen Seite der Straße von Gibraltar auf. Gemeinsam markierten sie das Ende der damals bekannten Welt.

Außen mag der 425 Meter hohe Kalksteinfelsen von Gibraltar ein Reich frei lebender Affen sein; im Innern lässt er an einen Maulwurfsbau denken. Durchlöchert wird er nicht nur von zahllosen Grotten – wie der St.-Michael-Höhle, die zu einem Konzertsaal ausgebaut ist –, sondern auch von einem rund fünfzig Kilometer langen Tunnelsystem. Drinnen ist es stockdunkel. Die Hände streichen vorsichtig über eine Höhlenwand: Fels und Beton – rau, kalt, ein wenig feucht. »Britische Soldaten haben sich ihren Weg in diesen Felsen gesprengt«, sagt eine Stimme leise auf Englisch. »Stellen Sie sich vor, wie die Erde bebt, überall Staub, hustende Männer, die schwere Felsbrocken hinausschaffen.«

Die Augen gewöhnen sich langsam an die Dunkelheit, und ein kleiner Mann in karierter Weste schält sich aus dem Gewölbe. Der Backenbart des Tunnelführers Robert Hoon erinnert ein wenig an die Bärte der Berberaffen. Während des Zweiten Weltkriegs sei die Zivilbevölkerung Gibraltars umgesiedelt worden, erklärt er, immerzu seine Bartspitzen zwirbelnd. Die Briten hätten den Felsen dann in eine unterirdische Festung verwandelt. Bis zu 15 000 Soldaten sollten von hier aus einen möglichen Angriff der Wehrmacht zurückschlagen. Durch die Kanonenlöcher reicht der Blick über den Landstreifen bis weit ins spanische Hinterland, wie von der Brücke eines Ozeanriesen, dessen Bug sich in die Küste bohrt; dahinter sonnenverbrannte Wiesen, betupft mit dunklen Zypressenhainen, am Horizont die blassblauen Berge der Sierra Nevada.

»Spanien!«, sagt Hoon – Nachfahre eines englischen Lords und in fünfter Generation Gibraltarer –, und das Wort klingt, als beschreibe es ein sehr fernes, sehr fremdes Land. »Spanien, man hat dort ein Problem mit uns.« Tatsächlich haben die Spanier in den letzten Jahrzehnten immer wieder Anspruch auf den Felsen erhoben. Franco ließ 1969 die Grenze schließen. Und Gibraltar war sechzehn Jahre lang vom Festland abgeschnitten. Die Verhandlungen über den Zankapfel am Mittelmeer werden flankiert von Kontrollschikanen an der Grenze, von der Drohung, Flügen nach Gibraltar das Überqueren spanischen Territoriums zu verbieten oder in der britischen Kolonie ausgestellte Führerscheine nicht mehr zu akzeptieren. Die englische Seite reagiert mit Aufrufen, von Ferien in Spanien abzusehen.

»Sehe ich etwa aus wie ein Spanier?«, empört sich Tunnelführer Hoon bei der Vorstellung, Gibraltar könnte dem Nachbarland zugesprochen werden. »Heiße ich Gómez oder Zapatero? Springe ich mit einem roten Tuch vor Stieren herum?« Er feuert die Worte durch die Kanonenlöcher und verrät auch gleich, warum er den derzeitigen Gouverneur sehr verehrt: »Weil er weiß, wie man mit den Spaniern umspringt.«

2002 haben die Gibraltarer es abgelehnt, sich einer gemeinsamen Herrschaft von Großbritannien und Spanien zu unterstellen, und entschieden, dass sie Briten bleiben wollen. Mit einer Mehrheit von 99 Prozent. Erst seit Dezember 2006 verkehren wieder Linienflüge zwischen Spanien und Gibraltar. Und ein »Vertrag zur Zusammenarbeit« sieht ein neues Flughafenterminal vor, erleichterte Einreisekontrollen und die Entschädigung der Spanier, die nach der Schließung der Grenze 1969 ihre Arbeit verloren.

Wer über Land anreist, merkt wenig von dieser Annäherung. Jenseits der Grenze, in La Línea, San Roque oder Zabal, fallen Spruchbänder auf, die an Hausfassaden die spanische Hoheit über den Felsen fordern. Hingegen weisen fast keine Verkehrsschilder den Weg ins »falsche England«, wie der Stein des Anstoßes in Spanien genannt wird. Man tut einfach so, als existiere die letzte britische Kolonie in Europa nicht.

Für den Reisenden ist das Zipfelchen am Mittelmeer eine wunderbare Kuriosität. In den Gassen umwehen ihn der Staub und die Hitze, die der Wind aus der nahen Sahara heranträgt. Statt spanischer Tapas isst er Schinken-Käse-Sandwiches in englischen Pubs. Statt Rotwein gibt es schottischen Whisky. Bei hochsommerlichen Temperaturen. Unter Palmen. Die Autos fahren rechts, doch statt *Ceda el Paso* heißt es *Give way*. Und die Straßennamen klingen kein bisschen mediterran: Queens Way, Canon Lane, Bomb House Street.

Hinzu kommt der britische Humor der Gibraltarer. In der Seilbahn hinauf zum Felsen zeigt ein Banker auf den Nordrand des Hafens und erklärt seinem Besuch aus Manchester: »Dort unten haben sie nach der Schlacht von Trafalgar Lord Nelson eingepökelt.« Die Briten haben die legendäre Seeschlacht gegen die napoleonische Flotte zwar gewonnen, doch Admiral Nelson fiel der Kugel eines französischen Scharfschützen zum Opfer. »Genau dort«, behauptet der Banker jetzt und klopft mit den Fingerknöcheln an die Scheibe der Gondel, »genau dort haben sie Nelson in ein Fass mit Kochsalz eingelegt, damit er auf dem Weg nach London frisch blieb.«

Während die Gondel hinaufstrebt, bietet sich unten ein groteskes Bild. Der Spanier mit dem freien Oberkörper, der behaarten Brust und der Glatze jagt einer Horde Berberaffen nach. Eins der Tiere umklammert etwas Ledernes; es sieht aus wie eine Geldbörse. Der Mann schreit und gestikuliert, der Affe klettert auf einen Ölbaum, tänzelt auf den äußersten Ast hinaus und überlässt seine Beute dem freien Fall – die Steilwand hinunter.

Mit der Gondel auf der Aussichtsterrasse des 367 Meter hohen Signal Hill angekommen, eröffnet sich ein einzigartiges Panorama. Weit unten, auf dem schmalen Küstensaum, drängen sich die geziegelten Dächer der Altstadt von Gibraltar, durch das blaue Oval der Bucht mit der spanischen Hafenstadt Algeciras verbunden. Und jenseits des *Europe Point*, der Südspitze Gibraltars mit ihrem berühmten Leuchtturm und der imposanten Moschee, ziehen Hochseefrachter dahin, Spielzeugschiffen gleich, die wie an unsichtbaren Fäden zwischen den Meeren hin und her gleiten. An einem klaren Tag wie diesem scheint es, als brauche man nur die Hände auszustrecken, um in den heißen Sand Afrikas einzutauchen. Eine schöne Illusion.

Nach meiner zweijährigen Reise *durch Lateinamerika hatte ich mir in den Kopf gesetzt, Journalist zu werden. Die ersten Reportagen extrahierte ich aus meinen Reisenotizen und schickte sie mit ein paar Fotos unverlangt an Zeitungen. Von den meisten Manuskripten hörte ich nie mehr etwas. Andere kamen zurück mit Kommentaren wie: »Schulaufsätze drucken wir nicht!«*

Ich kaufte mir ein paar Bücher und las nach, was eine gute Reportage ausmacht. Dann brach ich auf. Nach Mauretanien. Ich hatte von einem Eisenerzzug gehört, der quer durch die Westsahara fuhr. Es war die erste Reise, die ich unternahm, um darüber zu schreiben. Ich hatte Glück. Die Passage mit dem Erzzug durch die Wüste war atemberaubend. Und eine renommierte Wochenzeitung druckte meine Geschichte auf einer opulent bebilderten Doppelseite. Mauretanien war so etwas wie die Eintrittskarte in mein zweites Leben als Journalist.

»Reportagen«, schreibt Hubert Fichte, »sind Trophäen aus Hunger, aus Hermaphroditen, aus Hingerichteten.« Für mich waren sie von Anfang an ein Mittel, um die »Ränder der Welt« für ein breites Publikum erfahrbar zu machen und damit die Abstände zu anderen Denk- und Lebensweisen zu verringern.

Mauretanien
Zu schnell für Allah

Wie zart sind die Farben dieser Sandflächen!
Als ob die Wüste aus Fleisch und Blut bestünde.
Claude Lévi-Strauss

Woo-wooooooo! Woo!
In the name of pain!
There comes a train!
Nick Cave

»Wer behauptet«, hüstelt Ismael Bendahma Benhalima, »Staub und Sand könne man nicht essen, hat diese Zugfahrt noch nicht mitgemacht.« Der zierliche Mauretanier windet sich aus seinem himmelblauen Gewand und zieht stattdessen ausgetragene Jeans und ein kariertes Baumwollhemd an. Nervös kramt der junge Mann einen schwarzen Turban aus seiner Kamelledertasche. Ein Geschenk für mich. »Das wirst du brauchen können, *mon ami*.«

Viele Menschen warten entlang der Gleise in Zouerate, einem Bergwerksort in der mauretanischen Westsahara. Gasflaschen, Säcke, Kisten, Wasserschläuche liegen auf dem Boden. Auf einmal hören wir ein seltsames Geräusch, ein leises Summen. Die Menschen kommen in Bewegung. Eine rote Staubwolke hüllt die Gleise ein, wo Förderbänder Eisenerz in wartende Waggons schütten. Das Summen wird metallischer und lauter, immer lauter – und plötzlich stößt aus dem Dunst der Zug, zu ohrenbetäubend für eine Halluzination: Drei gewaltige Dieselloks ziehen einen Wagen nach dem anderen aus der roten Wolke, angefüllt mit Eisenerzhügeln, eine endlose Kette, die monoton an uns vorbeirattert, während das Schreien der Bremsen unsere Hörnerven traktiert; dann steht der Koloss.

Wir erklimmen einen Waggon. Die Menschen laden ihre Habseligkeiten auf das Eisenerz, verschnüren meckernde Ziegen und kreischende Hühner, errichten kleine Zelte aus Fellflicken gegen die Wüstensonne. Mit einem Ruck beginnt die Reise. Zouerate und die durchlöcherten rostroten Tazadit-Berge bleiben zurück und lösen sich im Flimmern auf. Vor uns liegt eine Strecke von sechshundert Kilometern, eine zwanzigstündige Fahrt durch die Westsahara, durch Sand, Staub, Hitze – und Kälte.

Für die Bewohner dieser Region ist der Eisenerzzug nach Nouadhibou die einzige erschwingliche Verbindung zur Küste. Zwar wird hin und wieder ein Personenwagen angekoppelt, die Mauretanier nehmen jedoch lieber die kräftezehrende Reise auf den Eisenerzhügeln in Kauf, weil sie für Fracht und Passagiere gratis ist. Ismael kommt, um Arbeit zu suchen, regelmäßig nach Zouerate. Er hat einen guten Platz ausgewählt. Unser »Abteil« ist der erste von drei Eisenerzhügeln auf einem Waggon in der Mitte des Zugs.

Wir richten uns ein, so gut es geht. Das Gepäck liegt in den Mulden zwischen dem Erz und der glühend heißen Waggonwand. Wir kauern auf einer zerschlissenen Decke mit verblühtem Blumenmuster über den kantigen Brocken und haben uns mit dicken Klamotten und den Turbanen gegen die im Fahrtwind wirbelnde Wolke aus feinsten Erzpartikeln vermummt, die in jede Pore dringen. Wenn der Seitenwind aussetzt, haftet ein Schleier am Zug, so dicht, dass wir kaum einen Waggon weit sehen können; dann blicken wir wieder hinaus in eine Landschaft, die zwischen weiten Sandflächen und zerklüfteten Geröllfeldern wechselt. Auf Felsen sonnen sich Afrikanische Dornschwänze und Eidechsen mit leuchtend blauen Kehlen. In der Ferne kann ich eine Kamelherde erkennen; dort treiben Aasvögel im weißen Himmel.

»Du reitest den längsten Zug der Welt«, sagt Ismael unvermittelt. Wie alle Mauretanier ist er stolz auf den nationalen Superlativ. Vom Guinessbuch wird er zwar an einen Kohlenzug in den Vereinigten Staaten vergeben, doch der Zug, der zwischen Zouerate in der Westsahara und Nouadhibou an der Atlantikküste verkehrt, ist deshalb nicht weniger beeindruckend. In einer lang gezogenen Kurve bietet der 22 000 Tonnen schwere und 2800 Meter lange Koloss einen atemberaubenden Anblick: Sonnenstrahlen brechen sich im feinen Staub über dem Zug und verleihen ihm etwas Geheimnisvolles, ein gigantischer schwarzer Wurm, dessen Ende mikrobisch klein mit dem Horizont verschmilzt. Noch in der Ferne sind vermummte Menschen auf den Erzhügeln als winzige, farbige Punkte zu erkennen. Dort sitzen sie, dösen, diskutieren, kochen Tee und melken Ziegen, während der Zug sie durch die Sahara trägt.

Nach vier Stunden schält sich eine Siedlung aus der Wüste, ein staubiges Nest. Hier in Choum, der Transitstation zwischen dem Landesinnern und der nördlichen Küste, findet normalerweise nur ein kurzer Halt statt. Heute wird der Aufenthalt Stunden dauern. Wegen Verladungen und technischer Probleme. Ismael und ich nutzen die Zeit, um festzustellen, dass es keinen Grund gibt, sich in Choum länger aufzuhalten als unbedingt nötig. Ein paar staubige Wege, brüchige Hütten, ein mit Autowracks übersäter Platz und der Gestank von faulendem Müll. Alle Fliegen der Wüste scheinen sich in Choum zusammengezogen zu haben. Die vierhundert Bewohner des Dorfes leben von den Reisenden, die hier in Unterständen auf ihre Verbindung warten. Von Choum aus führt eine Piste nach Atar im Adrar-Gebirge und von dort weiter in die Hauptstadt Nouakchott. Fünfzehn Stunden verbringen die Reisenden zu elft in einem Peugeot 504, dem lokalen Wüstentaxi, oder noch viel länger auf einem der schrottreifen Laster. Dreimal täglich kommt ein Zug aus jeder Richtung. Ein Fahrplan existiert nur auf dem Papier. Für jene, die stundenlang ausharren, traktiert von Fliegen und Hitze, sind Tee und Tabak die einzige Ablenkung. Die Mauretanier rauchen die *toba*, ein kleines Mundstück, in das gerade genug Tabak hineinpasst, um einmal kräftig daran zu ziehen. Eigentlich ist Rauchen nicht im Sinne des Islam. Vielleicht verschwindet die *toba* deshalb wieder flugs im *beite*, einem verzierten Lederbeutelchen. »Zu schnell für Allah.«

Als der Zug Choum verlässt, ist es bereits Abend geworden. Die untergehende Sonne gleicht einem gelben Loch im fahlen Himmel. Mit der Dunkelheit kriecht die Kälte in die Wüste. Es ist Neumond, die Nacht rabenschwarz. Mit einem Mal kreischen auf freier Strecke die Bremsen. Was ist passiert? Ich kann nichts erkennen. Als der Zug endlich steht, steigen viele von den Waggons. »Wir beten«, sagt Ismael kurz und verschmilzt ebenfalls mit der Dunkelheit.

»*Allahu akbar!*« – Gott ist groß. Auch im fünften und letzten Gebet dieses Tages preisen die muslimischen Reisenden Allah. Die nächste Moschee, von deren Minarett ein Muezzin zum Gebet rufen könnte, muss viele Hundert

Kilometer von hier entfernt sein. Die *Schahada*, das Glaubensbekenntnis, leitet das Gebet ein: »Ich bezeuge, dass es keinen Gott außer Gott gibt und dass Mohammed der Gesandte Gottes ist.« Religiöses Ritual an den Gleisen des Wüstenzuges. Vermummte, mit Staub verkrustete Gestalten murmeln auf Knien ihre Gebetsformeln in die nächtliche Sahara, nach Osten, wo fern die Stadt Mekka liegen muss.

Ismael lächelt, als er sich mit einem Sandabdruck auf der Stirn erneut zu mir setzt. Immer wieder ist mir der glückliche Schimmer in seinen Augen aufgefallen, wenn er gebetet hatte. Beim zweiten Signal setzt der Zug seine Reise fort. Wir legen uns auf den Rücken und betrachten den sternenübersäten Himmel. Unser Wagen hat jetzt einen bedenklichen Seegang. Das Schlagen der Kupplungen lässt mich immer wieder aufschrecken. Staub brennt in meinen Augen, kracht zwischen meinen Zähnen. Die kantigen Brocken schmerzen im Kreuz. Nur Ismael schläft wie ein Murmeltier.

Mitten in der Nacht halten wir bei der kleinen Station am Kilometer 319 erneut. Ich verabschiede mich von meinem Freund, und wir verabreden uns für den letzten Halt in Nouadhibou – *inschallah*, wenn es Allahs Wille ist. Mit der Eisenbahngesellschaft habe ich abgesprochen, auf der Hälfte der Strecke in die Lok zu wechseln. Nun kann man aus dem »längsten Zug der Erde« nicht einfach aussteigen, um mal schnell nach vorne zu laufen. Von unserem Waggon aus sind das rund anderthalb Kilometer. Der Stationsleiter holt mich deshalb mit seinem Auto ab.

Cheikh Akrabat, der Lokomotivführer, und sein Adjutant Moussa betrachten mich lächelnd von oben bis unten. Erst jetzt, im Kabinenlicht der Lok, bemerke ich: Meine

Kleider sind mit rotem Staub verkrustet, meine Hände und die freie Partie um die Augen scheinen gerostet zu sein. Der Geschmack des Erzes wird für mehrere Tage nicht mehr aus meinem Mund weichen. Cheikh Akrabat fährt den Zug seit knapp zwanzig Jahren. In den borstigen Schnauzbart des hageren Mannes haben sich graue Haare eingeschlichen. Tiefe Falten umrahmen seine Augen, die er ein Leben lang vor der Wüstensonne zugekniffen hat. Während er nun angestrengt auf den Lichtkegel um die Gleise starrt, erzählt Akrabat von seinem Heimatdorf, der Oasenstadt Chinguetti, östlich des Adrar-Gebirges. Er schwärmt von Palmenhainen in der Sandwüste, von mittelalterlichen Salzkarawanen und Pilgerzügen durch die Sahara, von den Heldentaten des Idaw'ali- und des Laghlal-Stammes und einer uralten islamischen Bibliothek.

Wir essen süße Datteln und gebratenes Kamelfleisch. Das ganze Führerhaus duftet nach aufgekochter Minze. Für mich stellt sich ein ganz neues Reisegefühl ein, denn der Innenraum der Lok ist fast staubfrei. Ich kann ungestört durchatmen und sprechen, mich auf einen Stuhl setzen und Wärme aus dem benachbarten Maschinenraum tanken. Aus einem kleinen Kühlschrank riecht es nach Fisch, dessen Verkauf meinen beiden Gastgebern einen ansehnlichen Nebenverdienst erlaubt. Frischer Fisch vom Markt in Nouadhibou erzielt in der Wüste Höchstpreise.

Wie hypnotisiert starrt Cheikh Akrabat auf den kleinen Ausschnitt der Sahara, den die Scheinwerfer beleuchten. Ein sich stetig wiederholender Kurzfilm im öden Nachtprogramm. Den Fuß auf dem Gashebel, bequem zurückgelehnt, fast apathisch die Brise der Nacht genießend, kämpft Akrabat stundenlang gegen diese Monotonie. »Man gewöhnt sich daran«, meint der alte Lokführer und legt die ganze Liebe zu seiner Arbeit in ein müdes Lächeln.

Der Kampf gegen die Nacht ist vorbei, als sich die ersten Sonnenstrahlen über den Horizont stehlen. Unsere Kleidung fühlt sich klamm und klebrig an. Die Luftfeuchtigkeit der nahen Atlantikküste zieht nachts weit in die Wüste hinein. Erst jetzt kann ich den freien Ausblick auf die Gleise richtig genießen: Sie teilen die Westsahara in zwei Hälften und laufen an einem fiktiven Punkt im Hitzeflimmern zusammen. Dann erhasche ich einen kurzen Blick auf den Atlantik. Wie eine Fata Morgana leuchtet die blaue Scheibe zwischen cremefarbenen Hügeln am Horizont. Bald tauchen erste Hütten in der Wüste auf – Nouadhibou.

Die Stadt, die zweitgrößte in Mauretanien, ist eine Ansammlung von Betonklötzen und Wellblechhütten. Der Zug lässt sie links liegen und bremst auf einer Geraden aus. Die letzten Meter liegen vor uns, das letzte Schreien der Bremsen, die letzten Worte von Cheikh Akrabat und Moussa; dann bleibt der Zug auf offener Strecke stehen. Die Strapazen der vergangenen zwanzig Stunden sind vergessen. Kisten, Säcke und Ziegen fliegen durch die Luft. Ein Heer von Taxifahrern, Trägern und Händlern überfällt die Ankömmlinge.

Wie verabredet treffe ich meinen Freund an den Gleisen wieder. Ismael Bendahma Benhalima sieht aus, als hätte er frisch gebadet. Sein himmelblaues Gewand bläht sich bereits wieder im Wind, und ein makelloser schwarzer Turban thront auf seinem Kopf. Minutenlang ziehen die Waggons an uns vorbei in den *Port Minéralier*, den Hafen von Nouadhibou. Dort wechselt das Erz in die wartenden Schiffe, um seine Reise ohne uns fortzusetzen.

Timbuktu ist ein Mythos. *Ein Mythos, der seine Kraft, wie ich glaube, allein dem Klang seines Namens verdankt:*

TIM – BUK – TU

Das klingt wie eine Zauberformel. Nur leider hält sie nicht, was sie verspricht. Vielleicht waren meine Erwartungen auch einfach zu hoch. Als ich auf einer Reise, die mich sieben Monate lang von der Quelle bis zur Mündung des Niger führte, Timbuktu erreichte, wirkte die Stadt verlassen. Ein vergessener Ort am Südrand der Sahara. Die Straßen waren meist gespenstisch leer, und die Wüste flutete durch die weit geöffneten Ränder ins Herz der Stadt, um an Hauswände zu branden und verwaiste Wohnräume mit Sand zu füllen bis unter die Decke.

Hatten meine Probleme in Timbuktu begonnen? In dieser Geisterstadt? Diesem Gerippe eines entschwundenen Lebens? Gut möglich. Ein paar Tagesreisen stromabwärts jedenfalls, in Gao, erwachte ich schweißgebadet, ich fror, mir war schwindlig. Lag in einer üblen Höhle von einer Unterkunft und starrte an die rissige Gewölbedecke. Neben mir flackerte eine Kerze, scharrten Ratten. Durch einen Spalt in der Holztür sickerte fahles Licht, und draußen rumorte der Harmattan.

Irgendwann zwang ich mich, aufzustehen. Mein Kopf dröhnte, mein Nacken schmerzte, meine Glieder waren bleischwer. Ich schleppte mich durch die Straßen, und Gao kam mir grau und tot vor. Es war bei Weitem lebendiger als Timbuktu, doch ich wollte, dass es grau war. Also war es grau. Und verdorrt. Es war staubig, schmutzig. Es stank. Gao stank. Es gab keinen Grund, in dieser grauen, stinkenden Stadt herumzulaufen. Also kroch ich zurück in meine Höhle und warf mich wieder auf die Matratze.

»Sie sehen nicht gut aus, mein Freund«, sagte Mossi Djibo, der Hotelbesitzer, ehrlich besorgt. »Sie haben doch Medikamente bei sich?« Ich hatte schon alles versucht. Erfolglos. Es ging mir stündlich schlechter. »Ich kenne einen Sohantye«, sagte Djibo und senkte verschwörerisch die Stimme. »Sie haben einen Feind? Seine Nase soll abfaulen? Seine Hoden sollen anschwellen? Blindheit, Gedächtnisverlust? Tod seiner Frau? Tod seines ältesten Sohnes? Der Sohantye leitet alles für Sie in die Wege.« Ich sagte Djibo, dass ich keine Feinde hatte, doch er überging meinen Einwand und fuhr euphorisch fort: »In vierundzwanzig Stunden tötet der Sohantye, wen Sie wollen. Vergiften, enthaupten, ersticken, ertränken, vom Krokodil zerfetzen, vom Bus überfahren. Wie Sie wollen, in nur vierundzwanzig Stunden.«

Und weil der Sohantye auch ein Heiler war, fand ich mich wenig später auf dem Rücksitz eines Mopeds wieder. Am Lenker saß Djibo. Er fuhr hinaus in die Wüste. Ich konnte mich kaum mehr aufrecht halten; mir war alles egal.

Mali
Guter Rauch, böser Rauch

> *Von Zeit zu Zeit, wenn das Leben kompliziert wird*
> *und die Hyänen dich einkreisen, dann gibt es nur eine*
> *Rettung: sich mit verruchten Chemikalien vollpumpen*
> *und wie ein toller Hund von Hollywood nach Las Vegas*
> *fahren. Um sich in der Wüste zu entspannen, sozusagen,*
> *im Mutterschoß der Wüstensonne.*
> Hunter S. Thompson

Der Heiler rollt zwei Kolanüsse über meine Schläfen, wiegt sie langsam in der rechten Hand und murmelt leise vor sich hin; dann legt er die Kolas beiseite und berührt meine Nase. »Er hat das Orakel befragt«, sagt Djibo, der drahtige Mann, der mich mit dem Moped aus Gao im Norden Malis in den Busch gebracht hat. Weil es mir nicht gut geht. Gar nicht gut.

Der Heiler zieht die Augenbrauen hoch. An ihren äußeren Enden nehmen sie die Form von Widerhaken an. Er sitzt barfuß auf seiner Matte. Sein rechter kleiner Zeh fehlt, der rechte kleine Finger ebenfalls. Eine schwere Akne hat Narben in seinem Gesicht hinterlassen. Die Falten um seine Augen könnten fröhlich wirken, wären da nicht die Augen selbst, riesige schwarze Kugeln, umgeben von einem Geflecht aus blutroten Äderchen.

Der Heiler räuspert sich und spuckt kräftig aus. Ein Junge schleppt sich auf einer Holzkrücke herein. Seine Beine sind dünn und zerbrechlich wie Akaziengeäst. Die Haut ist mit etwas beschmiert, das ich für Kuhdung halte. Der Junge ortet den Auswurf des Heilers an der Hüttenwand, löst das

Sekret behutsam vom Lehm und streicht es in eine Kalebasse. »Der Heiler sagt, dass Ihnen jemand Böses will«, fährt Djibo fort, ohne auf die sonderbare Szene einzugehen. »Er hat in den Kolas gesehen, wie Sie schliefen und ein böser Rauch in Ihre Nase kroch. Der Rauch sitzt jetzt in Ihrem Kopf.«

Djibo vertraut dem Heiler. Und ich vertraue Djibo. Immerhin kümmert er sich um mich, seit mich in Gao diese rätselhafte, bleierne Mattigkeit überfallen hat, dieser bohrende Kopfschmerz, die lähmende Nackenstarre. Meine Reise hat vor vier Monaten an der Quelle des Niger begonnen. Seither folge ich dem drittgrößten Fluss Afrikas, um ihn bis zur Mündung in Nigeria zu befahren. Das wird weitere drei Monate dauern, was ich zu diesem Zeitpunkt noch nicht wissen kann. Ich weiß nur, dass ich mich elend fühle, mich kaum bewegen, nur leise sprechen, nicht klar denken kann. In Guinea hat mir ein Zauberer einen Fetisch gemacht. Bin heil durch das Rebellengebiet an der Grenze zu Sierra Leone gekommen, Waldelefanten begegnet, habe nach einem Flussgott gesucht, Timbuktu gesehen und die Sahara, wie sie gegen den Niger anstürmt. Stromabwärts werde ich an einer Flusspferdjagd teilnehmen, den Besessenen vom Nigerbogen begegnen und Zeuge eines brutalen Mordes werden. Was ich zu diesem Zeitpunkt jedoch nicht wissen kann. Weiß nur, dass ich mich –

»Der Teufel ist als Rauch in Sie eingedrungen«, sagt Djibo unvermittelt. »Der Heiler wird einen Rauch schicken, der ihn wieder hinaustreibt, hinaus aus Ihrem Kopf, Mikael.« Mein Vorname lässt mich aufschrecken. Mikael – das bin *ich*. *Ich* sitze in dieser Hütte, *ich* bin hier der Patient, und dieser Heiler ist dabei, *mich* zu behandeln. Etwas drängt mich, die Sache hier zu beenden. »Keine Angst«, sagt Djibo, als habe er meine Gedanken gelesen.

Habe ich es schon erwähnt? Ich vertraue Djibo. Und ist das nicht eine einzigartige Gelegenheit? Jetzt, wo ich schon mal hier bin? Der Heiler wird schließlich kein Skalpell ansetzen. Was kann schon passieren? Ein wenig Rauch …

Wir einigen uns auf den horrenden Preis von 10 000 Francs CFA. Ich bezahle, und wenig später hocke ich nackt in der Ecke einer Lehmlatrine, neben mir einen Tonkrug mit schlammgrünem Wasser. Ich wasche mich von Kopf bis Fuß damit, lege mir ein Tuch um die Lenden und kehre in die Hütte zurück. Auf dem Boden liegt eine Metallschaufel auf glühenden Kohlen. Mir bricht der Schweiß aus. Ich zittere. Der Heiler malt mit dem rechten Zeigefinger ein Kreuz auf den Boden; dann zieht er einen Kreis darum, murmelt etwas und spuckt in alle vier Himmelsrichtungen. Der Junge fängt den Speichel geschickt mit der Kalebasse auf.

»Das *gandyi hau*«, flüstert Djibo und legt mir seinen Mantel um. »Der Heiler bindet den Busch fest, bevor er die Tür zur anderen Welt öffnet. Er bindet die Unsichtbaren und die Schlechten fest, damit sie Ihnen nicht schaden können.« Der Heiler beginnt zu singen. Ich nehme an, dass das die Formeln sind, die den bösen Rauch aus meinem Kopf treiben sollen. Er öffnet einen Lederbeutel, schüttet gelbliches Pulver in seine vierfingrige Hand und zerreibt es im Takt der Silben, die er jetzt immer lauter intoniert, bis Djibo plötzlich seinen Mantel über meinen Kopf wirft und mich unsanft hinunterdrückt.

Der Heiler streut das Pulver auf die glühende Metallschaufel. Es knistert, zischt. Grauer Rauch füllt die winzige Kammer, die der Mantel um mich herum bildet. Ich schließe instinktiv die Augen, halte die Luft an, atme vorsichtig ein, spüre, wie der Rauch in meine Nase kriecht, in Mund und Rachen, wie er in mir brennt, beißt, kratzt. Panik ergreift mich. Ich würge, huste, will schreien, stattdessen stöhne ich, flenne, meine Muskeln erschlaffen.

Die beiden Männer halten mich fest, zwingen mich, unter dem Mantel zu bleiben, zwingen mich, den Rauch einzuatmen; dann, endlich, lösen sich ihre Griffe. Ich reiße den Mantel fort und stürze nach draußen. Der Heiler lässt mich nicht aus den Augen, steht unter höchster Anspannung, stößt einen Schrei aus und stürzt sich auf mich; er greift vor meinem Gesicht ins Leere, verdreht die Augen, wirft sich zu Boden, wälzt sich, als kämpfe er mit einem unsichtbaren Tier. Ein lauter Knall lässt mich zusammenzucken. Dann ist es still. Vollkommen still. Eine Stille, wie es sie nur in der Wüste gibt.

»Es ist vorbei«, sagt Djibo leise und legt seine Hand auf meine Schulter. Seine Berührung tut gut, sie bringt mich wieder zu mir. Im Hof lachen alte Männer. Djibo lacht. Der Heiler lacht. Ich sehe an mir hinunter. Stehe nur mit einem Tuch um die Hüften in diesem Gehöft, mitten in der Dornensavanne. Meine Knie schlottern. Um mich herum lachen zahnlose Männer. Ich bin sicher, dass man sich einen Spaß mit mir erlaubt hat, aber zu erschöpft, um wütend zu sein. Ziehe meine Kleider an, sinke in einen Bambusstuhl. »Es ist vorbei«, sagt Djibo noch einmal. »Der gute und der böse Rauch. Sie haben gekämpft. Sie haben es gespürt, nicht wahr? Der gute Rauch hat gesiegt. Er hat den Teufel herausgetrieben. Der wollte entkommen, in eine andere Nase, doch der Heiler hat ihn gefangen und vernichtet. Wir sind alle sicher.« Sicher. Ich keuche. »Wie fühlen Sie sich? Der

Schmerz ist fort, nicht wahr? Der Teufel ist aus Ihrem Kopf. Er ist leicht, nicht wahr?« Ich muss niesen. »Das ist der gute Rauch«, lacht Djibo erleichtert. »Er putzt noch die Ecken in Ihrem Kopf aus. In ein paar Stunden ist er verflogen.«

Der Junge mit der Kalebasse hinkt auf seiner Krücke herbei, verrührt den zähflüssigen Speichel, den er während der Zeremonie aufgefangen hat, und streicht ihn in die rechte Hand des Heilers, der sie uns zum Abschied reicht. Sie fühlt sich klebrig und warm an. Djibo reißt ein Stück Stoff von seinem Gewand und bandagiert seine Hand damit. »Der Speichel des Heilers ist kostbar«, sagt er und verknotet den Fetzen. »Er enthält die Kraft der Worte. Waschen Sie Ihre Hand vier Tage nicht. Geben Sie Ihre Hand niemandem, heben Sie Ihre Hand nicht zum Gruß, denn sonst weht der Wind den Segen des Heilers fort.«

Dann fährt Djibo los und knattert über die verwachsene Piste in Richtung Gao. Ich frage ihn mit zittriger Stimme nach dem Jungen, dem Jungen mit der Kalebasse. »Ich kenne ihn seit seiner Geburt«, ruft Djibo in den heißen Fahrtwind hinein. »Er kam völlig gelähmt zur Welt. Sein Vater ist ein strenggläubiger Muslim. Er brachte ihn ins Krankenhaus und gab ein Vermögen für moderne Medizin aus. Als alles nichts half, hat er seinen Sohn doch zum Heiler getragen.« Und der hat ihm eine Medizin gemacht? »Die Pflanzenpaste auf seiner Haut«, ruft Djibo über seine Schulter. »Zwei Monate ist das her. Sie haben den Jungen selbst gesehen. Er kann schon wieder gehen.«

Wir biegen auf die Schotterstraße ein, und Djibo schaltet in den vierten Gang. Ich zittere noch immer, doch mein Kopfschmerz und die Nackenstarre sind verschwunden.

Zuerst sehe ich nichts. *Will nichts sehen. Blicke in die Ferne, nur um in die Ferne zu blicken. Mein Auge wandert, hält sich nicht auf, an nichts fest. Weil nichts da ist. Nichts.*

*

Tage vergehen. Ich gehe weiter, immer weiter. Etwas existiert hier, weil alles andere fehlt. Es ist da. Wirklich. Aber ich habe kein Wort dafür. Natürlich nicht.

*

Sie stellt geduldig meine Linsen scharf. Lässt mich jeden Tag ein wenig mehr sehen. Jeder Grashalm: ein Wunder. Jedes Kotbällchen. Jede Spur im Sand: Springmaus? Skorpion? Akazienzweig? Jeder Schatten, jeder Fels, jeder schimmernde, schwarz lackierte Stein, jede Kerbe oder Maserung, jeder Kiesel, jedes Sandkorn, keins wie das andere, jede Fliege, die auf meinem Rücken die Sahara durchquert, ja, jede einzelne dieser verdammten, immerzu leckenden, saugenden, stechenden Fliegen – ein Wunder.

*

Einmal sah ich mich. Vor einem Gemälde von Rothko. Sah mich draußen in der Galerie stehen und fürchtete, jemand könnte zwischen uns treten und die Verbindung kappen. In diesem Bild kann niemand leben.

Republik Niger
Im Land der freien Männer

> *Vielleicht ist die Idee die, so weit wie möglich zu gehen –*
> *bis ans Ende deiner selbst – bis zu einem Territorium,*
> *wo die Zeit Raum wird, wo die Dinge in ihrer ganzen*
> *Nacktheit erscheinen und der Wind weht, anonym.*
> Kenneth White

Sadou spricht nicht gern. Nur wenn es sein muss, murmelt er in seinen *tagelmust*, den kunstvoll gewickelten Baumwollschleier der Tuareg. Worte sind in der Wüste sinnlos. Der Wind trägt sie fort. Und was von ihnen bleibt, ist ein durstiger Mund.

Sadou, der junge Kameltreiber, verrichtet seine Arbeiten stumm. Jeden Morgen fängt er die Dromedare ein. Ein geübter Druck auf Ober- und Unterlippe, und die Tiere öffnen das Maul. Sadou legt ihnen die Stricke an. Zwingt sie unter die schweren Lasten aus Kisten, Kanistern und Säcken. Sie brüllen wütend, versuchen sich zu wehren – vergeblich. Nachdem alle Rücken beladen sind, zieht Sadou die nörgelnden Wiederkäuer auf die Beine. Es kann losgehen.

Seit fünf Tagen ist unsere Trekkingkarawane im Ténéré unterwegs, in der »Wüste aller Wüsten«, die sich von den Air-Bergen im Norden des Niger bis zum Fuß des Tibesti-Gebirges an der Grenze zum Tschad erstreckt. Ein Dutzend Dromedare, ein *chamelier*, ein Koch, ein Karawanenführer. Und eine Handvoll Touristen. Die ersten, die nach dem Ende der Tuareg-Unruhen im April 1995 wieder den Ténéré bereisen, auf die gleiche Weise, wie es die »Ritter der Wüste« seit fast tausend Jahren tun.

Wir marschieren zu Fuß in östlicher Richtung und führen die Dromedare an der Leine wie störrische, bucklige Riesenhunde. Die Strapazen des Vortags stecken uns noch in den Knochen. Unsere Oberschenkel und Waden sind vom Wandern und Reiten steif, der archaische Sattel hat blaue Flecken auf unseren Hüften hinterlassen. Füße und Hintern sind wund. Doch der Zauber, den die Wüste in den ersten Morgenstunden entfaltet, verscheucht sämtliche Beschwerden. Diese Landschaft wirkt besser als Sportsalben und Vaseline: bizarre Gesteinsrippen abgetragener Gebirge, Skulpturen aus Sand und Stein, makellose Dünen mit tiefen Tälern und kraterförmigen Strudeln. Bei Sonnenaufgang ist »Allahs Garten« schön und verführerisch. Und seine Früchte machen süchtig – süchtig nach Wüste.

Am Horizont sind kleine schwarze Punkte auszumachen. In einem Akazienhain liegt dort unser nächstes Nachtlager. Mit einem Geländewagen könnten wir den Ort wohl in zwei Stunden erreichen, die Karawane braucht dafür einen ganzen Tag. Als Europäer sind wir es gewohnt, in kürzester Zeit gewaltige Entfernungen zurückzulegen. Wir reisen heute ab und sind morgen am Ende der Welt – ohne zu wissen, welche Länder wir überflogen haben. Die Karawane macht uns zu einem Teil der Wüste, zu einem Stück Treibgut im unergründlichen Sandmeer. Hier erkennt der Mensch seine Nichtigkeit.

Hamdi starrt durch die staubigen Gläser seiner Sonnenbrille. Doch selbst wenn er sich noch so anstrengte, der alte Karawanenführer sähe nur Sandfelder, endlose Sandfelder. Hamdi kann unsere romantischen Vorstellungen von der Wüste nicht teilen. Die Tuareg leben von der Viehhaltung. Für sie ist der Ténéré »das Land dort draußen«, wo Menschen und Tiere auf Dauer nicht überleben können.

Wie oft Hamdi in seinem Leben diese Hölle durchqueren musste, weiß er selbst nicht mehr. Unzählige Male hat er Karawanen hindurchgeführt. Hunderte von Dromedaren. Beladen mit Salz aus den Oasen von Bilma und Fachi. Quer durch den Ténéré. Und dann weiter nach Süden, an die nigerianische Grenze, wo das Volk der Haussa lebt. Mit ihnen tauschte Hamdis Karawane Salz und Datteln gegen Hirse, um danach wieder ins Air-Gebirge zurückzukehren – nach einer dreimonatigen Reise. Heute ist Hamdi zu alt für diese Strapazen. Sein Körper sehnt sich nach Ruhe. Sein Rücken schmerzt. Seine Augen entzünden sich leicht im Wüstenwind. Doch die Einnahmen aus dem Krämerladen seines Sohnes in Agadez reichen nicht aus, um die Großfamilie zu ernähren. Deshalb quält sich der alte Targi weiterhin durch die Wüste.

Hamdis Überlebenskampf ist kein Einzelfall. Die Tuareg, einst die gefürchteten Herrscher über die Sahara, gehören heute zu den ärmsten Völkern in Afrika. Seit die französischen Kolonialherren die Sahelstaaten 1958 in die Unabhängigkeit entlassen haben, ist die große Zeit der *Imohag*, der »freien Männer«, wie sich die Tuareg selbst nannten, vorbei. *Azawad*, das traditionelle Wanderungsgebiet des Nomadenvolkes, ist heute von Staatsgrenzen zerschnitten, von imaginären, postkolonialen Linien im Wüstensand, welche die Tuareg zu Einwohnern von Mali, Niger, Algerien, Libyen und Burkina Faso machen. »Diese Grenzen sperren uns ein«, sagt Hamdi leise und skizziert bei einer kurzen Rast die Umrisse der Republik Niger auf eine Düne. »Sie sind wie Gefängnismauern.«

Der Traum vom freien Tuareg-Staat trieb das Nomadenvolk 1990 in den Wüstenkrieg gegen die Nationalregierungen von Niger und Mali. »Fünf Jahre lang haben wir für eine Illusion gekämpft«, sagt Hamdi verbittert. Das Friedensabkommen von 1995 speiste die nigrischen Tuareg mit leeren Versprechen ab. Die Militärregierung in Niamey hat die vereinbarte Teilautonomie für den Norden des Landes nie verwirklicht. Sie setzt weiterhin alles daran, die Tuareg sesshaft zu machen; die zugesagten Mittel fließen träge.

Es ist zehn Uhr morgens. Die Wüste glüht. Unsere Schritte fallen uns zunehmend schwer. Hamdi lässt die Dromedare niederknien. Wir steigen in die einfachen Sättel aus lederbespannten Holzrahmen. Unsere nackten Füße im borstigen Dromedarnacken bestimmen von nun an das gemächliche Marschtempo, jenes rhythmische Wiegen, in dem wir über diesen fremden Planeten schaukeln. Weiterreiten oder stehen bleiben? Im Ténéré macht das keinen Unterschied. Die Wüste läuft stets mit. Und die Zeit dehnt sich und schrumpft wie Flüssigkeit im schwerelosen Raum. Die Spuren, die wir im Sand hinterlassen, sind der einzige Beweis dafür, dass wir uns tatsächlich fortbewegen. Der Sand ist das Gästebuch der Wüste. Wer vorbeikommt, trägt sich ein. Und jeder zeichnet mit seiner unverkennbaren Unterschrift: Käfer, Wüstenmäuse, Gazellen, Dromedare, Menschen, der Wind und darin treibendes Pflanzenwerk.

Gegen Mittag schleichen unsere Schatten unter die Bäuche der Dromedare. Das Reisethermometer zeigt 52 Grad Celsius an. Jetzt weiterzugehen wäre Wahnsinn. Wir rasten drei, vier Stunden lang – irgendwo im Labyrinth der Dünen. Ein paar Reitdecken bilden ein Sonnensegel. Wir drängen uns darunter wie eine Ziegenherde unter eine Akazie. Nach ein paar Happen Thunfisch mit Maissalat beginnt Bilal, der Koch, mit der Teezeremonie. Die Wüste selbst hat keinen Geruch. Umso anregender ist das Aroma der Minze, die jetzt auf dem Feuer köchelt. Sie duftet süßlich, würzig und frisch. Bilal lässt den Tee aus der Höhe in die Gläser rinnen und teilt ihn in drei Runden an uns aus. »Der erste ist bitter wie das Leben«, erklärt er und lächelt, »der zweite süß wie die Liebe und der letzte sanft wie der Tod.«

Selbst unter dem Sonnensegel ist die Hitze unerträglich, jede Anstrengung zu viel. Kein überflüssiges Wort. Keine überflüssige Bewegung. Am besten gar keine Bewegung. Was treibt den Europäer in die Wüste? Ist es die Faszination der Unendlichkeit, die Suche nach dem Extrem, nach den Grenzen des körperlich Machbaren? Es gibt wohl noch einen weiteren Grund für eine solche Wüstenreise. Ein paar Ruhestunden unter dem Sonnensegel, und dann kommt es zur Sprache: Wir sind gar nicht wirklich hier! Nein, einige von uns sind mit Freunden, Verwandten und Kollegen zu Hause geblieben und beobachten ihre Körper von dort aus beim Wüstenabenteuer. Auf Fotos und Videos. Bei der Arbeit, am Stammtisch, im Club oder sonst wo. Der Körper wird in die Wüste geschickt. Nicht nur um diese zu bewundern, sondern auch um selbst dafür bewundert zu werden.

Über Reisephilosophie zerbrechen sich Hamdi und Sadou nicht den Kopf. Für sie bedeutet die Karawane in erster Linie Arbeit – Knochenarbeit. Vor dem Krieg war Agadez, das »Tor zur Wüste«, eine der wichtigsten Städte im Saharatourismus. »Damals haben wir als Führer gearbeitet, unsere

Dromedare verliehen, mit Schmuck, Kunsthandwerk und Lebensmitteln gehandelt«, erinnert sich Hamdi. Doch als die bewaffneten Auseinandersetzungen begannen, blieben die Besucher aus. Auch der Karawanenhandel und die Viehhaltung, über Jahrhunderte die Lebensgrundlagen des Nomadenvolkes, liegen heute am Boden. Die Lastwagen, welche die Oasen im Niger mit Lebensmitteln versorgen, haben die Karawanen weitgehend aus dem Salzhandel verdrängt, mehrere Dürrekatastrophen die Weidegründe zerstört. Sie erodieren heute großflächig. Die spärlichen Regenfälle versickern wirkungslos im Boden. Wo vor den Dürren noch Rinder und Ziegen grasten, herrscht jetzt die Sahara. Ganze Stammesverbände mussten ihre Wanderungsgebiete verlassen und sind an den Rand der Städte gezogen.

So will Sadou, der schweigsame Targi, nicht enden. Er will nicht aufgeben. Stolz führt er die rechte Hand zur Brust und lässt sie dann in Schlangenlinien durch die Dünen gleiten. Seine Augen leuchten kurz auf, und der verborgene Mund scheint durch den Gesichtsschleier hindurch zu lächeln. Leben – das bedeutet für Sadou wandern, Spuren hinterlassen. Und so zieht der Halbnomade mit seinen Herden weiterhin die Wadis auf und ab, damit sie auch noch die letzten staubigen Halme abweiden können. Nachdem die letzten Splittergruppen der Tuareg-Rebellen ihre Waffen übergeben haben, stehen Sadous Chancen etwas besser. Die Reisenden, die allmählich wieder zurückkehren, um den Ténéré zu erkunden, ermöglichen den Nomadenfamilien ein besseres Auskommen.

Deshalb sind Hamdi, Sadou und Bilal jetzt in der Wüste. Deshalb sehen sie in der glühenden Hitze nach den Dromedaren. Hacken Feuerholz mit einer steinzeitlich anmutenden Keulenaxt. Kümmern sich um Sonnensegel und Windschutz. Trocknen die ledrigen, dunkelroten Überreste einer Ziege in der Sonne, servieren im Sand gebackenes Brot, brauen Tee und kochen Wasser für unsere empfindlichen europäischen Mägen ab. Nur manchmal gönnt sich Sadou selbst einen kleinen Luxus. Wenn er sich unbeobachtet fühlt, holt der Targi einen Taschenspiegel mit rosarotem Plastikrahmen aus dem staubigen Gewand und zieht mit einem Kajalstift in den rissigen Händen sorgfältig die schwarzen Linien unter seinen Augen nach. Eitelkeit? Eitelkeit in der Wüste? Erst später erfahren wir, dass das Kajal die starken Reflexionen der Sonnenstrahlen absorbieren und so die Augen vor Krankheit schützen soll.

Der Nachmittag ist ein Wechselbad der Gefühle, ein Hin und Her zwischen Faszination und höchster körperlicher Belastung. In den Dünen stoßen wir auf ein Feld von wahllos verstreuten Gegenständen. »*Les gens d'avant*«, sagt Hamdi – die Leute von früher. Und schon sind wir auf Schatzsuche. Der Sand ist übersät mit verzierten Keramikscherben, zerbrochenen steinernen Oberarmringen, fein gearbeiteten Speerspitzen und glatt geschliffenen schwarzen Meteoritensplittern. Schon vor zehntausend Jahren, als weite Gebiete der heutigen Sahara noch ausreichend Niederschläge erhielten, haben Halbnomaden an solchen Orten ihre Sommer- und Winterlager aufgeschlagen. Damals muss es hier Wasser und saftige Weiden gegeben haben. Heute türmen sich Sanddünen auf, so weit das Auge reicht. Und der Wind gräbt die Hinterlassenschaften aus jener Zeit abwechselnd aus und wieder ein.

Schon bald rächen sich die Anstrengungen der Schatzsuche. Erschöpfung und Durst überwältigen uns. Und plötzlich ist der Kopf leer. Keine Gedanken mehr. Nur noch mechanische Bewegungen. Dromedarschritt für Dromedarschritt für Dromedarschritt. Durch staubtrockene prähistorische Flussbetten. Über haushohe Dünen. Mit diesem pelzigen Mund, diesen rissigen Lippen, dieser Zunge, die am Gaumen haftet, als sei sie dort mit Doppelkleber befestigt.

Die schwarzen Punkte am Horizont entpuppen sich tatsächlich als Akazien. Den ganzen Tag über schienen sie in gleichem Maß zurückzuweichen, wie unsere Karawane vorwärtskam. Es ist ein grüner, schattiger Hain am Fuß einer gewaltigen Sanddüne. Hier schlagen wir unser Lager auf. Der Gegensatz zwischen den Strapazen des Tages und den nun anbrechenden Abendstunden könnte größer nicht sein. Es ist die gleiche Wüste, die Landschaft ist jedoch wie ausgewechselt. Das Hitzeflimmern verschwindet, die weichen Farben kehren zurück, makellos geschwungene Sandwogen rollen in die Ebene hinaus. Schatten tauchen die Wellentäler in geheimnisvolles Dunkel. In der Ferne zieht eine Karawane friedlich über einen messerscharfen Grat, vielleicht zu einer nahe gelegenen Wasserstelle.

Dann legt sich der Schleier der Nacht über die Dünen, der Mond versilbert das Sandmeer, und die Wüste verfällt in tiefes Schweigen. Kein Windhauch. Kein Summen oder Scharren. Gar kein Geräusch. Aus dem Nichts tauchen Tuareg-Frauen auf. Hamdi heißt sie in endlosen Begrüßungsformeln willkommen. Bilal kauft Käse und Datteln. Dann setzen sich die Frauen in den Sand und beginnen auf einer länglichen Trommel zu spielen. Ihre hohen Stimmen wiederholen unablässig eine einzige Strophe: »Kommt *chameliers* – kommt und tanzt.«

Plötzlich schält sich Sadou aus der Dunkelheit, der stumme, unnahbare Sadou. Im flackernden Schein des Feuers umgibt ihn eine Wolke aus Staub und Sand. Er hüpft und stampft zum Rhythmus der Trommel wie ein ausgelassener Gott. Und dann, während er sein Schwert über dem Kopf schwingt, bricht Sadou zum ersten Mal sein Schweigen. Er stößt kurze bellende Laute aus und singt mit knabenhafter Stimme: »Hier bin ich und tanze. Hier bin ich.«

Sieben Monate auf dem Niger – *und in letzter Sekunde wäre fast noch alles schiefgegangen. Auf meiner Passage durch Nigeria, dem letzten Land, das der große schwarze Fluss durchquert, bevor er nach über viertausend Kilometern in den Atlantik mündet, hatte ich von heimtückischen Seuchen entleerte Landstriche überlebt, marodierende Jugendbanden, Killerkommandos und Kidnapper, Organhändler, die dir heimlich auflauern, um dich niederzuschlagen, und wenn du aufwachst, fehlen dir Niere, Hornhaut oder die Hirnanhangdrüse. Auch einen Überfall von Piraten hatte ich überlebt und Banditen, die ahnungslosen Passanten die Hände abschlugen, nur um an eine Handtasche oder einen Ring zu kommen. Und blutüberströmte Köpfe – sie waren auf Straßenkreuzungen vor meine Füße gerollt wie hölzerne Fußbälle.*

Wie entkommt man dem nigerianischen Albtraum? Am besten im Taxi. Die Straße zum Flughafen von Lagos führte über eine Brücke, Gleise schimmerten in der Dunkelheit, ein Markt drängte sich auf die Fahrbahn und staute den Verkehr. Und plötzlich schrie der Fahrer, ein spindeldürrer Haussa mit zerschlissenem Turban, ich solle mich ducken. »Down!«*, kreischte er.* »Down! Down!«

Erst da sah ich die bewaffneten Männer. Sie streiften im gelblichen Licht der Straßenlaternen durch die Reihen der Autos und raubten eins nach dem anderen aus. Im Stau konnte niemand wegfahren. Niemand würde uns zur Hilfe eilen. Hinter den Räubern schleiften verdreckte, kleine Jun-

gen schwere Säcke über die Straße, in die sie alles hineinwarfen, was sie erbeuteten. »They kill you!«, *schrie der Taxifahrer mich an.* »They kill you in my car! In my car! My car!« *Dass sie mich umbringen würden, schien ihn weniger zu beunruhigen, als die Tatsache, dass dies in seinem Auto geschehen würde. Die Männer kamen näher, Messer am Gürtel, Schnellfeuergewehre im Anschlag, und hinter der schwitzenden Stirn des Fahrers liefen pausenlos Bilder von blutigen Autositzen ab, die er nie mehr sauber kriegen würde, Bilder von Preisschildern an neuen Sitzen und von irgendwelchen Halunken, die behaupteten, der Einbau dieser Sitze koste soundso viel und ihr Schweigen, was mein Blut betraf, das Doppelte.*

Dann fallen Schüsse. Autoscheiben zersplittern. Geschrei. Ich habe gerade noch Zeit, meine Umhängetasche unter den Sitz zu schieben. Meine Reisetasche nehme ich auf den Schoß. Die Männer sind noch fünf Autos entfernt, drei, zwei, einer von ihnen klopft mit seiner 45er an die Scheibe, ich kurble sie herunter. »White man!«, *sagt er mit einem strahlenden Lächeln.* »Give me your stuff! Please!« *Eckzähne aus spitz gefeiltem Silber blitzen auf, Lederschnüre schneiden in seinen Bizeps, die Hornhaut seines Zeigefingers kratzt nervös am Abzug der Pistole, die so nah vor meinem Gesicht schwebt, dass ihr Lauf vor meinen Augen verschwimmt und ich das Schmieröl riechen kann.*

Ich gebe ihm die Reisetasche, er sagt etwas von Gott und dass ich belohnt werden würde, im Himmel, dass wir uns dort wiedersähen, dann entschuldigt er sich, dass er nicht länger bleiben kann: »Busy, white man, busy! Understand?!« *Er geht weiter zum nächsten Wagen, und ich wünsche den Insassen, er möge auch dort an Gott und den Himmel denken.*

In der Reisetasche befanden sich, neben einigen wertlosen Sachen, auch meine Tonaufnahmen: alle Gesänge und Erzählungen, die ich auf dem Niger gesammelt hatte. Es war, als wollte Afrika diese Geheimnisse bewahren. Mir blieb die Umhängetasche unter dem Beifahrersitz. Nach sieben Monaten im Inneren des Kontinents kehrte ich nur mit meinem Pass, meinen Notizen und den Kleidern zurück, die ich am Leib trug.

Nigeria
Wassermusik

Ich liebe das Spiel, das Unbekannte, das Abenteuer:
Ich bin gerne woanders als dort, wo man mich vermutet.
André Gide

Fünfzehn Milliarden Kubikmeter Wasser erleichtern die Sache nicht gerade. Als Mungo Park, der schottische Arzt und Entdecker, im Jahre 1805 die Gegend von Bussa in Nordnigeria erreichte, standen hier Dörfer und Paläste am Ufer des Niger. Heute liegt alles auf dem Grund des Kainji-Sees – versunken im Schlamm, unerreichbar. »Keine Angst«, sagt Garba Woru. »Wir werden es herausfinden. Bald werden Sie wissen, wie Mungo Park gestorben ist.«

Woru, der Berater des Emirs von Bussa, wickelt seinen Turban straffer, während das Kanu in nordöstlicher Richtung über die unermeßliche Wasserfläche schaukelt, die der Niger hinter der Staumauer bildet. Worus Hände wirken gepflegt: lange, feingliedrige Finger, die an der weißen Seide des Turbans zupfen wie an einem Musikinstrument. Es fällt schwer, seinem Blick standzuhalten. Seine Augen haben die Farbe von Quecksilber und sehen in unterschiedliche Richtungen.

Der Emir persönlich hat Woru beauftragt, mich zurück in die ruhmreiche Epoche Bussas zu führen, in jene Zeit, da die Stadt noch Teil des Borghu-Reiches war und in einem Atemzug mit den mächtigen Zentren im Inneren Afrikas genannt wurde, mit Timbuktu, Gao, Sokoto, Kano. Damals kam auch Mungo Park nach Westafrika, besessen vom Wunsch, das Rätsel um den Verlauf des Niger zu lösen, des drittlängsten afrikanischen Flusses, von dem man weder wusste, wo er entsprang, noch wo er mündete. Park trieb an Timbuktu vorbei und soll in den Stromschnellen von Bussa ertrunken sein. Die genauen Umstände seines Todes zählen zu den großen Geheimnissen der afrikanischen Entdeckungsgeschichte. »Wir werden es herausfinden«, sagt Woru in lang gezogenen Silben.

Mungo Park ist eine Legende. Nicht erst seit sich T. C. Boyle von der Biografie des Abenteurers zum Erfolgsroman *Wassermusik* inspirieren ließ. Und nicht nur in Europa. An den Kochfeuern von Bussa erzählen die Alten noch immer Parks Geschichte, und an den Ufern des Niger kennt den Bauernsohn aus dem schottischen Fowlshiels heute, zweihundert Jahre nach seinen Reisen, noch jedes Kind.

Nach einer Odyssee durch halb Westafrika erreichte Park in seinem Boot die Stadt Yawuri, die heute auf der anderen Seite des Stausees liegt. Dort ließ er einer rätselhaften Laune folgend seinen Führer Fatouma zurück und reiste ohne ortskundige Begleitung weiter. Fatouma behauptete später, Parks Geschenke hätten den Emir von Yawuri nicht erreicht und der Herrscher habe dem Weißen deshalb bewaffnete Reiter nachgeschickt. »Zum Dorf Bussa in der Nähe des Flusses«, heißt es in Fatoumas Bericht. Dort sollen die Soldaten Parks Boot angegriffen haben – von einem Felsen, »der quer über die gesamte Breite des Flusses« gelaufen sei, in der »Form eines Tores«. Nur ein Sklave überlebte den Angriff und lieferte Fatouma jenen umstrittenen Bericht, der seither, mangels Alternativen, als offizielle Version der Ereignisse herhalten muss.

Das Kanu des Emirs läuft mit einem Knirschen auf den Strand von Malali, einem Fischernest am Ufer des Kainji-Sees. Wir gehen an Land, und Woru begrüßt den Sarkin Gwata, den Herrn des Wassers von Old Bussa. Bevor der Ort im Stausee untergegangen ist, war der Alte mit den Ziernarben und dem weißen Haar zuständig für alle Belange des Niger, für den Fischfang ebenso wie für die Verehrung der Flussgeister. »Einen solchen Felsen hat es hier nie gegeben«, kommentiert er Fatoumas Bericht. Woru übersetzt ins Englische. So wie Fatouma es erzählt hat, sei es nicht gewesen.

Aber wie war es dann?

»Wir sind am Niger aufgewachsen wie unsere Väter und deren Väter«, sagt der Sarkin Gwata, als habe er die Frage überhört. »1968 haben sie den Damm gebaut und uns den Großen Fluss genommen.« Der Alte seufzt beim Gedanken an die vierzigtausend Menschen, die damals nach New Bussa umgesiedelt wurden, in jene verzettelte Kleinstadt aus Zement und Wellblech, die Planer auf dem Reißbrett entworfen haben und die zwanzig Kilometer vom Ufer des Stausees entfernt in der Hitze brütet – unwirtlich, künstlich, ohne jeden Charme. Die Regierung hat Licht versprochen, sauberes Wasser, Bewässerungstechnik für die Felder, sogar eine Fabrik für Konservenfisch. »Leere Worte«, sagt der Sarkin Gwata, und seine Kiefermuskeln spannen sich, als kaue er etwas sehr Zähes. »Nichts als leere Worte.«

Mittlerweile ist der See überfischt, ein Großteil der Nigerfauna – Krokodile, Seekühe, Flusspferde – ausgestorben, die fruchtbaren Überschwemmungsflächen des Niger sind untergegangen, und im gestauten Wasser nisten gefährliche Krankheiten. Ein hoher Preis für den Fortschritt, dafür dass der Damm jetzt Strom für Nigeria liefert. Doch die Generatoren des Kainji-Damms stehen meistens still. Die Turbinen verrotten. Die Wartung ist teuer, und in Bussa fehlt es an Geld, wie fast überall im mit 123 Millionen Einwohnern bevölkerungsreichsten Land Afrikas. Zwar ist Nigeria der sechstgrößte Ölexporteur der Welt, dennoch leben fast drei Viertel der Menschen unterhalb der Armutsgrenze. Arbeitslosigkeit und Unterbeschäftigung sind außerordentlich hoch, die Inflation galoppiert, der Zustand der Infrastruktur ist miserabel, die Versorgungslage ebenfalls.

Unser Kanu bleibt am Ufer des Kainji-Sees zurück, und der Sarkin Gwata geht voran. Die Grasstoppeln auf dem verwilderten Pfad erinnern an Stachelschweinborsten. Die beiden Männer hängen ihren Gedanken nach, die Art, wie sie gehen, verrät jedoch eine gewisse Erwartung. Sie scheinen etwas zu suchen. Auf einmal wird der Untergrund im Dickicht fest: Asphalt. Eine überwucherte Straße, die direkt ins Wasser führt. »Nach Old Bussa«, keucht der alte Woru, erschöpft von Anstrengung und Hitze. Sein Blick bricht sich an der Haut des Sees, ein Auge schweift darüber hinweg, das andere, so scheint es, folgt der Straße. »Sie führt hinunter auf den Grund«, sagt er leise. »Am Haus meines Vaters vorbei, zur Grundschule, zum Palast des Emirs.«

Ein Stück weiter am Ufer entlang liegt die ehemalige Residenz der britischen Kolonialbeamten. Aus den Spalten der Mauerreste wachsen Grasbüschel, der Wind treibt Wellen über den Fußboden; dahinter drängt sich eine Ansammlung strohgedeckter Rundhütten zwischen geflochtenen Schilfmatten, die den Wind abhalten: Alt-Bussa heute. Die Bewohner sind bei der Feldarbeit. Nur ein Junge hockt auf einer umgedrehten Badewanne aus Gusseisen. Er strahlt uns an und trommelt mit den Händen rhythmisch auf dem Wannenboden. Die Prägung ist noch lesbar: *Shanks, Made in Britain, 1.12.1855.*

Über dem alten Bussa steigt der Pfad weiter an, und Woru erinnert den Herrn des Wassers an den Grund unseres Ausflugs: Mungo Park – wie starb der Schotte? »Die Felsen bei den Stromschnellen waren nicht hoch«, sagt der Alte und wischt sich mit dem Ärmel seines Gewands den Schweiß von der Stirn. »Sie waren flach, flach und tödlich.«

In der Trockenzeit habe man die Kanus entladen und an Seilen durch die reißende Strömung ziehen müssen. Der Sarkin Gwata zeigt auf seine Beine, die er sich bei dieser Knochenarbeit an den Felsen zerschunden hat. Vierzig Jahre ist das her, und die Narben sind noch immer gut sichtbar. »Unsere Väter waren dabei, als der Schotte starb«, sagt der alte Mann bestimmt. »Sie haben uns wissen lassen, dass er unterhalb von Bussa ertrunken ist. Keine hohen Felsen dort.«

Die Aussicht auf der natürlichen Plattform am Ende des Pfades ist auf ihre reduzierte Art schön: karge Berge, weit ausgreifende Baobabs, die vom Wind geriffelte silberne Scheibe des Sees. Am Westufer bricht die Sonne durch den Dunst. In kräftigen Strahlenbündeln leuchtet eine lange Reihe strohgedeckter Rundhütten auf. »Unsere Netze sind leer, trotzdem siedeln sich immer mehr Fischer an«, klagt der Sarkin Gwata und lässt die Dörfer aus der Entfernung zwischen Daumen und Zeigefinger hindurchgleiten wie die Perlen seiner Gebetskette. »Aus Kebbi-State, Sokoto und Maiduguri, aus Mali und der Republik Niger, sogar aus Kamerun. Viele sind Christen – Ungläubige.«

Wie er das Wort herausklafft, ist bezeichnend für die gespannte Lage im Vielvölkerstaat. Knapp die Hälfte der

Nigerianer sind Muslime und leben vorwiegend im Norden. Im Süden dominieren Christen und Anhänger afrikanischer Religionen. Diese Teilung erschwert die ohnehin komplexe ethnische und religiöse Situation in einem Land, in dem rund vierhundert Minderheiten das politische Gewicht in den Händen der drei großen Volksgruppen – Haussa, Yoruba, Ibo – als drückendes Joch empfinden. Die im Nigerdelta erwirtschafteten Erdölmilliarden fließen außer Landes und in die Taschen korrupter Politiker; den vielen kleinen Ethnien bleiben meist nur abgeholzte Wälder und verseuchte Flüsse. Immer wieder flammen Unruhen auf. Von der Scharia, die zwölf nigerianische Gliedstaaten eingeführt haben, erhofft man sich dort eine bessere Welt. Das islamische Recht gilt vielen als Gegenmodell zu den westlichen Konzepten, die in Nigeria versagt hätten.

Der Sarkin Gwata hat sich im Schatten eines Baobab niedergelassen und scheint in seine Erinnerungen versunken wie Old Bussa im See. »Es geschah in einem Flussabschnitt, den wir Bubaro nennen«, sagt er schließlich. »Die Stromschnellen dort waren sehr gefährlich. Als der Emir von Bussa von der Ankunft der Weißen hörte, schickte er seine Leute, um sie zu warnen. Doch die Fremden verstanden ihre Sprache nicht. Sie schossen. Die Bussawa schossen zurück, um sich zu verteidigen. Die Lage der Weißen wurde aussichtslos. Sie kippten alles über Bord und sprangen dann selbst ins Wasser. Der Fluss hat sie geholt – alle bis auf einen Sklaven.«

Auf dem Rückweg zum Ufer rekapituliert Woru, während sein rechtes Auge die Vergangenheit und sein linkes die Gegenwart zu durchleuchten scheint. Fatoumas historischer Bericht weise gravierende Schwachstellen auf, stellt er fest.

Südlich der Stille, Patagonien

Blick in die Schöpfungsgeschichte:
Anden, Argentinien

Blick in den Abgrund:
La Polvorilla, Argentinien

Jenseitig:
Friedhof in Port-au-Prince, Haiti

Mord auf magische Art:
Bokor bei der Arbeit, Port-au-Prince, Haiti

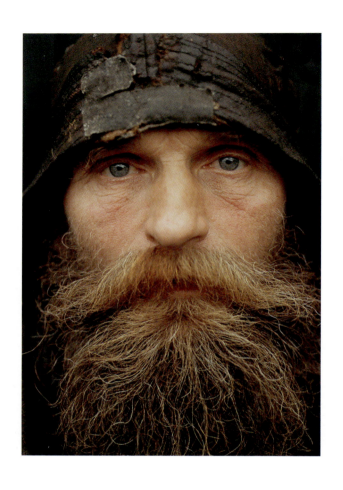

Arngrimör Christinsson, Fischer,
Westfjorde, Island

Horizont: Corvo, Azoren

Unterwegs nach Nouadhibou, Mauretanien

Der Geschmack des Erzes:
Zouerate, Mauretanien

Wüste Ténéré, Republik Niger

Stromabwärts auf dem Niger, Mali

Straße Richtung Kongo, Uganda

Hadija, Wahrsagerin, Uganda

Pamir Highway, Tadschikistan

Hochweide, Kirgisien

Mohammad, Vogelhändler,
Kabul, Afghanistan

Ferien in Kabul, Afghanistan

Kamelmarkt in Pushkar,
Rajasthan, Indien

Heiliger See von Pushkar,
Rajasthan, Indien

Profan:
Alltag in Nobding, Zentralbhutan

Sakral:
Studien im Dzong von Paro, Westbhutan

Live the Dream …

… in Papua-Neuguinea

Am Rand der Welt, Patagonien

Den von ihm beschriebenen Felsen habe es nie gegeben, die Soldaten von Yawuri auch nicht. Die Version des Sarkin Gwata sei glaubwürdig, schließt Woru, während der Bootsmann unser Kanu vom Ufer abstößt und über die drahtigen Stängel der Wasserhyazinthen stakt. Immerhin habe der Herr des Wassers den Fluss wie kein anderer gekannt; immerhin gehöre er einer Generation an, in der die mündliche Geschichtsüberlieferung noch funktioniert habe.

Offen bleibt die Frage, warum die Leute von Bussa tatsächlich zum Fluss kamen und wer zuerst geschossen hat. Wer wollte aus heutiger Sicht schon den berühmten weißen Forscher auf dem Gewissen haben? Es ist nachgewiesen, dass Park dazu übergegangen war, auf alles zu schießen, was sich ihm näherte. Möglicherweise hat er die Warnungen der Bussawa falsch verstanden. Von da an wäre es nur noch ein kleiner Schritt zur Eskalation gewesen. Wer auch immer zuerst geschossen hat: Park und seine Leute starben wohl, weil sie sich nicht mit den Einheimischen verständigen konnten. »Die Völker müssen miteinander sprechen«, sagt Woru ernst. »Sonst kommt es zu schlimmen Missverständnissen.«

Der Außenbordmotor schnattert wieder gleichmäßig. Durch die Ritzen im Bug perlt Wasser ins Kanu und füllt die feinen Runzeln und Schürfungen im Holz. Der Bootsmann hält auf einen einzelnen Strauch mitten im See zu. Wie sich herausstellt, wächst er auf einem Zementsockel dicht unter der Wasseroberfläche. Rötliche Steine schimmern herauf. »Der *Strong Room*«, sagt Woru wehmütig, und seine Augen drehen sich schnell, als fiele es ihnen schwer, sich zwischen den Zeiten zu entscheiden. »Der Turm – er diente als königliche Schatzkammer.«

Fast gleichzeitig lehnen wir uns über Bord, tauchen unsere Hände in den See und legen sie auf den rötlichen Stein. So vorsichtig, als könnte der Turm durch unsere Berührung einstürzen und mit ihm die letzte Verbindung hinunter in die Vergangenheit gekappt werden. »Der Stein fühlt sich kalt an«, sagt Woru leise. »Aber er ist noch immer da.« Dann schließt der Berater des Emirs die Augen, und für einen Moment scheint es, als fänden sie unter seinen Lidern zusammen – als blickten sie in ein und dieselbe Richtung.

Teller und Gläser splitterten. *Ein Tisch wurde zerhackt. Funken stoben aus der Glut des Lagerfeuers. Die Erde bebte leicht und ließ die Plattformen vibrieren, auf denen wir gerade einschlafen wollten. In der Wildnis des Okawango-Deltas. Keine drei Meter über dem Boden. Umgeben nur von unseren Moskitonetzen und der afrikanischen Nacht.*

Etwas sehr Großes tobte in unserem Camp. Wir – fünf Wanderer und unser Guide Newman – lagen still, rührten uns nicht, wagten nicht, die Taschenlampen anzuknipsen. Ein herber Geruch tränkte die Luft. »Büffel«, *flüsterte Newman.* »Einzelgänger. Schlecht gelaunt.«

Das Tier musste hinter seiner Herde zurückgeblieben sein. Es war wütend, die Nacht voller Geräusche: Myriaden von Insekten zirpten, Frösche klimperten wie auf leeren Flaschen, überlagert vom Wupp-Wupp *der Hyänen. Auf einmal war es still, unheimlich still.*

Ich wollte gerade die Taschenlampe anknipsen, um nachzusehen, ob der Büffel verschwunden war, da barsten Äste, und ein lautes Gebrüll ließ mir das Blut in den Adern gefrieren. Löwen schnellten aus dem Unterholz und gingen auf den Büffel los. Im letzten Glimmen unseres Lagerfeuers segelten Campingstühle durch die Luft, Bierflaschen fielen zu Boden, etwas schlug gegen den Baum, der unsere Plattform trug, und die Vorstellung, der schlecht gelaunte Büffel könnte uns herunterschütteln, wich jäh der uralten Angst, gefressen zu werden.

Der Kampf dauerte die ganze Nacht. Bei Tagesanbruch stand der Büffel in der erkalteten Asche unseres Lagerfeuers. Ich konnte deutlich die Haarfransen an seinen Ohren sehen; sie zitterten. Zwei Löwinnen hingen an seiner Flanke, eine krallte sich in seinen Rücken, eine andere zerrte an seinen Genitalien. »Sie fressen ihn lebendig«, flüsterte Newman; dann rannte der Büffel los und verschwand in der Savanne – von Löwinnen geritten.

Botswana
Die Schule der Elefanten

*Traumstiller Septembertag.
Heute dürfen meine Füße mich tragen,
wohin sie wollen.*
Kyoshi

Walk on, walk on
Neil Young

Das Seminar beginnt mit einer Kletterübung: den linken Fuß auf den Oberschenkel des Lehrers setzen, das rechte Knie in den Sattelgurt des Elefanten drücken. Benny liegt auf dem Bauch, grunzt unwillig, verlagert ruckartig sein Gewicht. Ich kann mich nicht halten, rutsche ab und bleibe benommen im Sand liegen. Benny packt mit dem Rüssel meinen Sonnenhut, kaut auf ihm herum und spuckt ihn wieder aus. »Musst dem Elefanten vertrauen«, sagt Joseph Molekoa, der Seminarleiter. »Dann vertraut der Elefant auch dir.«

Vertrauen? Benny wiegt fast sechs Tonnen! Jedes seiner Beine hat den Umfang einer antiken Säule, sein Rüssel die Kraft einer Würgeschlange, und wenn er den unerhörten Konvulsionen seines Darms nachgibt, kracht Dung herunter wie ein Steinschlag. Ich habe mir das ehrgeizige Ziel gesetzt, in ein paar Tagen sein Wesen zu ergründen. Im Abu-Camp, im Norden Botswanas, will ich bei einem weltweit einzigartigen Elefantenseminar herausfinden, was es heißt, ein Dickhäuter zu sein. Ich will das Verhalten des größten auf dem Land lebenden Säugetiers lesen lernen wie ein Buch, um das Okawango-Delta, eines der letzten Naturparadiese der Erde, aus seiner Perspektive zu erleben.

Auf ein Neues also: links, rechts, links; mit beiden Händen hochziehen und gekonnt in den Reitsitz gleiten – festhalten! Benny erhebt sich und schwankt wie ein überladener Sattelschlepper. Dann schwebe ich drei Meter über dem Boden. Joseph sitzt vor mir im Elefantennacken. Mit seinem Vollbart, der Armeemütze und der verspiegelten Sonnenbrille sieht der ehemalige Wildhüter aus der Gegend von Pretoria verwegen aus. Mir fällt sein rechter Arm auf: Er bewegt ihn wie einen Rüssel, die Hand ist die Rüsselspitze. »Hatte nie daran gedacht, einen Elefanten auch nur zu berühren«, sagt er in seiner sparsamen Art zu sprechen. »Hielt das für lebensgefährlich.«

In den fünfzehn Jahren, die er das Elefantenseminar leitet, hat Joseph seine Meinung über die Tiere grundlegend geändert. Im Urlaub, zu Hause in Südafrika, sei die Sehnsucht nach den Tieren einmal so groß gewesen, dass er in den Zoo ging, nur um Elefanten zu sehen. »Sind meine Familie«, sagt Joseph und schwingt seinen rechten Arm über dem Kopf, genauso wie einen Rüssel und synchron mit Bennys Riechorgan. Es scheint, als verständigten sich die beiden durch eine mir unbekannte Zeichensprache.

»*Move up!*«, befiehlt mein Elefantenlehrer, und Benny setzt sich in Bewegung, pflügt durch das Schilfufer, marschiert geradewegs in die schimmernde Lagune, die das Camp umrahmt. Das Wasser reicht Benny bis zum Bauch, während er mich im Rhythmus seiner schlurfenden Schritte wiegt. Seine Schwanzquaste schleift in der Lagune, im Kielwasser strudelt entwurzeltes Schilf; dahinter ein Anblick wie eine Halluzination: eine Karawane von Elefanten, deren Körper sich auf der glatten Oberfläche der Lagune spiegeln und die ihre Reiter auf dem Rücken tragen wie Tornister.

Die Hausherde des Abu-Camps zählt acht Elefanten, die alle Schlimmes durchgemacht haben. So musste Benny als Baby mit ansehen, wie seine gesamte Herde bei einer Dezimierungsaktion im südafrikanischen Krügerpark vom Hubschrauber aus erschossen wurde. Er überlebte, wurde eingefangen und in die Vereinigten Staaten verschifft. Über zwanzig Jahre lang vegetierte er in der Betonzelle eines texanischen Zoos vor sich hin, litt an Bewegungsmangel, rammte seine Stoßzähne in die Wand, bis sie für immer ausfielen, und verletzte sein rechtes Ohr, das heute schlaff herunterhängt. Benny gehörte zu den ersten drei Tieren, die der amerikanische Elefantentrainer Randall Moore für die Produktion eines Kinofilms aus den USA zurück nach Afrika verschiffte. 1990 gründete Moore im Okawango-Delta das Abu-Camp, befreite weitere Elefanten aus kläglichen Situationen und führte sie zu einer neuen Familie zusammen. »Benny war kein Elefant«, erinnert sich Joseph an die Anfänge, während wir durch die Lagune schaukeln. »Hatte Angst vor allem.« Nach einem Leben in der Betonzelle war er es nicht mehr gewohnt, auf weichem Sand oder durch Wasser zu gehen. Schon ein aufflatterndes Buschhuhn ließ ihn in Panik geraten. Indem er Elefantenschüler wie mich durch den Busch trägt, lernt er, sich wieder ohne Angst in der Wildnis zu bewegen. Demnächst wird Benny – wie vor ihm schon andere Elefanten des Camps – freigelassen. »Wird sich zurechtfinden«, sagt Joseph, und seine Rüsselhand schweift über die Savanne wie ein schwenkbares Auge.

Bennys Lebensgeschichte bringt mich dem Elefanten näher. Seine Backen fallen mir auf. Wegen der fehlenden Stoßzähne sind sie faltig und schlaff. Benny sähe traurig aus, würde er nicht oft die Lippen schürzen, so als schmunzle er. Er wirkt auf mich wie ein alter grauer Herr – vom Leben gezeichnet, aber erhaben, weise. Ich lege die Hände in seinen Nacken. Die Haut fühlt sich an wie ein Lastwagenreifen. Darunter ertaste ich gewaltige Schulterblätter, die sich bei jedem Schritt verschieben. Benny hebt den Kopf an, seine Nackenhaut faltet sich und klemmt meine Finger ein. »Spürt deine Hände«, sagt Joseph, und ich sehe ihn ungläubig an, denn ich habe den Elefanten nur leicht berührt. Bennys zwei bis vier Zentimeter starke Haut ist gar nicht so unempfindlich, wie ich geglaubt habe, sondern bis dicht unter die verhornte Oberfläche gut durchblutet und hochsensibel. »Ist kein Dickhäuter«, sagt Joseph und knetet Bennys Ohr, wie es Elefantenkühe mit ihren Rüsseln bei den Kälbern tun. »Kannst ihn mit einem Grashalm kitzeln.«

Nach dem langen Studientag genieße ich den Abend im Abu-Camp. Die Lodge liegt in einem 160 000 Hektar großen privaten Schutzgebiet und zählt zu den exklusivsten Adressen im Okawango-Delta. Ich logiere in einem der sechs Luxuszelte, entspanne mich in einem weich gepolsterten Mahagonibett, bade in einer Wanne aus Porzellan. Von meiner eigenen Terrasse blicke ich auf die friedliche, nachtdunkle Lagune. Auf dem Hauptdeck, unter Sykomoren und Ebenholzbäumen, proste ich der untergehenden Sonne mit einem Livingston-Cocktail zu, einem Mix aus Rum, Orangensaft und Tonic. Später ertönen die kurzen Pfiffe der Marmorierten Riedfrösche. Nicht größer als Heuschrecken, veranstalten sie ein ohrenbetäubendes Nachtkonzert.

Der zweite Studientag beginnt zäh. Benny grummelt und quiekt, lässt mich dann aber doch aufsteigen. Dunst liegt wie ein Schleier über der Lagune, als die Elefantenkarawane erneut hinauszieht. Bennys Ohren verdecken meine Hosenbeine. Unter den zwei Quadratmeter großen Lappen beginnen meine Beine zu schwitzen. »Sind nicht nur zum Hören da«, erklärt Joseph und fährt mit seiner Hand spielerisch über die Innenseiten, als beschnuppere er mit einem Rüssel das dichte Aderngeflecht. Bennys Blut zirkuliert dort mit hoher Geschwindigkeit, und er kühlt es, indem er mit den Ohren fächelt; so reguliert ein Elefant seine Körpertemperatur. »Form der Ohren aufgefallen?«, fragt Joseph und gibt die Antwort selbst. »Haben den Umriss Afrikas.« Irgendwo im unteren Bogen liege das Okawango-Delta.

Der 1600 Kilometer lange Okawango entspringt im Hochland Angolas, wälzt sich nach der Regenzeit wie eine Woge talwärts, streift Namibia und erreicht im Februar den Norden Botswanas, wo er mitten in der Kalahariwüste versickert. Dabei verwandelt er eine Landschaft von der Größe Schleswig-Holsteins in ein einzigartiges Mosaik aus Sümpfen, Seen und Lagunen – wie jene, die ich auf Benny durchquere. Bald erklimmen wir eine der Inseln, die zu Tausenden aus der amphibischen Landschaft des Deltas ragen. Dabei überrascht mich Benny erneut: Der Inselboden ist hart wie Asphalt, und doch schreitet er lautlos einher. Keine Spur vom sprichwörtlichen Elefanten im Porzellanladen. »Geht auf Zehenspitzen«, sagt Joseph und beschreibt das dicke Polster aus elastischem Bindegewebe, das in den Elefantenfuß eingelagert ist und es Benny ermöglicht, wie auf Matratzen zu gehen. Er setzt jeden Fuß mit Bedacht, steigt geschickt über umgestürzte Baumstämme und Warzenschweinlöcher und zirkelt um den Dung anderer Elefanten, als ekle er sich davor.

Benny frisst, frisst, frisst. Zupft saftige Mopane-Blätter, mampft Flussgras, Palmfächer, Akazienrinde und zerrt so heftig an Marula- und Gelbholzbäumen, dass sich dumpfe Erschütterungen durch seinen Rüssel in meinen Körper fortsetzen. Das Leben eines Elefanten ist eine nicht enden wollende Mahlzeit: Jeden Tag verzehrt er mehrere Zentner Grünzeug. Das schafft Probleme, denn nach dem jährlichen Hochwasser schrumpft das Okawango-Delta stark zusammen. Die Region ist ein Ökosystem mit begrenzten Ressourcen, und der graue Vielfraß vertilgt die Vegetation ganzer Landstriche. In den Achtzigerjahren war der Afrikanische Elefant noch vom Aussterben bedroht. Botswana – dank Diamantenvorkommen und politischer Stabilität eines der reichsten Länder des Kontinents – hat die Schutzprogramme vorbildlich umgesetzt. In der »Schweiz Afrikas« sind fast zwanzig Prozent der Staatsfläche für die Natur reserviert, die vielen privaten Schutzgebiete nicht mitgerechnet. Heute leben im Norden Botswanas wieder etwa 120 000 Elefanten. Die Kehrseite des Erfolgs: Die unersättlichen Herden haben manche Gegenden in Baumfriedhöfe verwandelt.

Benny hebt den Rüssel; Joseph hebt die Hand. Beide richten sich nach Osten aus, als witterten sie etwas. Gleich darauf sehen wir Giraffen. Wir nähern uns ihnen still und bewundern aus geringer Entfernung ihre netzartigen Fellmuster und die Knochenzapfen auf der Stirn. Die Tiere können uns auf Bennys Rücken nicht wahrnehmen. So erleben wir den Wildreichtum des Okawango-Deltas aus nächster Nähe, trotten unbemerkt vorbei an Impalas, Streifengnus, Kudu- und Letschwe-Antilopen, die sonst mit gewaltigen Sprüngen über die Sümpfe setzen, sobald etwas ihr Misstrauen erregt. Nur als wir wilden Elefanten begegnen, ruft Joseph laut, pfeift, klatscht in die Hände. Shirheni und Gika sind »heiß«. Und niemand will riskieren, dass ein wilder Elefantenbulle auf eine Kuh aufspringt, die einen Reiter trägt.

Während die Elefanten über Mittag in der Savanne weiden, unternehmen wir eine Pirschfahrt im Landcruiser – und bleiben prompt stecken. Mitten im Fluss läuft der Wagen bis über die Handbremse mit Wasser voll. Waten wir an Land? »Nicht sicher!«, sagt Joseph und schlägt mit der Hand auf das Wasser, wie es Benny mit dem Rüssel tut, wenn er nervös ist. »Krokodile, fünf bis sechs Meter lang.« Und im Schilf grunzen Flusspferde. Die meisten tödlichen Unfälle auf Safaris gehen auf das Konto dieser zwei Tonnen schweren Vegetarier. Außerdem jagt die Boomslang, eine giftige Natter, in der Strömung nach Fröschen. Noch gestern hatte ich mich vor Benny gefürchtet, jetzt fehlt er mir. Mit ihm wären wir garantiert nicht stecken geblieben. Er arbeitet sich durch jede Furt, durch jeden Morast. Endlich kommt der per Funk gerufene Wagen und zieht uns raus.

Gut, wieder bei Benny zu sein. Ich begrüße ihn mit tiefer, melodiöser Stimme, wie ich es gelernt habe, und er antwortet mit einem wohlwollenden Kollern; dann uriniert er vor meine Füße. Ein Sturzbach, als kippte man ein Regenfass aus. »Er begrüßt dich«, übersetzt Joseph, ungestüm seinen Rüsselarm schwingend. »Du bist willkommen!« Von nun an gehöre ich zu den Fortgeschrittenen und darf neben Benny hergehen. Wie eine Naturgewalt ragt er über mir auf. Ich suche seine Nähe, wandere dicht an seiner Seite auf Antilopenpfaden durch die Savanne. Wir durchqueren lichte Wälder und waten durch seichte Lagunen, wo Schwärme winziger Fische in alle Richtungen davonstieben; wir stapfen durch tiefen Kalaharisand, mühsam einen Fuß vor den anderen setzend, und erst jetzt wird mir klar, welchen Kraftaufwand es für Benny bedeuten muss, sein Gewicht auf diesem Untergrund fortzubewegen. Deshalb das beständige Fressen, deshalb – und wegen der schlechten Futterverwertung – die Darmgewitter, die immer wieder dicht über meinem Kopf explodieren.

Am dritten Tag des Seminars sind wir schon ein eingespieltes Team. Keine elefantösen Anfälle mehr. Benny erkennt mich, hat mich akzeptiert. Auf unseren ausgedehnten Wanderungen durch die Savanne verspeisen wir gemeinsam süße Ebenholzfrüchte und knabbern die Eihüllen von Wanzen, die wie Reisgebäck schmecken. Mühelos kann ich das Alter wilder Bullen nach der Stärke ihrer Stoßzähne schätzen. Dank Josephs Sprachunterricht kollere, poche, quieke ich wie ein echter Elefant und erahne den Inhalt der Ferngespräche, die sie über Kilometer hinweg in für Menschen unhörbar tiefen Frequenzen miteinander führen.

Und plötzlich scheint es, als habe mich Benny durch seinen Rüssel eingesogen, als säße ich hinter seiner Stirn und schaute durch seine Augen hinaus ins Okawango-Delta. Was ich sehe? Futter, überall Futter. Benny reißt, zerrt, rupft mit dem Rüssel daran. Und Josephs sonderbare Gesten leuchten mir jetzt ein. Der Rüssel – Benny atmet, riecht, wittert mit ihm, teilt Zärtlichkeiten oder Schläge damit aus, drückt Bäume um oder pflückt die winzigsten Blättchen in sechs Meter Höhe. Der Rüssel ist der Schlüssel zum Wesen des Elefanten. Und indem Joseph seine Bewegungen imitiert, geht dieses Wesen auf ihn über.

Die ganze Zeit habe ich mich über Bennys scheinbar sinnlose Zerstörungswut gewundert. Jetzt stecke ich in seiner Haut und erkenne, dass er die Landschaft zwar zerlegt, zugleich jedoch einen Schöpfungsakt vollbringt. Zahllose Pflanzensamen gehen unverdaut durch seinen Magen, um anschließend im Dung zu keimen. Ohne die Hilfe der grauen Riesen könnte sich die Pflanzenwelt nicht verjüngen. Erst seit Siedler die Savannen erschlossen und die Elefanten in immer kleinere Gebiete zurückgedrängt haben, kann die Flora dem Druck nicht mehr standhalten; erst der Mensch hat den Elefanten zum Zerstörer gemacht.

Absitzen! Benny geht umständlich in die Knie. Ich schwinge vom Sattel ab. »Füße am Boden!«, versichert mir Joseph. Ich sehe an mir hinunter: zwei Füße, nicht vier. Auch keinen Rüssel im Gesicht. Und statt der Riesenlappen ertaste ich zwei winzige, erhitzte Ohren. »Seminar bestanden«, sagt Joseph, schraubt seine Rüsselhand in den Himmel, und Benny trompetet zustimmend.

Likoma liegt im Malawisee. *Likoma ist voller Geschichten. Likoma lädt zum Bleiben ein. Kaltes Bier gibt es bei den Kamwanja-Brüdern. Einer ist Schreiner, einer besitzt das Monopol für Paraffinöl, beide sind sie sehr gesprächig, nur der dritte, der die Bar führt, sagt nie etwas, lächelt selten, hockt unbeteiligt im dunkelgrün getünchten Raum: zwei Holzbänke, ein Tisch, zwei Lautsprecher. Mädchen tragen Feuerholz vorbei, ein Alter balanciert seinen Regenschirm quer auf dem Kopf, zwischen den Strohdächern der Hütten hindurch reicht der Blick hinüber zur mosambikanischen Küste. Likoma liegt im Malawisee.*

Auf dem Marktplatz verschlingt ein Würgerbaum einen Baobab. Wie ein geflochtener Turm steht er mitten im Dorf. Bis vor Kurzem verkaufte der »Bananenmann« darin seine Früchte. Seit er jedoch »in Shampoos macht«, steht der Baum leer. Likoma ist voller Geschichten. Emmanuel, der wohlgenährte Mathematiklehrer, will mit fünfundvierzig in Rente gehen. In Europa arbeiten die Männer bis fünfundsechzig, werfe ich ein; es ist als Scherz gemeint. Doch Emmanuel sagt, mit fünfundsechzig werde in Malawi niemand mehr pensioniert. Die meisten sterben vorher. An AIDS. Likoma lädt zum Bleiben ein.

Als die Engländer auf der Insel ankamen, wurden auf dem Hügel gerade Hexen verbrannt. Das konnte die anglikanische Kirche nicht auf sich sitzen lassen und errichtete eine Kathedrale, die einer englischen Großstadt würdig wäre. Likoma liegt im Malawisee. Wo Mataya, der Dorf-

chef, mit seinem Spazierstock unablässig über die Hügel wandert, in Gedanken versunken, ein geschmeidiger, kleiner Mann mit silbernem Kraushaar, der statt »no problem« *immerzu* »no program« *sagt. Likoma ist voller Geschichten. Und die Inseljugend zieht es in die* Hot Coconut Bar, *wo man* ganja *raucht und* cachaça *trinkt und es später ungemütlich werden kann. Auf dem Wandgemälde neben der Theke fragt Präsident Bush einen bärtigen Mann:* »Osama, warum bombardierst du mein Land?« *Und bin Laden antwortet:* »Weißt du denn nicht mehr, dass du mich dafür ausgebildet hast?« *Likoma lädt zum Bleiben ein. Likoma ist voller Geschichten. Likoma liegt im Malawisee.*

Malawi
See der Wunder

Noch einmal fährt ein Glutstreifen über den See;
nun aber schwindet die Sonne, beinah plötzlich
bricht die Dämmerung herein, und bleifarben liegt
die weite Wasserfläche da. In seiner Mitte beginnt es
wie ein Kreisen, wie ein Quirlen und Tanzen;
sind es Nebel, die aufsteigen?
Theodor Fontane

Doktor Kumpalotta springt vom Hocker auf, schwingt seinen präparierten Pferdeschweif und stimmt einen heiseren Gesang an. Ein Wort kehrt immer wieder: »*Makora, makora*« – es wird gut, es wird gut. Nur eine Kerze spendet Licht in der Lehmhütte. Der Doktor ist ganz in Schwarz gekleidet. Rastazöpfe winden sich um seinen Kopf wie pelzige Schlangen. »Es hat mit dem Meer zu tun«, höre ich mich sagen. »Ich meine, mit dem See; ich bin sicher, der See ist schuld.« Doktor Kumpalotta öffnet seinen Lederkoffer: Tierkrallen, Wurzeln, Fellbeutelchen. Er bröselt ein Pulver zusammen und reibt mein Gesicht, meine Brust, meine Hände damit ein. Sofort brennt die Haut wie Feuer. Worauf habe ich mich eingelassen? Wie bin ich in dieser Hütte gelandet, auf der Insel Chisumulu im Malawisee?

Zehn Tage vor der Sprechstunde bei Doktor Kumpalotta an Bord der *Mufasa*: Der Katamaran gleitet über den südlichen Malawisee, strahlend weiß, den Doppelrumpf wie Flügel ausgebreitet. Im Kielwasser wird der Heimathafen Cape Maclear stetig kleiner, während der Südwind uns hinausträgt. Afrikas drittgrößter See ist größer als Hessen, ein Süßwassermeer mit leicht gekrümmten Horizonten, ein aquatisches Mysterium, das ich auf dieser Reise zu den abgelegensten Inseln und Küstenstrichen Ostafrikas ergründen möchte. Über mir blähen sich Großsegel und Fock, die Mufasa schlingert kräftig in den Wellen. Mein Magen meldet sich, mich fröstelt, auch ohne Spiegel weiß ich, wie blass mein Gesicht jetzt aussehen muss.

»Sieh dir diesen reizenden Wind an!«, freut sich Howard, der Skipper. Ansehen? Der gebürtige Südafrikaner spricht oft vom Wind wie von einem vertrauten Menschen und schaut ihn dabei an, als könnte er in den Luftströmungen etwas erkennen. 1992 kam der gelernte Elektroingenieur erstmals nach Malawi, sah den See und wusste, dass er hier neu beginnen würde. Sein Traum: ein Leben unter Segeln, auf einem eigenen Boot, mit Gästen aus aller Welt. Howard verkaufte seine Beratungsfirma und ließ die Mufasa nach eigenen Plänen in Südafrika bauen. Mit dem luxuriösen 38-Fuß-Katamaran hat er seither mehr Meilen auf dem Malawisee zurückgelegt, als der Äquator misst. Dreihundert Nächte im Jahr verbringen Howard und seine dreiköpfige Besatzung mit ihren Passagieren an Bord.

Wir legen in Chiofu an, einem Fischerdorf aus weit verstreuten Lehmhütten im Südosten des Sees. Wenig später sitzen wir, umringt von einer Schar neugieriger Kinder, im Schatten eines Cashewbaumes. Auf langen Schilfrosten trocknen silberblaue *usipa*, Malawisee-Sardellen. »Der See ist alles, was wir haben«, erzählt Chitenje, der älteste Fischer des Ortes, und lässt mit einem Lachen seine perfekten weißen Zähne aufleuchten. »Wir trinken aus dem See, wir baden darin, die Frauen machen am Ufer Wäsche, wir gießen unsere Gärten und Felder mit dem Wasser – und normalerweise gibt der See uns genügend Fisch.« Chitenjes Zähne erlöschen unvermittelt, er presst die Lippen zusammen, Falten graben sich in seine Stirn. »Es kommen mehr und mehr Fischer«, fügt er leise hinzu. »Immer öfter bleiben unsere Netze leer.«

Malawi zählt zu den ärmsten Ländern der Erde. Es hat praktisch keine Bodenschätze, bei Dürren und Überschwemmungen herrscht Hunger. Angelockt vom Wasser, hat sich die Bevölkerung an den Ufern des Sees in den letzten Jahrzehnten vervielfacht. Auf dem Markt ist Fisch heute teurer als Fleisch. »Seit ein paar Jahren ist er zornig«, sagt Chitenje plötzlich. »Er schließt die Fische weg, er schickt uns Krokodile.« Ich verstehe nicht, wen er meint. »Der Mann im See«, flüstert der Alte; mehr will er dazu nicht sagen.

Wieder an Bord der Mufasa pfeift Howard durch die Zähne. Es klingt wie eine Bö, die in die Fock fährt. Wie schließt der »Mann im See« die Fische weg? Und die Krokodile: Hat er sie abgerichtet wie scharfe Hunde? »Der See ist voller Geheimnisse«, sagt Howard und streckt beide Hände nach dem Wind aus, als nehme er etwas von ihm entgegen. »Einem dieser Geheimnisse sind wir auf der Spur.«

Die Mufasa ankert in einer einsamen Bucht. Der Wind ist abgeflaut, das Wasser glatt. Wir springen kopfüber ins Meer, Verzeihung: in den See. Es muss an der Ähnlichkeit des Malawisees mit einem Ozean liegen, an dieser Weite, diesem Blau. Wie oft wir auch im See baden, jedes Mal staunen wir erneut darüber, dass das tropisch warme Wasser nicht salzig schmeckt, sondern süß. Erst dann fällt uns ein, dass im Malawisee auch Krokodile schwimmen. Doch wir vertrauen auf Howards Theorie: Krokodile brauchen zum Jagen trübes Wasser. In der kristallklaren Bucht, in der wir baden, würden wir die räuberischen Reptilien von Weitem sehen. Stattdessen knabbern Fische an unseren Beinen. Durch die Taucherbrille sehen wir Schwärme von Buntbarschen – gelb, rot, blau, gefleckt, gestreift, gepunktet. Wegen der isolierten Lage des Malawisees im Afrikanischen Grabenbruch haben sich Hunderte verschiedener Arten entwickelt, die es nur hier gibt. Wir paddeln durch ein riesiges Aquarium.

Nach dem Mittagessen bewegt sich ein tief dunkles Blau auf uns zu. Schaumkronen vor sich hertreibend kommt es näher; dann wirft sich der Südost gegen die Mufasa, mit einem lauten Schlag straffen sich die Segel, und wir spüren einen Schub, als habe Howard ein Gaspedal durchgetreten. Wellen explodieren unter dem Doppelrumpf, Fontänen schießen durch die grob geflochtenen Matten, in denen wir sonst faul in der Sonne liegen. »Dieser Wind ist ein Geschenk!«, jauchzt Howard und umfängt die Böen mit weit geöffneten Armen, während die Gischt von allen Seiten auf ihn herabregnet. »Hier spürst du den ganzen See«, ruft er wie in Trance und zieht meine Hand auf das Ruder. »Hier spürst du die Kraft des Windes.«

Für mein Empfinden ist Howards Wind eher ein Sturm. Er jault in den Ohren wie in offenen Flaschenhälsen, dreht ständig und treibt die Wellen aufeinander zu – diese für den Malawisee typischen kurzen, steilen Wellen, die aus verschiedenen Richtungen gleichzeitig kommen. Die unregelmäßigen Schiffsbewegungen fühlen sich nicht gut an, gar nicht gut. Ich muss ständig gähnen. Kalter Schweiß tritt mir auf die Stirn. Mein Herz rast, der Magen drückt, das Mittagessen kündigt den Rückwärtsgang an. Ich teste diverse

Rezepte: Salzbrezeln mit lauwarmer Cola, progressive Muskelentspannung nach Jacobsen, Ohrenstopfen – mit der rechten Hand ins linke Ohr und umgekehrt. Als alles nichts hilft, lege ich mich auf den Rücken und zähle Sternchen.

Der bis zu siebenhundert Meter tiefe Malawisee kennt keine Gezeiten und kaum Strömungen, und er gehört Howard fast ganz allein. Auf der immensen Wasserfläche, vierundfünfzigmal so groß wie der Bodensee, fährt nur ein einziges motorgetriebenes Linienschiff. Wir begegnen ihm in dieser Nacht. Der Wind hat sich gelegt, das Wasser ist dick und schwarz wie Öl. Sterne spiegeln sich darin, schimmernd wie fluoreszierende Tierchen, als in der Ferne ein Lichtbündel aus der Dunkelheit wächst. »Sieh dir die *Ilala* an!«, sagt Howard, und es klingt, als spreche er von einer Göttin. Seit 1948 transportiert das Dampfmotorschiff Fracht und Passagiere. Für viele Dörfer und Inseln ist die Ilala die Seele des Sees, ihre einzige Verbindung zur Außenwelt. Viel mehr bekommen wir nicht von ihr zu sehen: diese Lichter, die aus der Nacht wachsen und wieder in ihr verglühen, irgendwo zwischen Metangula und Nkhotakota.

Nach einer Schaukelwoche draußen auf dem Meer – ich meine: auf dem See – kommt *Kaya Mawa* wie gerufen. Die Lodge, eine der schönsten in Ostafrika, erwartet uns an einem verträumten Strand im Südwesten der Insel Likoma. Nach permanenter Schräglage bringe ich meinen Körper wieder in eine aufrechte Position, genieße die Ruhe eines Chalets aus Naturstein, das auf einer winzigen Insel liegt und über einen Steg mit Likoma verbunden ist. Von der Terrasse gleite ich ins Wasser, kraule durch die türkisfarbene Bucht, paddle im Kanu um glatt gewaschene Felsen oder liege einfach nur in der Hängematte unter einem Mangobaum und zwicke mich von Zeit zu Zeit, um mir zuzuflüstern: »Hey, welch ein Leben!«

Beim Abendessen am Pool, hoch über dem See, erzählt Andrew Came, der Besitzer von Kaya Mawa, mit leuchtenden Augen, wie er Ende der Achtzigerjahre mit dem Rucksack nach Malawi einreiste: »Ich versteckte meine langen Haare unter einem riesigen Verband und legte meinen Arm in eine Schlinge.« Eine notwendige Tarnung, denn Kamuzu Hastings Banda, der Diktator, der Malawi seit der Unabhängigkeit 1964 regierte, ließ langhaarigen Männern bei der Einreise die Köpfe rasieren. Andrew mogelte sich als Kranker durch. Unter Banda waren auch Fernsehgeräte verboten und Hosen für Frauen. Eine halbe Million Menschen fielen seinem Staatsterror zum Opfer. 1994 ging Malawi friedlich in eine Demokratie über. Seither lebt Andrew auf Likoma. »Wenn ich verreise, beschleicht mich oft das Gefühl, dass irgendetwas nicht stimmt«, sagt er, den Blick auf den Horizont gerichtet. »Dann merke ich, dass mir der See fehlt, nicht nur das Geräusch der Wellen, sondern seine Anwesenheit, seine Energie.« Skipper Howard nennt das »Seefieber«, jeder, der am Malawisee lebt, werde früher oder später davon befallen.

Auf Likoma existiert nur eine einzige Piste. Die wenigsten Häuser der acht Kilometer langen und sechstausend Einwohner zählenden Insel verfügen über Strom. Im quirligen Markt brutzeln Utaka-Buntbarsche auf runden Blechen, Mädchen balancieren Feuerholz auf den Köpfen, Frauen in bunten Gewändern handeln mit Tomaten und Maniokwurzeln. Unten am Strand entlädt João Bernardo seine Dhau. Jeden Morgen schließt sich der muskulöse Mann mit dem Jungengesicht der kleinen Flotte von Booten an, die sich unter Segeln aus alten Kleidern und Maissäcken vom Ostwind aus Mosambik herüber nach Likoma schieben lassen. Ein großer Teil des Ostufers gehört zu Mosambik. Während der See in Malawi ein Fünftel des Staatsgebietes ausmacht und als Wahrzeichen des Landes gilt, ist er für Mosambik eine entlegene Grenzregion, von der Hauptstadt Maputo nur nach tagelangen Pistenfahrten oder im Buschflugzeug zu erreichen.

»Drüben gibt es keine Läden«, erzählt João, auf das Ruder seiner Dhau gestützt. »Alle Waren kommen und gehen per Boot über Likoma.« Aus Mosambik bringen die Dhaus vor allem Mais, Bambus, Feuerholz und Planken für den Möbelbau. Joãos Arbeit ist hart und manchmal gefährlich. »Der Mann im See kann grausam sein«, flüstert er und beißt sich sogleich auf die Zunge. Es bringe Unglück, über ihn zu sprechen. Nur die Zauberer und Heiler wüssten über ihn Bescheid. Der mächtigste sei Doktor Kumpalotta, er lebe auf Chisumulu. Dann dreht der Wind, wie immer gegen Mittag, und João hisst sein Flickensegel, um Kurs auf Mosambik zu nehmen, schwer beladen mit frisch gezimmerten Betten, Zuckersäcken, Speiseöl, Kleidern, Seifen, Shampoos.

Doktor Kumpalottas Insel ist bei gutem Wind nur zwei Segelstunden von Likoma entfernt, doch das Meer, pardon: der See meint es nicht gut mit mir. Während Howard die Mufasa durch die Wellen steuert, den Blick lächelnd in den Wind gerichtet, wechselt meine Blässe langsam ins Grünliche. Ich mampfe frischen Ingwer, versuche es mit Akupressur und Atemübungen – alles ohne Erfolg. Es soll Seekranke gegeben haben, die aus Verzweiflung von Bord sprangen. Oder sich wünschten, ihr Schiff sänke. Während der Katamaran durch die Wellen pflügt, gelange ich zur Überzeugung, dass diese Geschichten wahr sind.

Doktor Kumpalotta lebt unter einem gewaltigen Baobab und betrachtet mich mit durchdringendem Blick. Ich beschreibe meine Krankheitssymptome. »Es hat mit dem Meer zu tun«, höre ich mich schließlich sagen. »Ich meine, mit dem See; ich bin sicher, der See ist schuld.« *Makora, makora*; das geheimnisvolle Pulver; meine Haut, die wie Feuer brennt. »Du tauchst jetzt in den See«, sagt der Doktor mit eindringlicher Stimme. »Tief, sehr tief, tiefer als ein Mensch tauchen kann.« Ich schließe die Augen, halte die Luft an, es wird eigenartig kühl. Ich öffne die Augen wieder – und blicke in ein Gesicht. Das Gesicht eines Mannes. Weiße Haut. Lange Haare, die unter Wasser in alle Richtungen stehen. Er schenkt mir ein Lächeln; dann ist das Gesicht verschwunden. »Der Mann im See hat dir zugelächelt«, sagt Doktor Kumpalotta, nachdem ich wieder aufgetaucht bin. »Der See wird dich nie mehr krank machen, er ist jetzt dein Freund, dein Bruder.«

Der Malawisee ist ein lebendiges Wesen. Er spricht eine eigene Sprache, in der die Menschen an seinen Ufern mit ihm kommunizieren. An einem guten Tag werfen die Fischer einen Teil ihres Fangs zurück – für den Mann im See. Bauern bringen ihm die ersten Feldfrüchte ihrer Ernte dar. An ihn wendet sich, wer Hilfe braucht. Die Heiler tauchen in ihren Ritualen hinunter, um den Mann im See um Medizin zu bitten. Er sagt ihnen auch, in welchem Dorf Kranke behandelt werden müssen.

Um zwei Uhr früh lichtet die Mufasa die Anker. Wir wollen vom mosambikanischen Ufer hinüber zum malawischen. Bei Chisumulu erreicht der See seine maximale

Breite von fast achtzig Kilometern. Am Morgen zündet die Sonne den Himmel an. Nirgendwo ist mehr Land zu sehen. Wir ziehen den Spinnaker auf, und das Schiff jagt mit achtzehn Knoten über den brodelnden See. »Flieg, mein Engel, flieg!«, schreit Howard, wie verrückt geworden; er springt in die Luft und greift in den Wind, als ernte er die Früchte eines unsichtbaren Baums.

Ich schaukle im Freisitz auf einer der Bugspitzen und koste jede Woge aus. Kein Zucken in der Magengegend. Ich bin geheilt, tatsächlich geheilt. Die Wellen, die mir gestern noch zusetzten, lösen jetzt euphorische Zustände in mir aus. Und plötzlich, zwischen zwei heftig aufprallenden Böen, weiß ich auch, was Howard bei seinen rätselhaften Gesten empfängt. Der Wind ist es, der dem Skipper den See erschließt, ihn mal hierhin, mal dorthin treibt. Der Wind steckt Howard mit dem Seefieber an. Erst wenn sich die Segel blähen, beginnt die Welt dieses äolisch geleiteten Wanderers Wirklichkeit zu werden – die Welt des Malawisees.

Es ist nicht wichtig, wie Doktor Kumpalotta mir den Mann im See gezeigt, wie er mich geheilt hat. Ob es das Pulver war oder eine Art Hypnose. Die Mufasa surft auf kräftigen Wellen – auf, ab, auf, ab –, die Gedanken setzen aus, alles verliert seine Bedeutung: Fragen, Antworten, das ferne Ufer, der Himmel, sogar der Wind. Wir kommen von einem Horizont und fahren dem nächsten entgegen. Der See ist ein Meer ist ein See, die Stimme aus der Tiefe, die blaue Kopfstimme, sie spricht zu uns – und wir hören ihr aufmerksam zu.

Am Ende jeder Reise *überkommt mich stets eine Flut neuer Pläne. Weltgegenden, Reiserouten, Textideen surren dann durch meinen Kopf, und ich muss sie aufschreiben, damit sie mich schlafen lassen. Meine Notizbücher schließen oft mit seitenlangen Passagen wie dieser: »... von Marseille mit dem Schiff nach Algier und dann südwärts durch die Sahara, über Agadez und Zinder in den Tschad und weiter nach Zentralafrika. Wo liegt die geografische Mitte des Kontinents? Anschließend den Kongo hinunter: Kisangani, Kinshasa, Brazzaville ... Warum nicht über Land nach Kaschmir? Irgendwie muss das möglich sein. Kaschmir! Lange nichts gehört, nichts gelesen ... Die Zeit nach dem Monsun in Ladakh und Nepal verbringen, den Winter in Südindien. Und Varanasi! Endlich meine Varanasi-Pläne umsetzen! Oder von Goa aus durch Indien reisen, ziellos, ja, das ziellose Wandern zum Reisemotto erheben. Bangladesh? Mandalay? Rangun? ... Was ist dran am Naga-Mythos des Mekong? Ist das ›Leere Viertel‹ in Saudi-Arabien wirklich leer? Wie stehen die Dinge in Sierra Leone? Und wie mag es sich anfühlen, in einem Greyhound von der Ost- zur Westküste zu fahren, sagen wir, von New York nach San Francisco? Fünftausend Kilometer? Sechstausend? Sich unterwegs nichts ansehen, sondern herausfinden, was es mit dir macht, wenn dich ein Bus quer durch einen Kontinent trägt ... zum östlichen Ende der Transamazonica vordringen (Vernichtung der Regenwälder), die Barren Grounds durchwandern, den Anführer der* Lord's Resistance Army *im*

Ostkongo finden ... Indus, Narmada und der verschwundene Sarasvati-Fluss, Gestaltverwandler: Wolfsmenschen in Rumänien, Tigermenschen in Malaysia ... die Hairufer von Kontu, Schlangenanbeter in den Appalachen.«

So sieht es in mir aus, wenn sich eine Reise dem Ende nähert. Es ist, als versuchte ich, mich zu beruhigen: Keine Angst, du fährst nicht für immer zurück. Du kannst jederzeit wieder aufbrechen. Es gibt noch viel zu entdecken. »Les plans sont faits pour ne pas être suivis«, *behaupten die Franzosen. Und tatsächlich sind die meisten meiner Pläne schon bald wieder vergessen. Das Glück liegt in der Vorstellung. Und manchmal in der Ausführung. In meinem mauretanischen Notizbuch aus dem Jahr 1996 findet sich diese Zeile: »Uganda: Unbedingt die Gorillas in den Nebelbergen besuchen! Unbedingt!«*

Uganda
Tierische Augenblicke

Hier scheint alles zerbrechlich,
unglaublich illusorisch.
Daher also das fast permanente Bedürfnis, zu fliehen,
zu reisen, als sicherster Weg, die Wahrheit zu täuschen,
aber auch als Sprung, als Versuch,
den andern zu entdecken oder sich an das für immer
verlorene Paradies zu erinnern.
V. S. Naipaul

Bambusstangen bersten, Farne werden zerfetzt, Insekten sirren erschrocken davon. Plötzlich bricht eine schwarze Gestalt aus dem Unterholz, richtet sich vor mir auf, brüllt und trommelt sich mit Fäusten auf die Brust. Eine Brustpartie wie beim Karneval, denke ich, aus glänzend schwarzem Kunststoff, denke ich, jeder Muskel übertrieben ausgeformt – und dann denke ich: Weg! Nichts wie weg!

Der Adrenalinschub hat mein Körpergewicht bereits nach hinten gedrückt, da erinnere ich mich an Gadis Anweisungen. »Niemals weglaufen!«, hat mich der Ranger gewarnt. »Wenn ein Gorilla angreift, zeig dich unterwürfig! Sonst glaubt er, du willst mit ihm spielen.« Spielen? Nein, danke! Nicht mit diesem rasenden, vier Zentner schweren Menschenaffen. Mit Fingern, dick wie Schwarzwürste, die mir mühelos den Arm aus der Schulter reißen könnten. Meine Knie knicken ein, schon liege ich auf dem Bauch, unterwürfig die Nase in den Morast gedrückt. Mein Atem geht schnell. Schweiß rinnt über meine Schläfen in die Augen und lässt die Ameisen verschwimmen, die sich unter mir in Sicherheit bringen.

Was mache ich hier? Im zentralafrikanischen Hochnebelwald? Im hintersten Winkel Ugandas? Augen – ich bin gekommen, um einem Berggorilla in die Augen zu sehen, aus nächster Nähe, einem Tier, das 98,4 Prozent der Erbinformationen mit uns Menschen teilt. Ich will wissen, wie sich dieser Blick anfühlt, was er in mir auslöst. Vorsichtig drehe ich den Kopf: Über mir tobt der Gorilla – ein zwei Meter hoher Klangkörper. Er streckt sich, als wollte er, dass ich jedes Detail seines muskulösen Körpers bestaune; nur seine Augen zeigt er mir nicht.

Die ersten Tieraugen, die ich in Uganda sah, waren winzig und schauten mich seitlich versetzt aus einem gewaltigen Schädel an. Ich dinierte gerade auf der Terrasse der *Mweya Safari Lodge* im Queen-Elizabeth-Nationalpark – geräucherter Tilapia auf Rettichsauce –, da grunzt ein Flusspferd neben mir, zum Greifen nah. Mweya thront auf dem Gipfel einer Halbinsel, hoch über dem Kazinga-Kanal, der den Lake Edward mit dem Lake George verbindet. Die Nächte hier sind von einem makellosen Schwarz. Nirgendwo Lichter, keine Sterne. Das Flusspferd muss in der Dunkelheit den Hang heraufgeklettert sein, um auf dem Hotelrasen zu weiden. Mit seinen Hauern könnte es den Handlauf der Terrasse zerbeißen wie einen Schokoriegel, um anschließend mit seinen drei Tonnen die Abendgäste niederzuwalzen. Die meisten tödlichen Tierbegegnungen in Afrika gehen auf das Konto von Flusspferden. Jetzt hält das Tier inne, neigt leicht den Kopf zur Seite, seufzt und wirft mir einen sanftmütigen Blick zu. Nichts in diesen Augen wirkt mörderisch. Winzige, rostbraune Murmeln, die sagen: Ich tu dir nichts, weil du mir egal bist, völlig egal. Und um seine Gleichgültigkeit zu unterstreichen, defäkiert das Flusspferd vor den Amerikanern, die sich gerade ihrer Mousse au Chocolat erfreuen. Sein kleiner Schwanz rotiert wie ein Propeller, um den Dung gleichmäßig auf texanischen Sandalen zu verteilen; dann verschmilzt der Koloss mit der Dunkelheit.

Am folgenden Morgen im Boot auf dem Kazinga-Kanal wird klar, warum die Flusspferde entlang dieser natürlichen Wasserstraße bei ihrer Futtersuche besonders weite Nachtwanderungen unternehmen. Die Konkurrenz ist groß, denn mit rund fünftausend Tieren herrscht hier die größte Flusspferddichte Afrikas. Wie glänzende Marmorblöcke wölben sich ihre Rücken aus dem ufernahen Wasser, dicht gedrängt, Hunderte davon. Dazwischen Büffelherden und graubraune Wasserböcke mit gewaltigen Hörnern, umflattert von Kronenkiebitzen, Nilgänsen, Rosa-Pelikanen.

Der Queen-Elizabeth-Nationalpark zählte einst zu den tierreichsten und beliebtesten Nationalparks des Kontinents. Doch während der Schreckensherrschaft des Diktators Idi Amin und seiner Nachfolger in den Siebziger- und Achtzigerjahren schoss eine wildernde Soldateska den Park weitgehend leer. Seit dem Ende der Militärherrschaft im Jahr 1986 hat die demokratisch gewählte Regierung von Präsident Museveni nicht nur ein für Afrika ungewöhnliches Reformprogramm umgesetzt, um dem neuen, friedlichen Uganda jährliche Wachstumsraten bis zu zehn Prozent zu bescheren – unter einem strengen halbstaatlichen Parkmanagement haben sich auch die Tierbestände erholt. Zwar können die ugandischen Nationalparks noch nicht mit den riesigen Herden Kenias oder Tansanias konkurrieren, dafür kreuzen sich hier die Blicke von Mensch und Tier ungestört. Auf der Fahrt nach Ishasha, im Süden des Parks, begegnen wir – mein Fahrer Moses und ich – den ganzen Tag über keinem einzigen Auto. Elefanten queren die Piste und kreisen uns ein, als gehörten wir zur Herde. Sie reißen mit ihren Rüsseln Grünzeug aus dem Busch und beobachten uns beiläufig: uralte Augen, die alles sehen, alles gesehen haben.

Wir fahren ohne Eile durch ein leicht gewelltes Land, getrieben von Augenlust. Nach einem Regenguss hat die Sonne das mannshohe Gras in ein purpurnes Licht getaucht. Euphorbia-Kakteen strecken ihre vielarmigen Silhouetten zum Himmel. Von den Pistenrändern kriecht die Savanne auf den Schotter, als versuche sie, eine Wunde zu schließen. Während wir der einsamen Piste nach Süden folgen, fühlen wir uns in dieser menschenleeren Weite kleiner und kleiner; wir scheinen zu schrumpfen. Und eigenartig: Bisher haben wir die Nähe der Tiere gesucht, jetzt suchen sie unsere: Ein Fischadler folgt uns in geringer Höhe. Rotbraune Kob-Antilopen mit spiralförmigen Hörnern kommen neugierig heran, statt davonzulaufen. Ein Warzenschwein mit verwegenen blonden Strähnen an der Rückenmähne hetzt neben uns her, als wolle es mitfahren. Dabei lässt es mich nicht aus den Augen, bittende Augen, wütend vielleicht, auf jeden Fall größer, aber nicht weniger glänzend als jene der Perlhühner, die auf ihren dürren Beinen vor dem Wagen herrennen, um schließlich im Unterholz zu verschwinden.

Bei Ishasha, einem Camp am gleichnamigen Grenzfluss zur Demokratischen Republik Kongo, wollen wir die *tree climbing lions* sehen. Ein Viertel der rund sechshundert Löwen im Park hat die seltene Angewohnheit, in der heißen Tageszeit auf weit ausgreifende, schattige Feigenbäume zu klettern. Wir kontrollieren jeden noch so unscheinbaren Vertreter dieser Art – alles, was wir finden, sind Kratzspuren an den Stämmen. Dafür begegnen wir auffallend kleinen Elefanten, und viele der Büffel hier sind hell- statt wie bisher dunkelbraun. »Kongolesen«, sagt Moses mit tiefer Stimme und zeigt auf die Virunga-Vulkane, die jenseits des Grenzflusses, wie von der Erde losgelöst, über den Wolken schweben. Wenn es im Ostkongo zu Konflikten kommt, wie in den vergangenen Jahren, als ugandische Ranger immer wieder Schüsse hörten, strömen verängstigte Wildtiere aus dem kongolesischen Virunga-Nationalpark über den Ishasha-Fluss ins friedliche Uganda. Die im Kongo verbreiteten Waldelefanten sind kleiner und die Waldbüffel heller als ihre Savannen bewohnenden Verwandten. Sobald der Kongo sich beruhigt, kehren die Tiere wieder zurück, lebendige Seismografen in einem bebenden Land.

Wir wollen unsere Suche nach den kletternden Löwen gerade aufgeben, da haben wir doch noch Glück. Gleich zwei Raubkatzen liegen in den Ästen eines Feigenbaumes und lassen ihre Pfoten und Bäuche herabhängen. Das Männchen sieht aus drei Metern Höhe friedsam zu uns herab. Ein Sonnenstrahl durchdringt den Glaskörper seines linken Auges, und ich kann deutlich seine sanft leuchtende, rötliche Iris erkennen. »Sein Blick sagt nichts über sein wirkliches Wesen«, warnt Moses, als ich meinen Kopf zu weit aus dem Wagenfenster strecke. »Ein unachtsamer Moment – und du bist Fleisch.«

Jenseits der Südgrenze des Queen-Elizabeth-Nationalparks windet sich die asphaltierte Straße hinauf ins ugandische Hochland. Wir fahren durch Dörfer aus roten Lehmziegeln, durch Vanillefelder und endlose Teepflanzungen. In Buhoma hört die Straße einfach auf, und über den letzten Häusern erhebt sich der Regenwald, ein Flickenteppich in allen erdenklichen Grüntönen, aus denen weiße Baumstämme wie Nähte hervortreten. Hier, im Bwindi-Impenetrable-Forest-Nationalpark, lebt die Hälfte der weltweit letzten siebenhundert Berggorillas. Der Rest verteilt sich, von der Bwindi-Gruppe durch einen dreißig Kilometer breiten Streifen aus Farmland getrennt, auf die Hänge der zu Uganda, Ruanda und zum Kongo gehörenden Virunga-Berge.

Am folgenden Morgen marschieren wir durch den Regenwald steil bergauf. Ranger Gadi, in olivgrüner Uniform und Gummistiefeln, spricht über sein Funkgerät leise mit den Fährtenlesern. Sie sind schon vorausgeeilt, um die Spur der Gorillas aufzunehmen. Wir wollen zur Mubare-Gruppe, einer der vier habituierten, also in einem jahrelangen Geduldsspiel an Menschen gewöhnten Gorillafamilien von Bwindi.

War das ernst gemeint? Muss ich mich bei einem Scheinangriff wirklich unterwürfig zeigen? Gadi lacht. Keine Angst, die Mubare-Gruppe werde von Ruhondeza angeführt, einem fünfunddreißig Jahre alten Silberrücken. Sein Name bedeute »fauler Herr«, weil er sich nur bewege, wenn es unbedingt nötig sei.

Die Ranger sind zu unserer Sicherheit mit Kalaschnikows bewaffnet. Der Regenwald ist unübersichtlich, der rumorende Kongo nah. Die Ugander wollen uns ein Höchstmaß an Sicherheit bieten. Über zehntausend Besucher begeben sich in Bwindi jährlich auf die Spur der Berggorillas, eine der am stärksten gefährdeten Arten der Erde. Einzig der Tourismus garantiert das Überleben der seltenen

Vegetarier, die sich überwiegend am Boden aufhalten und nachts in Nestern aus Blättern und Zweigen schlafen. Jahreseinnahmen von bis zu vier Millionen US-Dollar allein in Bwindi sind eine starke Motivation für den Gorillaschutz. Die Bevölkerung in unmittelbarer Umgebung des Parks, wo die Tiere früher gejagt wurden, ist an den Einnahmen beteiligt. Seit den ersten Touren 1991 haben sich die Gorillas im zentralafrikanischen Dreiländereck um zehn Prozent vermehrt.

Wir waten durch ovale Teiche. Augen des Waldes. Umsäumt von schlanken Wimpern aus Bambus. Mit Macheten schlagen die Ranger eine Schneise ins Unterholz. Aus den Kronen der Urwaldriesen regnen Pflanzen und Insekten auf uns herab. Weiter, weiter hinauf; durch mannshohe Farne, Brennnesseln und knöcheltiefen Schlamm, während dornige Flechten haarfeine Hieroglyphen in unsere Gesichter ritzen. Nach vier schweißtreibenden Stunden hält Gadi plötzlich inne und stößt einen gutturalen Laut aus. Jetzt ist es so weit: Der grüne Vorhang wird zerrissen; die schwarze Gestalt; das Gebrüll; Fäuste, die auf eine Brust trommeln. Ruhondeza! Ausgerechnet heute hat »der faule Herr« seinen betriebsamen Tag. Ich drücke unterwürfig die Nase in den Dreck, minutenlang, bis der Silberrücken endlich zufrieden ist und auf allen vieren im Unterholz verschwindet.

Wir folgen ihm vorsichtig, schieben ein paar Farne beiseite – und sind plötzlich von Ruhondezas Familie umgeben. Die Gorillas sehen uns neugierig an. Und mit einem Mal ahne ich auch, warum Ruhondeza sich so erregt hat. Im Dickicht liegt ein Gorilla mit einer riesigen Wunde, überall Blut; dann taucht eine winzige Schädeldecke in der »Wunde« auf – und ich begreife: Wir sind Zeugen einer Geburt.

Seit Stunden versucht ein völlig erschöpftes Weibchen vergeblich, sein Baby zur Welt zu bringen. In diesem Augenblick tritt ein anderes Weibchen von hinten heran, greift mit den Händen nach dem kleinen Kopf, dreht ihn leicht – und zieht das Baby aus dem Leib der Mutter. Ins Leben. In diese dampfende, grüne Welt. Routiniert wie eine Hebamme.

Tränen laufen über meine Wangen. Vor Rührung. Und Glück. Nie zuvor hat ein Besucher etwas Ähnliches miterleben dürfen. Ich kann meinen Blick nicht lösen von der Mutter, die die Nabelschnur zerreißt und ihr Baby an sich drückt, es sauber leckt. Sein Gesicht ist von einem schrumpeligen Hellbraun, seine Augen sind geschlossen, seine Hände – winzige, helle Menschenbabyhände mit feingliedrigen Fingern, die tapsig um sich greifen.

Ich bin so gebannt von diesem Anblick, dass ich Ruhondeza, den Silberrücken, erst gar nicht bemerke. Er sitzt mit der Gelassenheit einer Buddhastatue im Wald, den dicken Bauch auf die Schenkel gelegt, und sieht mich an. Im Glanz unter seinen vorgewölbten Brauen gehen alle Blicke meiner Reise auf. Ruhondezas Augen nehmen mich mit in eine nicht mehr greifbare Vergangenheit. Braune Augen. Vertraut wie in einem Spiegel. Für einen kurzen Moment erkenne ich mich darin. Dann sehe ich zu Boden, denn es ist unmöglich, diesem Blick standzuhalten.

Manchmal erhalte ich *erboste Zuschriften, die mir vorwerfen, aus Ländern wie Sudan, Afghanistan, Somalia oder Irak gäbe es wohl Wichtigeres zu berichten als von den »Banalitäten des heimischen Gärtchens«, von den »irrelevanten Hirngespinsten irgendwelcher Bauern« oder vom »Budenzauber und Hokuspokus, dem ein paar Primitive anhängen«. Wenn ich nachhake, stellt sich meist heraus, dass als die wirklich wichtigen Dinge in diesen Ländern deren Probleme angesehen werden: Elend, Hunger, Terrorismus, Chaos, Krieg.*

So sehr haben die Massenmedien unsere Sicht auf die Welt verengt, dass wir das Wesen krisengeschüttelter Regionen auf jene Aspekte reduzieren, die uns von den sensations- und profithungrigen Bringdiensten der Welt rund um die Uhr ins Wohnzimmer geliefert werden. Bei all den Selbstmordattentaten, Raketeneinschlägen, Videobotschaften von bärtigen Männern mit Kalaschnikows und immergleichen Gesichtern, die ihren gepanzerten Limousinen entsteigen, um im Blitzlicht der Weltöffentlichkeit über Konfliktlösungen zu referieren, könnte man fast vergessen, dass auf der »Achse des Fremden« auch ganz normale Menschen leben – Bauern, Bäcker, Fischer, Fleischer, Apotheker, Beamte, Lehrer; Mütter, Väter, Geschwister, Söhne und Töchter –, Menschen mit ihren Problemen, aber auch mit Freuden, Hoffnungen, Träumen. Menschen wie wir.

»Wenn also die Zeit krank ist, so kann es nicht Aufgabe der Kunst sein, sie noch kränker zu machen«, schreibt Wolf

von Niebelschütz nach dem Zweiten Weltkrieg und fährt fort, die Kunst habe den Menschen »bestürzt und mit Fratzen verschreckt, wenn er satt, banal und bequem war; und war er verschreckt und hatte die Zeit ihn bestürzt, so erhob ihn die Kunst und tröstete ihn und zeigte ihm eine zwar erdichtete, aber schöne Welt.«

Was für die Dichtung gilt, gilt auch für die Berichterstattung. Natürlich ist Letztere der Wahrheit verpflichtet. Und sie muss hartnäckig und kritisch sein, sie muss informieren, aufklären, enthüllen. Indem die Massenmedien jedoch den Menschen in seinem Alltag, seine gelebte Normalität, seine Lichtblicke und sein Lachen – und damit seine Würde, sein Menschsein – zunehmend unterschlagen und stattdessen danach trachten, uns unablässig mit den Fratzen der Welt zu verschrecken, offenbaren sie nach Niebelschütz' Gleichung, für wie satt, banal und bequem sie uns halten. Doch es gibt da ein Problem. Ihre Bilder verschrecken uns nur in den seltensten Fällen; die meisten perlen an uns ab und verblassen so schnell, wie sie uns erschienen sind.

Ob Sudan, Afghanistan, Somalia oder Irak, ob Gaza, Ruanda, Kongo, Bosnien oder Kosovo – die Flut immergleicher Bilder hat sich zur Oberfläche eines entmenschlichten Vakuums verkrustet. Entmenschlicht, weil die Betroffenen zu reinen Erfüllungsgehilfen der Bilder verkommen, ohne Gesicht, ohne Geschichte, und damit selbst zur Oberfläche werden, die nur eines zulässt: Gleichgültigkeit. Nur wenn diese Kruste aufgebrochen wird und der Mensch darunter wieder zum Vorschein kommt, kann unsere Apathie einer echten Teilnahme weichen – an den Schicksalen, aber auch, um mit Niebelschütz zu sprechen, an der Schönheit dieser Welt.

Nie zuvor ist es deshalb wichtiger gewesen, auf den Straßen von Khartum, Kabul oder Bagdad ganz normalen Menschen zu begegnen, sie zu Wort kommen, sie wehklagen, aber auch träumen und lachen zu lassen, den Hirten im Hindukusch ebenso wie den Scherenschleifer im irakischen Taurus-Gebirge und den Lehrer, der mich auf der Fähre über den Nil bat, meinen Leuten – euch – zu sagen, dass die Sudaner keine Terroristen sind.

Sudan
Im Reich der Schwarzen Pharaonen

*Es gibt Gegenden, die man, wie bestimmte Augenblicke
im Leben, nie mehr vergisst; sie bohren sich in unser
Innerstes, und die Wunde wird jedes Mal tiefer. Als wir
uns umwandten und nochmals auf das Meer blickten,
um uns etwas von dieser Hoffnung einzuprägen, bevor
wir endgültig in das Land des Vergessens vordrangen,
spürten wir, dass dies einer jener Augenblicke war.*
Francisco Coloane

Ein Mann löst sich aus der Staubwolke, die unser Geländewagen aufgewirbelt hat, nimmt unsere Taschen auf und trägt sie davon. Einfach so. Ohne ein Wort. In einem Dorf, irgendwo im Norden des Sudan.

Uns bleibt nichts anderes, als ihm nachzulaufen. Will er uns in eine dunkle Gasse locken, damit wir dort überfallen werden? Oder in einen Basar, um uns einen Teppich anzudrehen? Kurz darauf schämen wir uns für diese Bedenken: Der Mann führt uns in ein schlichtes Haus, stellt unser Gepäck vor zwei Betten ab und serviert uns frischen Minztee. Wenig später essen wir mit den Händen scharf gewürztes Bohnenpüree aus einer gemeinsamen Schüssel. Weil niemand von uns die Sprache des anderen spricht, schweigen wir. Wie alte Freunde, die keiner Worte bedürfen. Am Morgen bringt uns der Mann Rührei und *kisra*-Brot ans Bett, eine Bezahlung lehnt er ab. Als wir uns zum Abschied umarmen, wissen wir nicht mehr von ihm als seinen Namen: Nuri.

Vor unserer Ankunft im Norden des Sudan waren wir nicht sicher, ob sich dieses Land bereisen ließe. Wegen des Krieges in Darfur, im Süden des Landes. Wegen des islamischen Regimes. Wegen möglicher Ressentiments gegen ausländische Besucher. Und jetzt diese Beschämung: Immer wieder treffen wir auf Menschen, die uns in einer kaum fassbaren Gastfreundschaft willkommen heißen.

Unsere Reise hat in der sudanesischen Hauptstadt Khartum begonnen und führt nordwärts, immer am Nil entlang. Der längste Strom Afrikas begleitet uns als silbern schimmerndes Band, flankiert von Palmenhainen, Gemüsegärten und Getreidefeldern. In einem Oasendorf kommen würdevolle Männer in weißen Gewändern auf uns zu und berühren unsere Stirn, um uns zu segnen. Sie laden uns zu *karkadé* ein, weinrotem Hibiskusblütentee. Überall legen die Menschen, sobald sie uns sehen, eine Hand über dem Herzen auf die Brust, lachen und rufen: »*Welcome in Sudan!*« Unsere Fahrt nach Norden gleicht einem Spiel: Wer zuerst winkt, hat gewonnen. Sosehr wir uns auch anstrengen, die Sudanesen sind immer schneller.

Bei Shendi bricht die Straße aus dem Oasengürtel des Stromes aus und schert hinein in die Wüste. Wir fahren durch eine riesige, schlummernde Leere, aus der irgendwann einem Traumbild gleich die Pyramiden von Meroë aufsteigen. Wie spitz gefeilte Zähne ragen die Grabmale der nubischen Königsnekropole aus den Sanddünen, bis zu dreißig Meter hohe Gebäude, dunkel und scharfkantig wie Meeresklippen. In den Rissen der Wände hat sich rotgolden Flugsand eingelagert. Der Wind scheint die Ruinen eben erst freigelegt zu haben. Die einzigen Spuren, denen wir in den sichelförmigen Dünen begegnen, sind unsere eigenen.

Nub ist die Hieroglyphe für Gold. In Nubien füllten die alten Ägypter ihre Schatzkammern – und sie bereicherten sich auch an den Menschen. Viele Sklaven stammten aus dem heutigen Sudan, sie wurden mit wulstigen Lippen und platten Nasen dargestellt und auf die Sohlen der Sandalen geprägt. Jahrtausendelang trampelten Ägypter auf Nubiern herum – bis diese zurückschlugen. Im achten vorchristlichen Jahrhundert eroberten die Könige des nubischen Reiches Kusch ganz Ägypten und regierten von 750 bis 655 v. Chr. als Schwarze Pharaonen ein Imperium, das sich von den Nilquellen bis zum Mittelmeer erstreckte.

Mehr als hundert Pyramiden sind in der altnubischen Hauptstadt Meroë erhalten, deutlich kleiner und steiler als die ägyptischen Steingräber. Wir schieben uns durch eine schmale Öffnung in die Opferkapelle eines Grabmals. Im Inneren hat der Wind Sand aufgehäuft. Von der Seite schieben sich Lichtfinger herein und zeigen auf ein Bildnis der Göttin Isis an der Wand. Die »Mutter der Sonne« sieht dem Toten auf seiner Reise gen Osten nach. Das Haupt der Göttin umflirren die Zeichen der meroïtischen Schrift, die bis heute nicht vollständig entziffert werden konnte.

Meroë ruht ungestört in einem tausendjährigen Schlaf, und wir spazieren in seinen Träumen umher, wo nichts auf die Gegenwart hinweist, kein Laut, kein Mensch. Mögen die ägyptischen Pyramiden durch ihre Monumentalität bestechen, die von Meroë verwandeln uns in Entdecker. Wir müssen nur hier ein wenig im Sand graben und dort ein bisschen Staub wegpusten, um immer neue Schriftzeichen und Reliefs aufzuspüren. Zwischen den Pyramiden finden wir Steine, aus denen nubische Maler die Pigmente für ihre Farben gewannen – vor zweitausendfünfhundert Jahren.

Wir folgen der Straße nach Norden. In einem Teehaus setzt sich ein Mann mit Bart und Turban zu uns und schüttelt uns die Hand wie zwei alten Bekannten, die er lange nicht gesehen hat. Der Fremde ist Viehhändler, glauben wir zu verstehen, als er die Hände wie Hörner auf den Kopf setzt. Er hat auf dem Markt zehn Schafe gekauft, die geschlachtet werden sollen – er streckt zehn Finger aus und fährt mit dem Daumen über seine Kehle. Dann schüttelt er uns erneut die Hand, überglücklich, uns getroffen zu haben, und noch bevor wir uns bedanken können, hat der Unbekannte unseren Tee bezahlt und ist im Gedränge der Straße verschwunden.

In Atbara werden wir zur Polizei zitiert. Einige Herren mit Funkgeräten sind der Ansicht, wir hätten uns unerlaubt vor dem Bahnhof herumgetrieben. Wache Augen und Ohren gibt es überall im Land, das seit 1989 von Militärs regiert wird. Sie sorgen dafür, dass das Regime über jeden Lidschlag der Sudanesen informiert ist.

Zwei Polizisten eskortieren uns zum Chef der sudanesischen Staatsbahn. Eine riesige Hornbrille sitzt schief auf seiner Nase, unter dem Schreibtisch ist er barfuß. In unserer Reisegenehmigung steht, dass wir alle touristischen Orte besuchen dürfen. Wo also liegt das Problem? Der Mann telefoniert und telefoniert. Nach zwei Stunden kommt Kaffee, er schmeckt stark und süß, nach Kardamon. Endlich legt der Bahnchef auf und sagt: »Der Bahnhof ist kein touristischer Ort! Aber für Sie machen wir eine Ausnahme!« Nur fotografieren dürfen wir nicht. Und dann beweist uns der gründliche Beamte, dass auch in ihm ein wahrhafter Sudanese steckt. Er schlüpft in seine Pantoffeln, streicht das Hemd glatt und lächelt – für den Fotografen. Ganz ohne Foto sollen wir seine Stadt nicht verlassen.

Von Atbara aus strebt der Nil nordwärts, um sich bei der Oase Abu Hamad in einer großen Schleife wieder nach Süden zu wenden. Hier lassen wir den Fluss vorerst ziehen und folgen der Route westlich durch die Bayuda-Wüste. Haben wir auf unserer Fahrt durch den Oasengürtel des Nils nicht eben noch plantschende Kinder gesehen? Blühende Hibiskus- und Rosengärten? Jetzt senkt sich eine schläfrige Stille über das karge Land herab, und die letzten Dattelpalmen weichen einer hitzeflirrenden Ödnis.

Entlang unserer holprigen Wüstenpiste verläuft die neue Straße nach Karima, die teilweise schon asphaltiert, aber noch nicht freigegeben ist. Immer wieder stoßen wir unterwegs auf Baustellen von Straßen, Brücken und Pipelines. Der Sudan gehört zu den ärmsten Ländern Afrikas, doch allmählich beleben die seit einigen Jahren sprudelnden Ölmilliarden die Zentren im Norden, wie Khartum, Port Sudan und al-Obeid. Ein Großteil des Erdöls stammt aus dem Südsudan, der seit Jahren von einem brutalen Krieg überzogen wird, in dem es auch um die reichen Ölvorkommen geht. 2011 sollen die Südsudanesen über ihre Unabhängigkeit abstimmen. Wem im Fall einer Teilung die Erlöse aus dem Erdöl zufallen werden, ist unklar.

Wir pflügen mit sechzig Stundenkilometern durch die Bayuda-Wüste, eine Welt aus schwarz lackiertem Geröll und Sand, wo Begegnungen etwas von Halluzinationen haben. Aus dem Hitzeflimmern nehmen Hirten Gestalt an, gegerbte Männer, die sich zwischen den Horizonten verlieren und seit zwei Tagen auf einen Tanklaster mit Wasser für ihre Tiere warten. Obwohl sie selbst kaum etwas zu trinken haben, bestehen sie darauf, dass wir von ihrer Ziegenmilch kosten.

Am Abend stoßen wir auf ein Camp von Lastwagenfahrern. Unter einer Akazie stottert ein kleiner Generator, in den Ästen hängt eine Neonröhre. Aus Sand haben die Männer einen rechteckigen Grundriss aufgehäuft und eine Ausbuchtung mit Colaflaschen geschmückt; sie dient als *mihrab*, als Gebetsnische. Das Haus Allahs, ein knöchelhoher Wall, über den der Abendwind das Gebet der Männer in die Wüste trägt. Einer von ihnen spricht Englisch und weist uns darauf hin, dass es gefährlich sei, nachts zu fahren. Wir sollen lieber bei ihnen schlafen. Wir entschuldigen uns, denn wir müssen weiter. Die Männer nicken verständnisvoll. Für diesen Fall, sagen sie, hätten sie uns bereits in ihr Gebet eingeschlossen und Allah um eine sichere Reise ersucht.

Am Morgen legen wir, bei Karima wieder am Nil angelangt, den Kopf in den Nacken und blicken die senkrechte Wand des Dschebel Barkal hinauf. Die alten Nubier sahen in der Felsnadel eine aufgerichtete Kobra, das Totemtier der Pharaonen, und verehrten ihren heiligen Berg als Wohnstatt des Windgottes Amun. Längst ist der Tempel des »Allesbewegers« zerfallen, nur einige Widder-Sphinxen und Hathor-Säulen aus dem achten vorchristlichen Jahrhundert zeugen noch von den Ritualen, die hier einst vollzogen wurden. Damals war das Königreich Kusch ein zentraler Umschlagplatz für die Schätze aus dem Inneren Afrikas auf ihrem Weg nach Ägypten, in die Magazine der alles verschlingenden Großmacht.

In der Nähe des Dschebel Barkal soll um 746 v. Chr. der Königssohn Pije den nubischen Thron bestiegen haben, jener Mann, der Ägypten bezwang. Wir finden das Pyramidengrab des berühmtesten Schwarzen Pharaos nicht weit vom Kobra-Berg in der Nekropole von al-Kurru. In den Kammern der Totenstadt lösen unsere Taschenlampen wundervolle Wandmalereien aus der Dunkelheit: Visionen voller Skarabäen, Kobras und Horusfalken, die ein Bild einstiger Größe heraufbeschwören und uns in Geister verwandeln, die nicht aus der Vergangenheit, sondern aus der Zukunft kommen.

Im Basar von Dongola, einer Kleinstadt am Ufer des Nils, beschenken uns Händler mit Bananen und gerösteten Pistazien. Als ich zur Toilette muss – eine erbärmlich stinkende Zelle mit einem Loch im Boden –, kommt sogleich ein Dattelverkäufer angerannt, um die fällige Gebühr für mich zu übernehmen. Und in der Gasse der Tuchhändler fühlen wir uns wie Fußballstars, die ein Stadion betreten: Die Menge jubelt uns zu.

Auf der Weiterfahrt grübeln wir, wie das zusammenpasst: das Militärregime mit seinem Netz aus Spitzeln und Geheimpolizisten und diese überwältigende Gastlichkeit; der grausame Krieg in Darfur und die gutmütigen Gesichter, die uns überall entgegenstrahlen. Auf der Fähre von Dongola hinüber ans Westufer des Nils gibt uns ein Grundschullehrer in gutem Englisch einen Anhaltspunkt: »Alle Menschen bewohnen eine Welt. Auch wir wollen Teil dieser Welt sein.«

Erst da, in einer verbeulten Blechwanne auf dem Lebensstrom Afrikas, umgeben von Männern mit wehenden Turbanen und gesichtstätowierten Frauen, die ihre Babys stillen, begreifen wir, warum sich die Sudanesen so sehr über unsere Anwesenheit freuen: Sie sehen in den seltenen ausländischen Besuchern einen tröstlichen Beweis, vom Rest der Welt nicht verstoßen und vergessen zu sein. Der Grundschullehrer lässt gesalzene Sonnenblumenkerne in unsere Handflächen rieseln und sagt: »Sagt euren Leuten, dass wir keine Terroristen sind!«

Wir verbringen jetzt immer weniger Zeit in archäologischen Stätten, bei den drei verlorenen Säulen von Sesibi, im Amun-Tempel von Soleb oder auf den Hügelgräbern der Insel Sai. Stattdessen überlassen wir uns der Piste, die auf ihrem Weg durch die Oasendörfer Begegnungen aneinanderreiht wie Perlen an einer Schnur. Am dritten Nilkatarakt – einer Stromschnelle von atemberaubender Schönheit – hängt ein Fischer mit einer tiefen Verbeugung den einzigen Nilbarsch aus seinem Netz an unsere Stoßstange. Ein Bauer greift mit seinen von Feldarbeit hornigen Händen nach unseren und spaziert wie ein Verliebter mit uns durch sein weiß getünchtes Gehöft. Und dann ist da noch der Friseur mit den rasierten Dreiecken im Nacken. Sein lang gehegter Traum scheint es zu sein, einmal im Leben die struppigen Haare eines deutschen Journalisten in Form zu bringen – umsonst, versteht sich.

Unsere Reise nach Norden endet in Wadi Halfa, einem weit verstreuten Ort am Ufer des Nassersees. Hinter dem leicht geschwungenen Horizont der riesigen Wasserfläche beginnt Ägypten. Unsere Straße läuft direkt auf den See zu. Wir gehen das letzte Stück zu Fuß, wollen keinen Zentimeter verschenken, den Sudan bis in seine äußerste Spitze auskosten. Kleine Wellen rollen heran und schwappen in unsere Schuhe; dann verneigt sich die Straße vor uns und taucht hinunter in den See.

Wir schauen ihr in Gedanken versunken nach. Da ruft uns ein Mann etwas aus einem Fischerboot zu. Er scheint zu glauben, dass wir nach Ägypten wollen. Die Fähre komme erst in ein paar Tagen, ruft er, aber wir sollen zu ihm an Bord kommen, er bringe uns gern hinüber. Wir müssten auch nichts bezahlen, sudanesische Gastfreundschaft. Eine Schiffsreise nach Assuan dauert achtzehn Stunden, und so nehmen wir an, der Fischer mache einen Scherz. Doch dann sehen wir in sein offenes, lachendes Gesicht – das verwirrende Gesicht dieses Landes.

Eine Reise gibt *den Anstoß zur nächsten. So ist es immer gewesen. Auch an jenen grauen Dezembertagen in Istanbul. Es regnete ununterbrochen, aus Kleinasien pfiff ein kalter Wind über den Bosporus. Ich war in der Stadt, um über die Alewiten zu berichten, eine schwer bedrängte religiöse Minderheit in der Türkei. Islamische Fanatiker hatten bei einem Brandanschlag alewitische Intellektuelle getötet, Unbekannte mit Kalaschnikows auf alewitische Cafés gefeuert, der Trauermarsch für die Toten endete in einem Blutbad. Ich suchte gestrandete Alewiten in den* Gecekondus *auf, den Elendsvierteln der Stadt, sprach mit Predigern und Schriftstellern und bewunderte in schwer bewachten Gebetshäusern die anmutigen Tänze der Gläubigen, die sich zum Klang der achtsaitigen Baglama im Kreis drehten.*

Damals wohnte ich in einem billigen Hotel nicht weit von der Hagia Sophia, und als ich eines Abends dorthin zurückkehrte, traf ich einen jungen Slowenen, der im Treppenhaus eine Landkarte ausgebreitet hatte. Er war, wie sich herausstellte, mit dem Fahrrad nach Indien unterwegs und markierte die geplante Route mit einem Leuchtstift auf der Karte. Östlich der Türkei fluoreszierte die Linie quer durch den Iran! Ich stand wie angewurzelt da, während meine Augen dieser Leuchtspur folgten, von einem roten Punkt, über dem Tabriz *stand, über die spiralförmigen Höhenlinien des Elburs-Gebirges nach Teheran, Isfahan und Shiraz. Der Klang dieser Namen machte mich kribbelig, während die Leuchtspur grau schraffierte Salzwüsten passierte und das cremefarbene Belutschistan durchquerte, um schließlich nach Pakistan zu entschwinden.*

Die ganze Nacht machte ich kein Auge zu. Iran! Ich wusste kaum etwas über dieses Land. Nur, dass mir völlig abwegig erschien, es auf eigene Faust zu erkunden. Eine Offenbarung! Ich kehrte nach Deutschland zurück, schrieb meine Geschichte über die Alewiten – und kaufte ein Ticket nach Teheran. Ich bemühte mich nicht um einen Auftrag. Es wäre zwecklos gewesen. Kein Redakteur hätte einen Anfänger nach Persien geschickt. Also lieh ich mir Geld und flog einfach hin.

Khomeinis islamische Revolution lag achtzehn Jahre zurück. Mullah-Regime, Golfkriege, amerikanisches Handelsembargo, Terrorismus – außer über Politik war in den Medien kaum etwas über den Iran zu erfahren. Doch es musste noch etwas anderes geben: Iranerinnen und Iraner, ganz normale Menschen. Ich reiste als Tourist ein, entging dem engmaschigen Netz der Revolutionswächter und bewegte mich völlig frei durch das Land. Die Menschen brauchte ich nicht zu suchen. Sie suchten mich. Rund um die Uhr, überall. Seit dem Sturz des Schahs hatten viele von ihnen keinen westlichen Besucher mehr zu Gesicht bekommen, und ihre Neugier und Fürsorglichkeit überforderte mich bisweilen. Woher kommst du? Wie ist dein Name? Dein Beruf? Verheiratet? Kinder? Wie lange im Iran? Schönes Land? Umringt von Menschentrauben, wiederholte sich dieses Frage-und-Antwort-Spiel ständig von Neuem, Tag für Tag, auf Plätzen, an Straßenecken, am Flussufer, in Parks, Cafés und Bussen, und selbst im Hotelzimmer fand ich keine Ruhe, denn es dauerte selten lange, bis ein Nachbar an meine Tür klopfte, mir Pistazienkuchen oder Rindfleischsuppe hin-

streckte und mit erwartungsvoller Miene fragte: »What is your country?«

Ich erlebte rauschende Whisky-Partys mit amerikanischer Rockmusik, hinter Türen, die aus Angst vor den Razzien der Revolutionswächter nicht weniger schwer bewacht waren als jene der alewitischen Gebetshäuser in Istanbul. Ich besuchte die Pflückerinnen in den Rosenoasen der zentraliranischen Wüste, zog mit Nomaden durch die menschenleere Weite der Persis und erlebte in der Gegend von Yazd die letzten heimlichen Bestattungen auf den Türmen des Schweigens, wo die Anhänger Zarathustras ihre Toten den Geiern überließen, um die so gereinigten Gebeine später wieder einzusammeln, mit Wachs zu behandeln und in kleinen Felsnischen zu bestatten.

Meine Eindrücke im Iran deckten sich ganz und gar nicht mit dem diabolischen Bild, das die Medien von diesem Land zeichneten – und noch immer zeichnen. Ich blieb sechs Wochen. Beim ersten Mal. Wie ich schon sagte: Eine Reise gibt den Anstoß zur nächsten.

Iran
Stadt der Dichter

> *Hier atmet man eine Schwermut*
> *von ganz besonderer Art –*
> *die Schwermut der entlegensten Enden der Welt …*
> *hier kann man sich zur Ruhe setzen.*
> Albert Camus

Jila Falah ist nervös. Die junge Frau im schwarzen Tschador zupft einen Geldschein aus ihrer Handtasche und reicht ihn einer Alten, die in der iranischen Stadt Shiraz am Straßenrand hockt. Die Wahrsagerin hält den Schein ins Sonnenlicht, prüft ihn sorgfältig und zieht ein Buch aus ihrem Gewand. Ihre ledernen Hände lassen die abgegriffenen Seiten langsam unter dem Daumen hindurchgleiten. Jila Falah schließt die Augen und holt tief Luft; dann legt sie ihren Zeigefinger in die wirbelnden Seiten. Die Alte mustert die Textstelle, auf die Jilas Finger zeigt, und liest mit zittriger Stimme:

> Du, von deren Wangenprangen
> glänzt der Blütenhag des Lebens,
> komm, weil ohne dich, o Rose,
> welkt der Blütentag des Lebens!

Die Augen der neunzehnjährigen Englischstudentin aus Teheran beginnen zu leuchten. Jila ist verliebt. Und das Orakelbuch war großzügig. »Du wirst heiraten«, deutet die Alte den Vers. »Bald, sehr bald!«

Shiraz, die Hauptstadt der Provinz Fars im Südwesten des Iran, ist ein Wallfahrtsort ganz besonderer Art. Hierher pilgern Verliebte aus dem ganzen Land – Glückliche und Unglückliche. Jedes frisch verheiratete Pärchen, das es sich leisten kann, macht seine Hochzeitsreise nach Shiraz. Gebrochene Herzen schöpfen hier neue Hoffnung, Getrennte finden wieder zusammen, Streitende versöhnen sich. Denn Shiraz ist die letzte Ruhestätte des iranischen Schutzpatrons der Liebenden, Khwadjeh Shams al-Din Mohammad Shirazi, besser bekannt unter seinem persischen Dichternamen: Hafiz.

Hafiz hätte sich wohl nicht träumen lassen, dass sein Hauptwerk, der *Diwan*, der iranischen Jugend mehr als sechshundert Jahre nach seinem Tod einmal als Orakelbuch dienen würde. Der große persische Lyriker, um 1320 in Shiraz geboren, soll die ersten Dichtversuche unternommen haben, während seine Hände Brotteig kneteten. Sein Vater war früh gestorben, und der angehende Poet schlug sich vorerst als Gehilfe in einer Backstube durch. Später verschrieb er sich ganz dem Thema der Liebe, in jener raffinierten Bildsprache, für die er über die Grenzen Persiens hinaus berühmt wurde. Als er 1389 starb, wurde er in seinem Heimatort bestattet. Seinetwegen gilt Shiraz heute als Stadt der Liebe und der Dichter.

Jila Falah betritt mit ihren Freundinnen von der Teheraner Universität das Mausoleum von Hafiz. Der Pavillon mit schönen Fliesenmosaiken an der Innenkuppel ruht auf acht Säulen inmitten eines duftenden Gartens zwischen Teichen, Orangenbäumen und blühenden Rosenbeeten. Jila drängt sich an den Marmorsarg, auf dem ein berühmtes Gedicht von Hafiz eingraviert ist. Sie berührt den glatten, kühlen Stein mit Zeige- und Mittelfinger, wie es im Iran am Grab heiliger Männer Brauch ist. »Ruhe in Frieden«, murmelt Jila und fügt leise hinzu: »Und hilf uns – bitte.«

Worum genau Jila Hafiz gebetet hat, erzählt sie im traditionellen Teehaus, das ganz hinten im Rosengarten liegt. Die Studentinnen sitzen im Schatten der Bäume in gepolsterten Mauerarkaden. Flötenmelodien ertönen. Nebenan saugen Männer an ihren Wasserpfeifen. Der Rauch des parfümierten Tabaks vermischt sich mit dem Duft der Blumen und des Tees. »Morteza studiert im gleichen Semester wie ich«, flüstert Jila in gutem Englisch. »Wir kennen uns seit zwei Jahren.«

Auf der Universität gelten voreheliche sexuelle Beziehungen, wie im ganzen Iran, als schweres religiöses Vergehen. Auf dem Campus herrscht deshalb strenge Geschlechtertrennung. »Wir würden ja gerne heiraten«, sagt Jila niedergeschlagen, »aber Morteza ist noch Student, und meine Eltern würden nicht zustimmen, weil er noch keine Familie ernähren kann.« Jila und Morteza sind beide strenggläubig erzogen worden. Nichts liegt ihnen ferner, als sich über ihren Glauben hinwegzusetzen. Und eine Heirat gegen den Willen der Eltern würde den Bruch mit der Familie bedeuten. Die Situation scheint ausweglos. Deshalb ist Jila in diesem Garten. Bei Hafiz. »Hafiz wird uns beistehen«, sagt sie, klemmt einen Würfelzucker zwischen die Zähne und trinkt einen Schluck heißen Tee. Die anderen Mädchen kichern aufgeregt.

Vor allem an Feiertagen und in der Ferienzeit ist der Sarg des Dichters Hafiz oft von Menschenmassen umgeben. In der einen oder anderen Version bekommt der Schutzpatron der Liebenden immer die gleiche Geschichte zu hören. Hafiz kannte sie schon zu Lebzeiten, traurig und gefährlich zugleich: die Geschichte von verbotener Liebe. »Unser Leben ist ein einziges Versteckspiel«, sagt Dawud Azimadeh, der allein in einer Ecke des Mausoleumsgartens sitzt. Seit einem Jahr ist der Medizinstudent aus Isfahan im Zentraliran mit Mariam zusammen. Beide stammen aus einer eher westlich orientierten Familie, wo der Koran nicht ganz so streng befolgt wird. Dawud und Mariam wollten nicht jahrelang auf ihren ersten Kuss warten, deshalb aber auch nicht gleich heiraten. »Wer weiß, ob wir wirklich zusammenpassen«, sagt Dawud, den Blick auf die Rosenbeete geheftet.

Und so leben Mariam und Dawud in ständiger Gefahr, entdeckt zu werden. Ihr Alltag besteht aus zahllosen Vorsichtsmaßnahmen. »Seit wir ein Paar sind, sprechen wir in der Universität nicht mehr miteinander«, sagt Dawud und versucht zu lächeln. »Unseren Freunden können wir auch nicht trauen.« Viele von ihnen stehen hinter der religiös verordneten Geschlechtertrennung. Um sich nach der Vorlesung zu treffen, verabreden sich Mariam und Dawud mit größter Vorsicht, in »sicheren Cafés«.

Obwohl sie die Straßen kennen, in denen die Revolutionswächter der *Pasdaran* häufig kontrollieren, wird jede gemeinsame Fahrt im Auto zum Spießrutenlauf. »Wir nehmen Schleichwege«, sagt Dawud. »Aber irgendwann erwischen sie uns, dann droht uns die Peitsche – und der Rausschmiss aus der Uni.« So weit soll es nicht kommen. Deshalb besucht Dawud den toten Hafiz. Nicht um seine Hilfe für die Zuneigung einer Frau zu erbitten, wie viele andere junge Männer im Mausoleum. »Liebe haben wir mehr, als gesund ist«, sagt Dawud, lacht und verlängert mit seiner rechten Hand das Kinn, eine im Iran weit verbreitete Geste, die auf den Bart der Mullahs anspielt. »Was wir brauchen, ist Schutz.«

Im Norden von Shiraz liegt das Grabmal des wohl volkstümlichsten persischen Dichters: Saadi. Menschen aus allen sozialen Schichten pilgern in seinen schön angelegten Garten. Die bunten Kopftücher elegant gekleideter Damen aus Teheran sind zurückgeschoben und lassen viel Haar sehen. An ihrer Seite flanieren Männer in feinen Anzügen und gestreiften Hemden. Man spricht Englisch und wohnt in einem der besseren Hotels von Shiraz. Auch bei den Bewohnern der Oasendörfer ist Saadis Garten beliebt. Die Frauen vom Land tragen den schwarzen Tschador, ihre Gesichter sind oft tätowiert, ihre Hände von der Landarbeit zerschunden. »Wir besuchen Saadi sehr gern«, sagt Oasenbauer Mohammad Dabiri, sein Sohn Mahmoud übersetzt. »Saadis Garten ist ein kleines Paradies.«

Die Wüste beherrscht nahezu ganz Persien. Das Zagros-Gebirge, die Südhänge des Elburs, die Golfküste und der Zentraliran – nichts als Stein und Sand. Ein staubtrockenes Land, dem die Bauern entlang von Wasserläufen und Bewässerungskanälen ihre Felder abtrotzen. »Wir Perser sehnen uns nach dem Garten«, sagt Dabiri und beschreibt diesen als Verkörperung des irdischen Paradieses. In jedem guten Haus gibt es eine Nische im Gemeinschaftszimmer, wo ein Brunnen plätschert, wo Palmen und Orangenbäume wachsen. In Busterminals und Flughäfen rauschen Gebirgsbäche über große Bildschirme, streicht Wind über blühende Blumenwiesen, öffnen sich Knospen im Zeitraffer an Baumzweigen. Selbst Kasernenmauern sind mit immergrünen Seenlandschaften bemalt. »Wenn wir Saadis Garten verlassen«, sagt Dabiri, »nehmen wir seinen Duft mit hinaus in die Wüste.« Saadis Verse kennt er nicht.

Poesiefreunde aus dem ganzen Land wandeln derweil durch das Mausoleum mit seinen prachtvollen blauen Kacheln und dem rotem Marmor. Ein Mann rezitiert eins von Saadis Gedichten. Ein kleiner Kreis von Besuchern hat sich um ihn herum gebildet. In manche Textstellen stimmen sie im Chor ein:

> Sei zufrieden, dass du
> trockenes Brot und Lumpenkleider hast:
> Besser ist des eignen Elends
> als der fremden Wohltat Last!

Im zwölften Jahrhundert blühte die mystische Dichtung in Persien auf. Saadi machte den Sufismus hoffähig. Der berühmteste Moralist des Morgenlandes, um 1184 in Shiraz geboren, studierte an der Hochschule Nizamiyeh in Bagdad. Saadi war fasziniert von der Philosophie der persischen Derwischmystiker. In deren Bettlergewand gehüllt, bereiste er die islamische Welt, wurde in Palästina von Kreuzfahrern gefangen genommen, leistete Zwangsarbeit, floh und stellte seine Erlebnisse zwischen dem Mittelmeer und Indien ins Zentrum seiner Dichtkunst. Mit *Bostan* (Lustgarten), einer Gedichtsammlung über moralische Themen, und der Prosaerzählung *Golestan* (Rosengarten), wurde er weltberühmt.

Hinter der Kuppel von Saadis Mausoleum geht die Sonne unter. Hunderte von Vögeln kehren zu ihren Schlafbäumen in den Garten zurück. Um diese Zeit spaziert Ahmad Ahmadi oft durch die Rosenbeete. »Saadi und ich – wir sind Seelenverwandte«, erklärt der Mann mit den dicken Brillengläsern. Ahmadi ist selbst Dichter. Während die klassische persische Poesie im Iran jedoch außerordentlich populär ist, befindet sich die zeitgenössische Dichtkunst in einer misslichen Lage. Ahmadi weiß ein Lied davon zu singen. Seine Verse haben Biss. In fein geordneter Reimform prangern sie die Doppelmoral des Regimes an: religiöse Heuchelei, politischer Machtmissbrauch, Fanatismus. Dafür wird er von den Revolutionswächtern beschattet; schon mehrmals ist er verhaftet worden.

In Saadis Garten ist es leer geworden. Die meisten Besucher haben sich zum Abendgebet zurückgezogen. Brunnen plätschern, Laternen tauchen die Beete in ein weiches Licht. Die Kuppeln von Shiraz heben sich als Silhouetten vom Abendhimmel ab. Ahmadi sitzt auf einer Bank neben Saadis Sarg und arbeitet an einem seiner Verse: freie Liebe, freies Leben. Darin ist er sich mit den klassischen persischen Dichtern einig. Etwas Wesentliches unterscheidet sie jedoch: »Hafiz und Saadi sind tot«, sagt Ahmadi und berührt den Sarg. »Ich lebe.«

Die Augen gehen immer *an ein Liebespaar. Eins bekommt die Frau, das andere der Mann. Die Ohren sind für die Kinder. Den Kopf bekommt im Norden der jüngste, im Süden der ehrwürdigste Mann. Das Schulterblatt geht an eine Frau, das Steißbein an die älteste, die Zunge an die jüngste. Die Halswirbel gehören den hübschesten Mädchen. Der Magen wird getrocknet und mit Schmalzbutter gefüllt, als Proviant für den Winter. Die Innereien dienen als Vorspeise, oder man kocht sie mit den Knochen. Nur die Nase des Lamms ist ohne Bedeutung, sagen die Kirgisen. Und auf der Straße, dieser schnurgeraden Straße, die in immer neue schnurgerade Straßen mündet, frage ich mich: An wen gehen meine Augen? Meine Ohren? Wer bekommt mein Schulterblatt?*

Tadschikistan/Kirgisien
Mutter aller Rumpelpisten

Die Reinheit der Landstraße. Der weiße Mittelstreifen auf dem Highway entrollte sich und streichelte unseren linken Vorderreifen, wie angeleimt an unsere Spur.
Jack Kerouac

Heilig die mysteriösen Tränenströme unter den Straßen!
Allen Ginsberg

Wir liegen auf Matratzen ausgestreckt in einer Hütte an einem blauen See, irgendwo in den Bergen Tadschikistans. Draußen ist es still, doch in unseren Köpfen knattert, scheppert, dröhnt es. An Schlaf ist nicht zu denken. Matratzen, Wände, Zimmerdecke – alles bewegt sich. Wie bei einem Landgang nach Tagen auf See.

Unsere See ist die Straße, die M41, ein 1252 Kilometer langes, pockennarbiges Band, dem wir seit der tadschikischen Hauptstadt Duschanbe folgen und das sich als Pamir Highway, als eine der höchstgelegenen und ruppigsten Straßen der Welt, über mehrere spektakuläre Pässe hinüber nach Osch in Kirgisien zieht. Unser Schiff? Ein steingrauer russischer UAZ.

Nach Sonnenaufgang rammt Alexej erneut die Gänge ins Getriebe des vierradgetriebenen Kleinbusses, der grummelt und rumort wie ein widerwilliges Kamel. Er drückt sein Gewicht in den groben Schotter und kämpft unermüdlich gegen die Steigungen an. »Auf dieser Straße ist mein Baby besser als jeder Jeep«, behauptet Alexej, kurbelt mit der rechten Hand in der Luft und wippt mit dem Oberkörper vor und zurück, als wolle er dem ächzenden UAZ den Berg hinaufhelfen. Seit über dreißig Jahren fährt der hagere Russe Reisende durch Zentralasien. »Ich bin ein Zigeuner«, sagt er und pfeift durch die Zähne. »Ich muss fahren, immerzu fahren, weiter, weiter, Straßen, Straßen, Straßen!«

In Höhen um dreitausend Meter sind die Berge Tadschikistans noch lieblich: Koniferenwälder, weite Bergwiesen, besetzt von den kleinen weißen Zelten der Schäfer; darüber Felswände aus ineinandergerührtem Rot und Grün. Die wenigen Dörfer heißen *Vierzig Schluchten* oder *Viele Bäume*, lehmbeworfene Häuser, umgeben von Gemüsegärten, Apfel- und Walnussbäumen. Bauern verkaufen am Straßenrand Benzin in Colaflaschen. Tankstellen gibt es fast keine.

Auf dem Weg zum Khaburabot-Pass treffen wir den alten Ibrahimow. Der stämmige Mann in schweren Stiefeln kommt gerade vom Feld und erzählt, wie er damals, Anfang der Vierzigerjahre, unter den Sowjets beim Bau der Straße geholfen hat. »Alle packten gemeinsam an, ohne Maschinen«, erinnert sich Ibrahimow und zeigt seine zerschundenen Hände, als stammten die Risse und Narben, der Dreck unter den zersplitterten Fingernägeln noch von jenem legendären Straßenbau. Früher mussten die Bauern mit Packeseln tagelange Märsche durch Schluchten und über vereiste Pässe unternehmen, um sich mit dem Notwendigsten zu versorgen; heute gelangt der Nachschub auf der Straße in die abgeschiedene Gegend. »Die Straße ist ein Segen, ein Werk Allahs, ausgeführt durch seine Kinder«, sagt Ibrahimow, und die Art wie er über die M41 spricht – seine Augen leuchten, die Falten auf der Stirn glätten sich –, lässt uns ahnen, dass sie mehr ist als nur ein reiner Nachschubweg. Ibrahimow nennt sie »Straße des Lebens«.

Anfangs kurvte Alexej noch im Slalom um knietiefe Schlaglöcher, doch nach der Brücke bei Saril Dascht, wo die autonome Provinz Bergbadachschan beginnt, ist der Asphalt abgefahren, weggewaschen, verschwunden. Seltene Reste ragen aus der staubigen Piste und warten nur darauf, uns die Achse unter dem Hintern wegzureißen. »Die Straße hüpft, hüpft sehr«, entschuldigt sich Nekschoh. Der junge Tadschike in der ausgemusterten Tarnjacke des KGB hat Deutsch an der Uni in Chodschent studiert. Seit sechs Jahren arbeitet er als Dolmetscher. Warum Deutsch? Nekschoh rezitiert die Gründe wie eine Koransure: »Heinrich Heine, Albrecht Dürer, Köln, der Bodensee, Mercedes, Waschmaschinen, Mobiltelefone.« Sein Handy ist sein wichtigster Reisebegleiter. Der Empfang zeigt ihm an, ob wir uns in der Zivilisation oder in der Wildnis befinden. In Bergbadachschan braucht er gar nicht erst nachzusehen.

Die M41 ist ein Spiegel der Geschichte dieser entlegensten Region des entlegenen Tadschikistan. Einst war die Straße eine sozialistische Errungenschaft wie die Stromversorgung, die Schulen und Krankenhäuser und der subventionierte Nachschub, der von weit her an die strategisch wichtige Südgrenze der UdSSR geschafft wurde. Als die Sowjetunion kollabierte, brach dieses System über Nacht zusammen. Mit der Unabhängigkeit kamen Isolation und wirtschaftlicher Abstieg. Ackerland ist in den trockenen Höhen rar, Industrie kaum vorhanden. Der Bürgerkrieg, in dem zwischen 1992 und 1997 muslimische Clans gegen die postkommunistische Regierung in Duschanbe kämpften, verschärfte die Krise. Die M41 verwaiste, erodierte, löste sich auf. Für eine Sanierung fehlen die Mittel im ärmsten der GUS-Staaten.

Kurz vor Kalaihum antwortet eine Zwiebelhändlerin auf die Frage nach ihren größten Wünschen sicher und ohne zu überlegen: »Frieden und Asphalt für die Straße.« Sie und ihre Freundinnen sitzen im Hinterzimmer eines einfachen Restaurants, ihre Männer essen nebenan auf kleinen Plattformen, die an eine Kreuzung aus Tisch und Bett denken lassen. Nach dem Ende des Bürgerkriegs, an den noch Panzerwracks entlang der Straße erinnern, ist der Wunsch nach fortdauerndem Frieden nachvollziehbar. Aber Asphalt? Noch vor Gesundheit und Glück? »In den Bergen geht es aufwärts, abwärts, wieder aufwärts«, sagt die Frau, und die Tadschikinnen in ihren bunten Gewändern lachen über unsere eigenartigen Fragen. »Im Moment sind wir unten, Asphalt bringt uns schneller wieder hinauf.«

Niemand in Bergbadachschan kann verstehen, dass es Menschen gibt, die hergekommen sind, um die Straße so zu erleben, wie sie ist: rau, beschwerlich, unberechenbar. Auch der Lastwagenfahrer, der nachts den zwei Meter breiten Riss in der Fahrbahn übersehen, damit seine Vorderachse ruiniert hat und am Straßenrand seit vier Tagen auf eine neue aus der Hauptstadt wartet, zählt eine asphaltierte Straße zu seinen größten Wünschen. Ebenso der Prediger, der oft gerufen wird, um das Gebet zu sprechen, wenn die Straße des Lebens Tod gebracht hat, in zerschellten Autos unten in der Schlucht. In Kalaihum zeigt Nekschoh überall sein Handy herum. Es hat Empfang. An der Oasenstadt wälzt sich karamellfarben der Pjandsch vorbei, dem die Straße von nun an folgt. Am anderen Ufer des Grenzflusses ragt Afghanistan als tausend Meter hohe Felswand wie eine

Festung auf. Nur ein schmaler Uferpfad verbindet dort die weit verstreuten Gehöfte, deren Kastenhäuser aus Lehm im Fels nisten. Für die Afghanen ist die M41 keinen Steinwurf entfernt und trotzdem unerreichbar. Brücken über den reißenden Pjandsch gibt es nur in Kalaihum und im zweihundertfünfzig Kilometer entfernten Chorog. Drüben auf dem Uferpfad schleppt ein afghanischer Bauer einen schweren Sack auf dem Rücken. Er bleibt stehen und sieht zu uns herüber. Wir winken, er winkt zurück, dann folgt er dem Pfad weiter durch das Geröll; ein Dorf ist nirgendwo zu sehen.

Auch wenn uns die raue Bergpiste herumschubst, blaue Flecken in unsere Arme und Schenkel haut, uns den Nacken verrenkt und beißenden Staub unter die Lider treibt – verglichen mit dem afghanischen Pfad ist unsere Straße ein komfortabler Reiseweg. »Der Pfad ist arm, sehr arm, nicht modern, ja?«, sagt Nekschoh, und ein freudiger Unterton klingt in seiner Stimme an. Der afghanische Pfad steht für archaische Zeiten, in Tadschikistan jedoch sind alle Augen in die Zukunft gerichtet.

Für die zweihundertfünfzig Kilometer von Kalaihum bis Chorog brauchen wir elf Stunden. In der Provinzhauptstadt am Fuß des Pamir-Gebirges proben Frauen in üppigem Schmuck für ein Fest. Sie schlagen große Tamburine und drehen sich tanzend ihm Kreis. »Wir preisen den Aga Khan«, sagt die Älteste in einer Tanzpause, »er bringt uns Lebensmittel.« Die meisten Pamiri sind Ismailiten und überleben vor allem dank der Hilfslieferungen ihres spirituellen Führers. »Der Aga Khan schickt die Welt zu uns«, singt sie und lacht. »Die Welt kommt auf dem Pamir Highway.«

Wir folgen der legendären Hochstraße, die hinter Chorog als Teilstrecke der M41 beginnt und sich über den Pamir hinüber nach Kirgisien windet. Alexej wirft den Mädchen an der Straße Küsse zu. Sie drehen sich kichernd weg. Alexej lacht und zwinkert mit den Augen. Zweimal war er verheiratet, nie hat es gehalten. Seine beiden Töchter leben weit weg, eine im Ural, die andere im kanadischen Ottawa.

Schon bald gehört die Straße uns. Keine Dörfer mehr, kein Verkehr, kein Handy-Empfang. Die Armaturen des Busses glühen in der Sonne. Die Berge lassen an gefaltete Teppiche denken, auf denen violett blühende Astern wie versehentlich vertropftes Wachs wirken. Die Tachonadel oszilliert zwischen fünfzehn und zwanzig Stundenkilometern. Der UAZ arbeitet sich hinauf, passiert die Baum-, dann die Vegetationsgrenze, die Luft wird dünner, Gasfeuerzeuge versagen ihren Dienst. Koitezek-Pass: 4272 Meter. Unser Atem geht schwer. Ständig müssen wir gähnen. Von innen klopft es an unsere Schläfen. Nekschoh nuckelt an seinem Handy wie an einem Schnuller, findet kaum mehr Kraft zum Sprechen: »Die Straße ist nicht nett, nicht sehr nett, ein wenig hoch, ja?« Weiter, noch weiter hinauf. Alles bewegt sich, alles wogt. Höhenkrankheit geht mit Schwindel einher, erinnern wir uns, in schweren Fällen auch mit geistiger Verwirrung … unsere See ist die Straße … unser Schiff … auch der Bus ringt nach Luft, keucht, gurgelt, stottert – und bleibt auf der Passstraße liegen.

Der Motor lässt sich nur noch schwer starten, und sobald man Gas gibt, stirbt er wieder ab. Alexej gießt Kühlwasser nach, prüft die Benzinpumpe. Wir warten. Das Hochland ist hier fast eine Wüste. Der Wind fährt ungebremst unter die Kotflügel und erzeugt seltsame Pfeiftöne. Die schnurgerade Straße ist völlig leer. Rechts davon verläuft wieder eine Grenze, ein endloser Zaun, der Tadschikistan vom menschenleeren Westen Chinas trennt. In der Ferne zittern tiefblaue Seen, darüber erheben sich schneebedeckte Siebentausender. Auf ihre Weise ist die Landschaft schön. Aber was nützt das? Wir sitzen fest. Und wir ahnen jetzt, warum sich die Bergbewohner vor allem Asphalt wünschen: Eine gute Straße lindert das bedrückende Gefühl, das die geografische Isolation hervorrufen kann.

Eine Stunde später läuft der Motor wieder, nach wenigen Kilometern stirbt er ab, springt wieder an, streikt erneut. So mogeln wir uns hinauf zum Ak-Baital-Pass, dem höchsten Punkt unserer Reise: 4655 Meter über dem Meer. Als wir endlich oben sind, küsst Alexej das Lenkrad: »Gutes Baby!« Wir steigen aus und tanzen auf der Straße wie Verrückte. Weit unten liegen die Täler, die wir hinter uns gelassen haben.

Obwohl es jetzt bergab geht, kurbelt Alexej weiter mit der rechten Hand in der Luft und wippt mit dem Oberkörper vor und zurück, und wir begreifen, dass diese Bewegungen nicht nur den Bus unterstützen sollen. Alexej ist mit jeder Faser seines Körpers unterwegs. Wir ertappen uns bei den gleichen Gesten, wollen fahren, nur noch fahren, immer weiter durch diese Berge, die wie die Wogen eines Ozeans aussehen, mit Schneefeldern als schäumende Wellenkämme. Ein hysterisches Glücksgefühl hat uns befallen. Und mit einem Mal färbt sich die Landschaft weiß. Es hagelt. Wir fahren auf einer dicken Schicht aus Eis – mitten im Sommer. Es ist, als wollte uns der Pamir sein kostbarstes Geheimnis enthüllen: dass alle Hoffnungen und Träume der Bergbewohner begründet sind, weil auf der Straße des Lebens einfach alles möglich ist.

Ich werde zweimal sterben. *Einmal in Japan. Und einmal in Afghanistan. Die zweite dieser Gewissheiten geht auf eine Zeit zurück, lange bevor ich zu reisen begann, bevor ich überhaupt wusste, wo Afghanistan liegt. Es geschah durch ein Buch, das ich als Junge in Onkel Rudolfs Regal fand. Dieses Buch war voller Bilder von kargen Gebirgslandschaften und Feldern, die wie Flickenteppiche in den Tälern lagen, durchkreuzt von Bewässerungsgräben, auf denen ich in Gedanken mit meinem Kanu zu jenen türkisgrünen Seen und reißenden Flüssen vordrang, an deren Ufer Menschen mit sonnengegerbter Haut und Schlitzaugen lebten. Diese Menschen, die sich Afghanen nannten, taten Tag und Nacht nichts anderes, als riesige Figuren in irgendwelche Felsen zu hauen und märchenhafte Häuser mit mosaikverzierten Türmen zu bauen, von denen Onkel Rudolf behauptete, Gott selbst wohne darin.*

Afghanistan war das schönste Land der Welt. Und lange vermutete ich, dass Onkel Rudolfs geheimnisvoller Stein aus ebendieser Gegend stammte. Erwuchs das anfängliche Gefühl, der Tod würde mich einmal in Afghanistan ereilen, aus der Redewendung, wonach ein Ort so schön ist, dass man dort sterben möchte? Ich erinnere mich nicht. Doch wie dem auch sei, in mehr als drei Jahrzehnten wurde aus der kindlichen Ahnung eine Gewissheit. Und diese hat einen unbestreitbaren Vorteil: Alles, was ich tun muss, um am Leben zu bleiben, ist, Afghanistan zu meiden. Mein Tod in Japan? Das ist eine andere Geschichte.

Afghanistan
Camping in Kabul

> *Wenn der Reisende, der von Süden kommt,*
> *Kabul im Kranz seiner Pappeln erblickt, mit den blauen*
> *Bergen, auf denen eine dünne Schneeschicht dampft,*
> *und den vielen Drachen, die hoch über dem Basar*
> *am Herbsthimmel schweben, schmeichelt er sich*
> *mit dem Gedanken, am Ende der Welt angelangt zu*
> *sein. Er hat im Gegenteil ihren Mittelpunkt erreicht.*
> Nicolas Bouvier

> *Selbstverständlich können die zuschauenden*
> *Bevölkerungen nicht alles über den Terrorismus wissen,*
> *stets aber genug, um davon überzeugt zu sein, dass,*
> *verglichen mit diesem Terrorismus, ihnen alles Übrige*
> *eher akzeptabel zu erscheinen hat, jedenfalls rationeller*
> *und demokratischer.*
> Guy Debord

Ich würde der einzige Tourist in Kabul sein. Zumindest glaubte ich das, als ich mit der Maschine aus Dubai zwischen Militärhubschraubern und Kampfjets landete. Keine drei Stunden später dann diese Szene: Ein kleiner Mann spaziert mit einem erhobenen Fähnchen durch Kriegsruinen, gefolgt von Menschen mit weißen Sonnenhüten und himmelblauem Mundschutz, die mit ihren Digitalkameras Einschusslöcher in den Hauswänden knipsen – eine japanische Reisegruppe.

Kabul ist eine lustige Stadt. Klingt das absurd? Gut, sehr gut. Das absurde Theater wurde von den Franzosen erfunden, um die Unsinnigkeit der Welt und den darin verlorenen

Menschen vorzuführen. Nicht zuletzt als Reaktion auf den Horror der beiden Weltkriege. Afghanistan hat eine zeitgenössische Spielart hervorgebracht. Sie heißt Kabul.

Im Stadtzentrum springt mich das Gefühl des Absurden an jeder Straßenecke an. Schäfer treiben ihre Herden durch den endlosen Strom aus Autos, Minibussen und Mopeds. Ein Landcruiser mit Fernsehbildschirmen in den Sitzen überholt eine Eselkarre, deren Eigentümer hinten das zerbeulte Nummernschild eines Autos festgenagelt hat. Im Restaurant *Deutscher Hof* serviert Gunter Völker aus Tabarz in Thüringen Schweinshaxe mit Sauerkraut, dazu frisch gezapftes Schwarzbier. Eine Frau streckt mir ihre Hand entgegen, die Finger fehlen, stattdessen öffnen sich eiternde Krater; daneben Internetcafés mit italienischen Espressomaschinen und High-Speed-Verbindungen, überall klingeln Handys, werden SIM-Karten, Freisprecheinrichtungen und Easy-Charger verkauft. Ein Schild wirbt: *Fahrradverleih, Autoverleih, Sicherheitsdienste mit bis zu 3000 bewaffneten Männern*. Und im Basar, wo Alkohol verboten ist, bieten Händler ihr Speiseöl in Johnny-Walker-Flaschen zu viereinhalb Litern an und versenken großformatige Fotografien von halbnackten Frauen im Öl – *Sex sells*. Auch in Afghanistan.

In den letzten Jahren ist die Einwohnerzahl Kabuls auf geschätzte vier Millionen hochgeschnellt. Mit so vielen Menschen kommt die Stadt nicht klar: Müllberge, Wassermangel, ungenügende Hygiene, es besteht die Gefahr von Cholera- und Durchfallepidemien, die Kindersterblichkeitsrate zählt zu den höchsten der Welt, der Verkehr ist mörderisch, die Luft ebenso. Noch vor zehn Jahren gab es in Kabul so wenige Autos, dass man mitten auf der Straße spazieren gehen konnte, jetzt schiebt sich selbst durch die kleinste Gasse eine lärmende, qualmende Blechlawine. Zahllose Generatoren verpesten zusätzlich die Luft. Nachts brechen sich Autoscheinwerfer im Abgasnebel, der die Stadt in ein Schattentheater verwandelt. Dazu der Staub, den der Wind in den Kriegsruinen und auf Feldern aufnimmt, die mit Exkrementen gedüngt werden. Auch mit menschlichen. Früher oder später erwischt der gefürchtete Kabul-Husten jeden. Gegen diese Stadt sind Lima und Kalkutta Luftkurorte.

Ich wohne im *Mustafa*, einem Hotel der Mittelklasse. Meine Zelle ist gerade groß genug für eine Pritsche. Es gibt keinen Ventilator. Rosaroter Putz blättert von den Wänden. Die Toilette liegt am Ende des Flurs, als nachts der Strom ausfällt, taste ich mich in völliger Dunkelheit den langen Gang zurück – und stoße plötzlich mit jemandem zusammen. Ich unterdrücke einen Schrei, erspüre ein langes Gewand, darunter etwas Hartes, Metallisches. Meine Hände berühren einen fülligen Bart, da geht das Licht wieder an. Ich umarme einen hünenhaften Paschtunen im Nachthemd. Er zeigt auf seine Kalaschnikow und sagt: »*AK 47, good, very good.*« Dann wünschen wir uns eine gute Nacht.

Am nächsten Morgen begegne ich im Basar einer Gruppe amerikanischer Touristen. Sie haben eine »Kabul City Tour« gebucht, eine ganztägige Führung, die Pauschalreisende zu den Sehenswürdigkeiten der Stadt bringt: Moscheen, Mausoleen, Gärten, der Vogelbasar, die alte Festungsmauer. Organisiert von einem Unternehmen namens *Great Game Travel Company*. Es gibt noch zwei weitere Reiseveranstalter in der Stadt. Und mir wird allmählich klar: In Kabul ist der Tourismus erwacht. Trotz Krieg, Krisen und Entführungen werden Ausflüge zu den Überresten der steinernen Buddhas von Bamiyan angeboten. Auch Trekkingtouren in der nördlichen Provinz Badachschan. Die Pioniere der Reiseszene raften bereits mit Kajaks auf dem Panschir-Fluss, fahren Snowboard im Hindukusch und gleiten an Drachen über die saphirblauen Band-e Amir-Seen. Nicht weit vom *Mustafa* begegne ich einem tschechischen Rucksacktouristen, der in einem Reiseführer blättert: *Afghanistan* – druckfrisch von Lonely Planet.

Auch einen neuen Tourismusminister gibt es in Afghanistan, ein gefährlicher Beruf am Hindukusch. Der erste Amtsinhaber nach dem Sturz der Taliban, Abdul Rahman, wurde kurz nach seinem Dienstantritt von einem Mob am Kabuler Flughafen gelyncht. Der zweite Tourismusminister von Afghanistan, Mirwais Sadeq, wurde auf einer Dienstfahrt in Herat im Auto erschossen. Nasrullah Stanekzai, der dritte Tourismusminister von Afghanistan, lebt zwar noch, wurde jedoch über Nacht abgesetzt, weil er nach Machtverschiebungen im Regierungsapparat plötzlich der falschen Partei angehörte. Vielleicht liegt es am Schicksal seiner Vorgänger, dass Professor Ghulam Nabi Farahi, der Amtsinhaber, dem ich jetzt gegenübersitze, nicht sonderlich euphorisch wirkt, wenn er über die touristische Zukunft seines Landes spricht. »Tausend im vergangenen Jahr«, sagt er, lässt die hellblauen Perlen einer Gebetskette durch die Finger gleiten und fixiert den Fernseher, wo ein afghanischer Elvis *It's now or never* singt. »Dieses Jahr tausendfünfhundert, nächstes Jahr doppelt so viele.« Professor Farahi trägt ein hellblaues Hemd mit weißem Kragen und weißen Manschetten, dazu eine silbern gestreifte Krawatte. Die Klimaanlage zeigt achtzehn Grad, ein Poster an der Wand die Ruinen von Delphi in Griechenland. Auf dem Tisch steht eine Schale mit Bonbons. Alles wirkt recht aufgeräumt.

Tourismusförderung sei ein wichtiges Ziel der Regierung, sagt der Tourismusminister. Präsident Karzai habe das mehrfach betont. Doch die Medien betreiben »schlechte Propaganda«, was die Sicherheitslage in Afghanistan betreffe. Dabei seien viele Städte durchaus sicher: Kabul, Herat, Bamiyan, Masar-e Scharif, sagt er, immer noch fernsehend. Welche Gegenden sollte ich als Tourist besser meiden? »Jeder kann reisen, wohin er will«, antwortet der Tourismusminister, gebannt von dem Clown, der mit einer unsichtbaren Pumpgun auf sein Publikum feuert. »Jeder ist für sich selbst verantwortlich.« Damit ist das Interview beendet.

Beckett hätte die Chicken Street im Zentrum von Kabul geliebt. Camus auch. Das Einzige, was man in der Chicken Street nicht kaufen kann, sind Hühner. (Die gibt es ein Stück weiter in der Flower Street.) Stattdessen reihen sich Souvenirläden aneinander. In den Schaufenstern: Glasbläsereien aus Herat, usbekische Stickereien und Jacken aus dem Fell der letzten Schneeleoparden, Lapislazulischmuck, zentralasiatische Antiquitäten, Kelims und Teppiche. Einige zeigen das Gesicht von George W. Bush; er weint bitterlich. Auf anderen steht das World Trade Center in Flammen, während ein F16-Geschwader über die Umrisse von Afghanistan fliegt; darunter steht in krakeliger Schrift:

WAR ON TERIRISM 9/11
AFGHANSTAN AND AMRICA
TOGITHER VICTIRY!!!

In der Flower Street treffe ich Gul Agha Karimi, der mich in sein Haus einlädt, um mir von den neunzigtausend Hippies zu erzählen, die in den Sechzigern auf ihrem Weg nach Indien und Nepal jährlich durch Afghanistan zogen. Sie genossen unberührte Landschaften, ausgeprägte Gastfreundschaft und das beste Dope der Welt – die gelebte Vision des *Summer of Love*. Es gab nur eine Reiseroute. Und die führte über Kabul. Man traf sich in der Chicken Street in *Sigis Restaurant* und feierte im *Green Hotel* bis in den Morgen. Das Reisemotto der Hippies lautete: »Camping in Kabul«.

»Jeder Hippie kannte mich, jeder Hippie liebte meinen *Super Payan Camping*«, sagt der alte Karimi voller Stolz. Wir sitzen in seinem Wohnzimmer, umgeben von Großbildfernseher, Video- und DVD-Rekorder, Satellitenempfänger und Stereoanlage. Leider gibt es keinen Strom. »Die Hippies gingen barfuß«, erinnert sich Karimi und reibt mit seiner rauen Fußsohle an der Glaskante des Wohnzimmertischs, während wir zuckersüße Orangenlimonade trinken. »Wir dachten: Wie arm diese Leute sind, bei Allah, schaut sie euch an, sie können sich nicht einmal Schuhe kaufen.« Bis zu dreihundert Hippies brachte er auf seinem Campingplatz unter, dort, wo jetzt sein kleiner Supermarkt steht und die Großfamilie in elf einstöckigen Kastenhäusern wohnt. »Ich machte tausend Dollar am Tag«, schwärmt Karimi. Der Tourismus sei eine der wichtigsten Einnahmequellen des Landes gewesen. Afghanistan war, wie es damals hieß, *mellow*. Und es könnte wieder so sein. Bald, sehr bald. Ja, Afghanistan!

Ende 1978 verpuffte der Hippie-Traum über Nacht. Im Schutz der Dunkelheit flogen Kampfjets über Kabul, keine hundert Meter von Karimis Campingplatz schlugen Bomben ein. Am nächsten Tag waren die Hippies weg. Die Kommunisten putschten sich an die Macht, und als sich islamische Kräfte gegen sie erhoben, marschierten die Sowjets ein. Es folgten drei Jahrzehnte Krieg und Bürgerkrieg, die das Land in Schutt und Asche legten. Und jetzt – Karimi nimmt sein Käppchen vom Kopf und stülpt es über das Knie –, jetzt endlich schließe sich der Kreis. Seit dem Sturz der Taliban Ende 2001 sei wieder »Camping in Kabul« angesagt. Dieses Mal hinter Stahlbeton, Sandsäcken und Stacheldraht. Weiße Toyota Landcruiser, sichtbarste Zeichen der Präsenz internationaler Hilfsorganisationen in den Krisengebieten dieser Welt, verstopfen die Straßen des Stadtzentrums zur Mittagszeit. Die Vereinten Nationen und ihr Gefolge von Wohltätern sind in Kabul eingefallen – und mit ihnen die Herolde der Globalisierung: Spekulanten und Touristen. Die Freaks sind zurück in der Chicken Street.

Tanya und Richard zum Beispiel. Sie, Ernährungsberaterin aus Südafrika, er, Politikwissenschaftler aus Australien. Ich treffe die beiden beim Mittagessen im *Herat*, einem afghanischen Restaurant. Richard trägt Vollbart, lokales Langhemd und Pumphosen, Tanya weite Klamotten und Kopftuch. Sie sind Anfang dreißig und auf ihrer einjährigen Asienreise von Pakistan aus im überfüllten Minibus über den Khyber-Pass und durch die Stammesgebiete nach Kabul gekommen. »Afghanistan fasziniert uns seit unserem Studium«, sagen sie strahlend. »Mit dem Trip nach Kabul haben wir uns einen lang ersehnten Traum erfüllt.« Sind die beiden verrückt? Todessehnsüchtige Adrenalin-Junkies? Bei einer langen Unterhaltung wird mir klar, dass sie ein ernsthaftes Interesse an Afghanistan haben und mit eigenen Augen sehen wollen, wie es um das Land bestellt ist.

Später stößt Alan zu uns, Ire, Mitte fünfzig. Er ist mit dem Rucksack in Zentralasien unterwegs und über Tadschikistan nach Kabul gereist. »Die Medien zeigen dir immer dieselben Bilder«, sagt Alan, während er mit der Gabel gegrillte Lammstücke vom Spieß auf seinen Teller zieht. »Attentate, Entführungen, Videobotschaften. Und dann stehst du im Basar vor dem Gemüsehändler, du willst ein paar Tomaten, und der Mann lächelt dich an. Und plötzlich fallen alle Medienbilder weg, es bleibt nur die Begegnung zweier Menschen als Menschen.« Allein dafür, sagt Alan, lohnten sich die Risiken einer Reise nach Afghanistan.

Risiken, die beträchtlich sind. Die Warnungen weltweiter Regierungsorgane klingen, als sei jeder Ausländer, der seinen Fuß auf afghanischen Boden setzt, so gut wie tot: »Gefährdung durch terroristisch oder kriminell motivierte Gewaltakte« … »landesweite Attentate« … »Überfälle in Kabul auch tagsüber« … »Entführungen« … »Überlandfahrten nur im bewachten Konvoi«. Als ich an diesem Nachmittag in einem Strom von Afghanen zu Fuß die Straße zum Basar hinuntertreibe, tauchen vor mir plötzlich Panzerwagen auf. Oben kauert ein Soldat hinter dem Maschinengewehr. Erst dann sehe ich die Flaggen an den Seiten und verstehe: Das sind Deutsche, du musst dich zu erkennen geben, irgendetwas sagen. »Na, wie läuft's?«, höre ich mich dem Soldaten zurufen. »Alles klar da oben?« Der Mann lässt die Hände von der Waffe sinken, schiebt die Sonnenbrille auf die Stirn und ruft entsetzt: »Wat … wat machen Sie denn da unten, Mensch! Sie können doch hier nicht … nicht einfach so rumloofen!« Der Tross setzt sich in Bewegung, und der Soldat schreit noch: »Passen Sie bloß uff sich uff, Mensch!« Und ich ahne, dass der Soldat Afghanistan aus der Perspektive eines Gefangenen erlebt. Vielleicht kann er sich in seiner gepanzerten Welt gar nicht vorstellen, dass es hier draußen auch ganz normale, friedliche Afghanen gibt.

Gleich darauf im Zarnegar-Park: Auf einer Bank im Schatten einer Kiefer sitzt ein bärtiger Mann in einem einfachen, cremefarbenen Gewand mit seinen zwei kleinen Söhnen. Vor der Bank, im Staub, steht ein Bein aus Kunststoff. Der Fuß steckt in einer braunen Wollsocke und einer Ledersandale, der Rest ist von einem nackten, glänzenden Weiß. Ein Bein ohne Körper. Der Mann ertappt mich bei einem irritierten Blick, schenkt mir ein Lächeln und lädt mich mit einer Geste ein, Platz zu nehmen. Die Jungen rutschen zusammen. Ich setze mich. Niemand scheint so richtig zu wissen, wie es weitergehen soll. Wir schweigen. Schließlich sagt der Mann auf Englisch und ohne jede Einleitung: »Es geschah in meinem Haus.«

Während des Bürgerkriegs war Qasem, der Elektrohändler, wie viele Kabuler nach Peshawar im benachbarten Pakistan geflohen. Unter den strengen Taliban besserte sich die Sicherheitslage schnell. Er sei zurückgekehrt und habe Tränen vor Glück geweint, erzählt er, doch als er zu seinem Haus kam, habe dieses in Trümmern gelegen. Er ging hinein, um nachzusehen, ob noch etwas zu retten war – da explodierte die Mine und riss sein Bein weg.

Wieder schweigen wir. Afghanistan ist übersät mit Millionen von Landminen und Blindgängern. Niemand weiß genau, wo sie liegen. Sie töten jedes Jahr Hunderte von Afghanen, darunter viele Kinder. Qasem lehnt sich auf der Bank zurück. Unter seinem Gewand rutscht der Beinstumpf hervor; er ist gut verheilt. Qasem nimmt sein Käppchen vom Kopf und hängt es an die Prothese wie an einen Hutständer, und auf einmal sagt er: »Siehst du die Bäume? Den Himmel, die Vögel? Die Blüten der Rosen um den Brunnen?« Und nach einer Weile: »Ich hätte tot sein können, stattdessen hat mir das Leben zwei Söhne geschenkt.«

Vielleicht ist es die Stille, die mich am folgenden Morgen aufweckt. Freitag, islamischer Sonntag. Der Verkehr, der sonst vor meinem Fenster im *Mustafa* rumort, erzeugt heute nur ein leises Surren. Am blauen Morgenhimmel ziehen Tauben friedlich über die Stadt. Doch dann passiert etwas Eigenartiges: Wie auf ein geheimes Signal schlägt der Schwarm aus vierzig, vielleicht fünfzig Vögeln einen jähen Haken nach Süden. Einen Sekundenbruchteil später lässt ein Donner die Glaskristalle meiner Zimmerlampe klimpern. Als ich in den Frühstücksraum komme, drängen sich Hotelgäste vor dem Fernseher. *Breaking news:* CNN zeigt herumliegende Trümmer, Rauchwolken steigen auf. Ein Selbstmordattentäter ist in einen Konvoi gerast. In Kabul, Afghanistan. Die Tauben, der Donner – und doch scheint es, als käme die Nachricht aus irgendeiner fernen Region. Erst dann überläuft mich eine Gänsehaut.

Noch am selben Tag treffe ich Osama bin Laden. Auf dem Vogelbasar von Kabul. In einer engen, ausgewaschenen Gasse hinter der Pul-e-Kischti-Moschee drängen sich die Verschläge der Händler: Hunderte von Käfigen, Gezwitscher in allen Tonlagen, der scharfe Geruch von Kot. Am Boden ist Körnerfutter verstreut. Drosseln, Kanarienvögel und Papageien, wegen ihres Gesanges beliebt, plustern sich auf. Rebhühner und Tauben schütteln sich, ein ofenheißer Lufthauch trägt Flaum, Fliegen und Staub durch die Gitterstäbe in die Gasse.

Ein Vogelhändler bietet mir einen Wellensittich an, importiert aus Deutschland, tausend Afghani, umgerechnet zwanzig Dollar. Als er merkt, dass ich nicht interessiert bin, lädt er mich zum Tee in sein Gewölbe ein. »Gestatten, Osama bin Laden«, stellt er sich vor und zeigt auf einen zweiten Mann, der zwischen jedem Finger einen Finken hält: »Und der da ist Mullah Omar, Chef der Taliban.«
Sie biegen sich vor Lachen.

Der meistgesuchte Mann der Welt, der in Kabul nur »OBL« genannt wird, gießt mir Tee ein und schreit zu den Vogelhändlern in die Gasse hinaus: »Und die dort – al-Qaida! Gehören alle zur al-Qaida!« Großes Gelächter, die Vögel stimmen ein. Ist das Galgenhumor? Sarkasmus? Spott? Schwer zu sagen. Denn in Kabul sind Witze über die Protagonisten der afghanischen Krise weit verbreitet. Zum Abschied verraten mir die Vogelhändler, dass es im Dari und im Paschtu, den beiden wichtigsten Sprachen Afghanistans, neuerdings auch ein spanisches Wort gäbe: Alles, was man als furchtbar oder unerträglich empfinde, werde »Guantánamo« genannt.

Unter einer riesigen Zigarettenschachtel mit dem Slogan *Enjoy the taste of America!* halte ich ein Taxi an und fahre aus dem pulsierenden Zentrum hinaus nach Westkabul, in eine völlig andere Welt. Sie ist still, totenstill. Ganze Stadtviertel, im Bürgerkrieg von sich bekämpfenden Mudschaheddin zerstört, liegen seit einem Jahrzehnt in Trümmern. Häuser, die schon fast wieder zu Fels und Wüste geworden sind, lassen an eine gewaltige Ausgrabungsstätte denken. Auf einem Hügel über dem Ruinenfeld erhebt sich der Darulaman-Palast, ein neoklassischer Prunkbau aus den Zwanzigerjahren – zerschossen, bombardiert, in Brand gesetzt. In Lumpen gekleidete Afghanen stöbern trotz Minengefahr nach Verwertbarem, in einem rußgeschwärzten Gewölbe drücken sich abgemagerte Jugendliche mit rostigen Nadeln Heroin in den Arm, eine junge Frau fristet ihre Tage im Fieberwahn einer schaurigen Hautkrankheit, die ihr Gesicht zerfrisst.

Keine zehn Minuten später muss ich mir die Frage stellen, warum ich beim Packen für Kabul nicht an eine Badehose gedacht habe. In der vierten Straße des Stadtteils Qala-e Fatullah finde ich mich im *L'Atmosphère* wieder, in einer weiteren Parallelwelt Kabuls. Das *Latmo* sei, so steht es im brandneuen Lonely Planet, der beliebteste internationale Treffpunkt der Stadt, ein Ort für die Jungen und Schönen, den man als Besucher erlebt haben muss. Tatsächlich entspannen am Swimmingpool in einem lauschigen Garten ausländische Badegäste, ihre schusssicheren Westen abgelegt neben tropischen Cocktails, Sonnencremes und der neuesten Vogue. Zwei Amerikanerinnen gleiten durch türkisgrünes Wasser. Franzosen schlürfen Pastis. Journalisten sitzen im Schatten von Granatapfelbäumen und tippen Geschichten über den Anschlag vom Morgen in ihre Laptops, in Badehose, hier und da an einem Gin Tonic nippend ... *schwere Explosion* ... nipp ... *ein Toter, zahlreiche Verletzte* ... nipp ... *Terror, al-Qaida, Taliban*. Von Westen fliegt ein Armeehubschrauber an und kreist über dem Pool, dem einzigen Ort in Afghanistan mit einer Menge halb nackter Frauen. Am liebsten steuern die Piloten das *Latmo* am Freitag, dem muslimischen Sonntag, an, wenn die meisten Badenixen zu sehen sind. Afghanen? Müssen draußen bleiben. Wegen des gesetzlichen Alkoholverbots für Einheimische, wie es heißt.

Etablissements wie das *Latmo* gehören zu den gehobenen Bühnen des Absurden. Mit Schauspielern, die zugleich ihr eigenes Publikum spielen: Mitarbeiter der zahllosen in Kabul registrierten Hilfsorganisationen, Berater mit Tageshonoraren von tausend Dollar, Leibwächter und sonstige Sicherheits-Ninjas mit Waschbrettbauch. Über zehntausend ausländische Zivilisten sollen sich derzeit in Kabul aufhalten. Fast so viele Leute, wie die US-Armee in ganz Afghanistan stationiert hat. Und mehr als das Doppelte der 4800 ISAF-Truppen, die in der Hauptstadt für Sicherheit und Ordnung sorgen sollen.

Am Pool komme ich mit Rahraw ins Gespräch. Er ist Halbafghane mit italienischem Pass, arbeitet beim Radio und sagt, es sei eine traurige Tatsache, dass die meisten Ausländer, die in Kabul lebten und arbeiteten, der Stadt nicht näherkämen, als gepanzerte Limousinen, Sicherheitsdienste und Stacheldraht dies zuließen. »Aber wie willst du jemandem helfen, dem du nie begegnest?«, fragt Rahraw und zieht eine Grimasse. »Wie willst du etwas für jemanden tun, den du nicht kennst, von dem du nicht weißt, wie er lebt, was er denkt, wie er fühlt, dessen Ängste und Freuden dir fremd sind?« Seit dem Sturz der Taliban sind die Erwartungen der Afghanen an die internationale Gemeinschaft hoch, viele vermissen sichtbare Resultate und bezeichnen die Hilfsorganisationen als »Kühe, die ihre eigenen Milch trinken«. Auch der Lifestyle vieler Ausländer in Kabul erregt den Volkszorn: frei verfügbarer Alkohol, als Chinarestaurants getarnte Bordelle, Partys. Am Abend lädt mich Rahraw auf eine solche Feier ein. Die Musik ist laut – House, Techno –, die Bar gut sortiert: südafrikanischer Shiraz, französischer Bordeaux, Dosenbier, gekühlt in einem Fass mit Eiswasser.

Und Johnny Walker, Red Label. Es sind die Flaschen, welche die Händler auf dem Basar irgendwann mit Speiseöl füllen werden.

Vierzig, fünfzig Leute tanzen auf der hell erleuchteten Terrasse, während in den umliegenden Häusern strenggläubige Muslime zu schlafen versuchen. Ihr Viertel ist stockfinster. Nur die Spitze eines Minaretts schwebt im Nachthimmel wie ein strahlendes Auge, mahnend, irgendwie bedrohlich. »Nicht sicher hier«, sagt Rahraw und zeigt auf die Mauer um den Garten, die keine drei Meter hoch ist. »Für eine Rakete kein Problem.« Er hat recht. Der Dancefloor ist ein leichtes Ziel für einen Attentäter, wahrscheinlich der gefährlichste Ort in ganz Afghanistan.

Aber daran denkt jetzt niemand. Wir sind die internationale Gemeinschaft, die Welt zu Gast in Absurdistan. Wir arbeiten für die Vereinten Nationen, für Regierungen, Redaktionen, Hilfsorganisationen. Wir kommen aus Europa und Amerika, auch aus Äthiopien, Kolumbien, Indien und der Türkei. Wir trinken. Wir tanzen. Wir lachen. Sollen wir lieber traurig sein? »Wir freuen uns über alle, die kommen, um uns zu helfen«, wird mir ein afghanischer Kunstprofessor ein paar Tage später antworten. »Aber jeder soll sich so verhalten, wie es in unserem Land üblich ist.« Integration. In Europa wird darauf großen Wert gelegt.

Als das Bier leer ist, gehe ich. Die ganze Nacht röchle ich trocken. Kabul-Husten. Ich muss raus. Raus aus der Stadt. Atmen, ein wenig Grün sehen, Bäume, Wasser. Am Morgen nehme ich ein Taxi an einen Ort, den man jenseits der verwüsteten Ränder dieser Stadt am allerwenigsten erwartet: den *Kabul Golf Club*. »Wir haben Golfer aus allen, allen

Ländern«, erklärt Afzal Abdul, mein Golflehrer, im traditionellen afghanischen Anzug. »Nur nicht aus China, Russland, Pakistan, keine Franzosen, Griechen, Koreaner, auch keine …« Wer sind die besten? »Wir Afghanen«, sagt Abdul, sehr ernst.

Der Golfplatz gehört einem ehemaligen Warlord und ist der einzige in Afghanistan. Landminen wurden geräumt, drei sowjetische Panzer und ein Raketenwerfer weggeschafft. Woran es jetzt noch fehlt, ist Gras. Die neun Spielbahnen sind kaum von den sonnenverbrannten, staubigen Hügeln zu unterscheiden, die Greens nicht grün, sondern braun, gestaltet mit einer Mischung aus Sand und Motorenöl. Ein Highlight ist die ausgebombte Armeestellung nach dem ersten Loch. Zwei Runden kosten zehn, die Jahresmitgliedschaft sechzig Dollar. Ich lasse es – sehr zur Belustigung meines Golflehrers – bei ein paar stümperhaften Abschlägen bewenden; dann wandere ich hinauf zum Qargha-See.

Am Ufer dieses riesigen Stausees erwartet mich eine überraschende Idylle. Afghanische Familien haben es sich auf Plattformen bequem gemacht. Auf Teppichen und umhüllt von im Wind wehenden Gardinen rauchen sie Wasserpfeife. Pakistanische Musik säuselt aus den Lautsprechern. Am Ufer liegen bunte Tretboote. Ich kann längst nicht alle Einladungen zum Tee annehmen, und so gehe ich ein Stück am Ufer entlang, um mich auf eine einsame Bank zu setzen. Ich genieße die klare Seeluft. Atmen. Ohne dieses Kratzen in Hals und Lungen. Draußen zieht ein Motorboot einen Schaumschleier über die silbergraue Scheibe des Sees, dahinter erheben sich schroff die Rücken des Hindukusch, ihre Silhouetten lösen sich in rötlichem Dunst auf. Augenblicke des Friedens, der Schönheit. Zum ersten Mal auf dieser Reise habe ich das Gefühl, angekommen zu sein, bleiben zu wollen. Ah, Afghanistan!

Die Männer bemerke ich erst, als sie sich um mich auf die Bank drängen, sechs bärtige Paschtunen mit Kalaschnikows. Sie tragen lange Gewänder und starren mich finster an. Sind sie Banditen? Kämpfer irgendeines Warlords? Taliban? »*Passport! Passport!*«, kläfft ihr Wortführer, ein Hüne mit einer Narbe quer über dem rechten Auge. Ich gebe ihm, was er fordert, und die Paschtunen stecken die Köpfe zusammen, um meinen Reisepass zu studieren. Fast zweihundert Länder stellen Pässe aus, jetzt scheint mein Leben davon abzuhängen, ob ich den richtigen habe.

Auf einmal schlägt der Paschtune den Pass zu, ruft einen Mann, der mit seinem Bauchladen am Ufer entlanggeht – und bestellt Pepsi. Für jeden eine Dose. Auch für mich. Er gibt mir meinen Pass zurück und sagt: »*Germany good!*« Alle reißen ihre Pepsi auf, lachen und wiederholen in rauem Kanon: »*Germany good! Germany very, very good!*« Sie begleiten mich noch zur Straße und bestehen darauf, mir ein Taxi zu rufen. Weil es hier Banditen gebe. Endlich kommt ein Wagen. Die Paschtunen streicheln ihre Kalaschnikows und schütteln mir die Hand; dann steige ich ein, und das Taxi fährt los, zurück nach Kabul.

Lange Zeit flößte mir *der Gedanke an eine Reise nach Indien Angst ein. Ich fühlte mich nicht bereit für den Subkontinent und fürchtete, ich könnte mich darin auflösen. Als sich dieses Unbehagen im Laufe meines Umherschweifens allmählich verflüchtigte, verlor ich zugleich auch jedes Interesse an Indien. Es verschwand von meiner Landkarte und tauchte erst sehr viel später wieder auf.*

Ich hatte damals zwei Jahre lang völlig zurückgezogen an einem Buch über eine siebenmonatige Reise von der Quelle bis zur Mündung des Niger gearbeitet, über Geheimgesellschaften, Besessenheitskulte und Opferrituale, über Geisterdörfer auf dem Grund des Stromes und Menschen, die sich in Flusspferde und Krokodile verwandelten. Als das Buch fertig war, ließ ich die Redaktionen wissen, dass meine Abstinenz vom Journalismus beendet war. Und nach all der Zeit, die ich nicht mehr an Indien gedacht hatte, schickte man mich nun genau dorthin – ich sollte eine Geschichte über die Wüste Thar schreiben.

Und dann geschah etwas Sonderbares: Ich reiste nach Indien und fand mich in meinem Buch über Afrika wieder. Auch auf dem Subkontinent wurde die Zukunft befragt, geopfert, verhext, geheilt, und der indische Olymp war, wie der alte afrikanische, von einer Vielzahl faszinierender Gottheiten bevölkert. Gestalten mit dunkelblauer Haut, vier Armen, einem Auge auf der Stirn und Rüsseln im Gesicht tanzten auf den Köpfen von Schlangendämonen, hoben mit einem einzigen Finger Berge an, verführten ah-

nungslose Hirtenfrauen und ritten auf Ratten oder adlerähnlichen Vögeln durch die Lüfte. Oder sie fingen mit ihrem Haar die Fluten des Ganges auf. Überhaupt spielten Flüsse in der »inneren Welt« des Subkontinents eine ebenso große Rolle wie in jener Westafrikas.

Ich schloss meine Arbeit in der Thar ab und reiste nach Pushkar, wo ich stundenlang am Ufer des heiligen Sees saß und die rituellen Verrichtungen der Pilger beobachtete. Auf dem Niger war mir klar geworden, dass ich seit meinen ersten Reisen, ohne es zu ahnen, stetig den archaisch anmutenden Ritualen lokaler Glaubensvorstellungen gefolgt war. Jetzt saß ich unter Hunderten von Hindus, die ihre Opfergaben in kleinen Schiffchen auf den See hinausschoben, wie ich dies in ähnlicher Form auch bei den Bambara in Westafrika oder bei den Tukano im Amazonasbecken beobachtet hatte. Und plötzlich erkannte ich den Grund für die unbändige Faszination, die solche Zeremonien auf mich ausüben: Sie weisen auf ein gemeinsames Muster aller Orte und Zeiten hin, sind so etwas wie eine Spur zurück zur Großfamilie der Menschheit.

In der Begegnung mit dem Anderen, dem positiv verstandenen Fremden, sind es meist die Unterschiede, die einem zuerst ins Auge springen. Wer jedoch die Mythen miteinander vergleicht – vor allem jene, die von der Entstehung und dem Wachsen der Welt erzählen –, wird überrascht sein, wie viele Gemeinsamkeiten sich zwischen denen Europas, Afrikas, Asiens und Amerikas finden lassen. Diese Mythen stehen am Anfang unserer Städte und Gemeinschaften, sie haben zahllose Rituale begründet, den Menschen mit den Göttern und Ahnen verbunden und sich entsprechend tief in uns eingeschrieben.

Erst am Pushkar-See habe ich begriffen, dass all die brüchigen Fäden, denen ich auf meinen Reisen folge, in eine Epoche zurückreichen, mit der wir uns nur noch durch die Archäologie verbunden glauben. In Wahrheit jedoch dauern unter dem wenig durchlässigen Sediment aus scheinbaren Gegensätzen die Gemeinsamkeiten zwischen den Kulturen in unserem Denken und Handeln fort. Wenn mich mein Unterwegssein immer wieder in diese verschüttete Zone führt, geht es mir keinesfalls darum, die Ungleichheit auf beiden Seiten der Grenze zu bestreiten. Was ich bestreite, ist die Grenze selbst.

Reisen bedeutet, scharf gezeichnete Trennlinien zu überschreiten, in beide Richtungen, wieder und wieder, bis sie sich abnutzen und durchlässig werden. Wie einst meine Angst vor Indien sich abnutzte und durchlässig wurde. Bis die verriegelte Tür aufspringt und die Grenze zur Schwelle wird, die trennt und *verbindet. Gleichzeitig. Gleichrangig. In einem weit offenen Raum, angefüllt mit so etwas wie Walter Benjamins »Schwellenzauber«, in einem Bereich des Übergangs, der Passage, wo auf der jeweils anderen Seite nicht der Fremde steht, nicht mein Gegner, sondern mein Gegenüber. Um dorthin zu gelangen, reise ich.*

Indien
Höckerkunde in der Wüste Thar

Wie kommt es, dass ich in keinem Lande der Welt so stark
wie in diesem vom Bewusstsein gepackt bin: Wie schön ist
es doch, das Fleisch noch auf den Knochen zu haben.
Alfred Kerr

Aufsitzen. Mein linkes Bein schwingt über den Höcker, das rechte steht noch am Boden. Nimrod wuchtet sich hoch. Ich stürze hin. Die Hose zerreißt, meine Knie zittern, die Leiste fühlt sich etwas taub an.

Kamele sind meine Leidenschaft. Ihre schlanken Beine, ihre Höcker, ihre Augen – mit langen Wimpern, sanft, verträumt. Ich bin überall auf Kamelen geritten: in der Gobi, der Sahara, dem australischen Outback. Selbst auf einem Lama in den Anden habe ich es versucht. Kamele sind das Größte für mich – und doch werde ich nicht aus ihnen schlau.

Der Grund dafür liegt auf der Hand: Das Kamel will studiert werden. An der einzigen Kamelakademie der Welt. In der Wüste Thar, Rajasthan, Nordwestindien. Wir – dreizehn Reisende aus Deutschland und der Schweiz – haben uns immatrikuliert, um das Unergründliche zu studieren, während unsere Karawane vier Tage lang durch die Thar zieht, die Große Indische Wüste, eine der beeindruckendsten Landschaften des Subkontinents.

Nimrod ist mein Akademiekamel. Aus dem Hebräischen übersetzt, bedeutet sein Name »großer Jäger«, aber auch: »Wir wollen rebellieren«. Ich klopfe mir nach meinem unsanften Abstieg den Sand von Hemd und Hose. Nimrod schüttelt sich, Speichel fliegt in Flocken durch die Luft, seine Zunge hängt heraus, im Nacken bildet sich ein schmieriges Sekret. »Paarungszeit«, sagt Sumer Singh und tritt vorsichtshalber einen Schritt zurück. »Der Hengst zeigt an, dass er bereit ist.« Bereit? »Wenn es ganz schlimm wird, bleibt nur noch der Griff in die Hoden.« Und das hilft? »Die Notbremse«, sagt Sumer Singh mit ungespieltem Ernst. »Vielleicht retten Sie ein Menschenleben damit.«

Nennen wir Sumer Singh den »Akademieleiter«. Der gut genährte kleine Rajasthani aus Bikaner spricht fließend Deutsch, kümmert sich um alles, ist immer da, wenn es etwas zu erklären gibt. Er dirigiert zweiundzwanzig Kamele, ebenso viele Treiber und drei archaische Kamelwagen, beladen mit der Karawanenküche, mit Wasserfässern, Vorräten, Zelten, Gepäck. In jedem Ohrläppchen trägt Sumer Singh einen blütenförmigen Stecker, sein Haar fettet er mit Sesamöl ein, damit es seiden schimmert.

Beim zweiten Versuch klappt das Aufsitzen besser. Nimrods Rücken ist ein schwankender Hochsitz, von dem der Blick über das Land schweift. Das Dorf Phalodi, der 235 Kilometer östlich der Wüstenstadt Jaisalmer gelegene Ausgangspunkt der Wanderakademie, bleibt zurück. Wie von unsichtbarer Hand wird unsere Karawane hinaus in die Thar gezogen, langsam, aber stetig, eine Kette aus zwei- und vierbeinigen Leibern; ihre hintersten Glieder lösen sich in einer Staubwolke auf.

Die Thar ist keine Öde. Nicht in diesem Jahr. Der Monsun hat es gut gemeint und sich auf seinem weiten Weg von Südindien ein wenig Regen für den Norden aufgespart. Die Linien der Pflüge beschriften die Äcker wie mit den Zeichen eines geheimen Alphabets, der Wind raschelt in Hirse- und Gerstenfeldern, Akazienkronen hängen wie zerzauste Perücken über ihren Stämmen; dazwischen Rundhütten aus Lehm – von der Sonne gebackene Kuchen, rotbraun, mit floralem Zierwerk. An den Rändern dieser Oasentäler erheben sich gewaltige Wanderdünen. Großblättrige Wolfsmilchgewächse streben den Graten entgegen und krallen sich in den Sand, als wollten sie ihn festhalten.

Nimrod geht gleichmäßig wie ein Pendel. Im Passgang setzt er den Vorder- und Hinterfuß einer Seite gleichzeitig vor und verlagert sein Gewicht dann auf die Beine der anderen. Sobald er bemerkt, dass meine Aufmerksamkeit nachlässt, bockt er, brüllt furchterregend, bricht seitlich in die Büsche aus, um zu fressen, und schleift mich dabei durch dorniges Gestrüpp. »Präsenz zeigen!«, ruft der Akademieleiter herüber. »Das Kamel muss spüren, dass Sie da sind.« Ich fluche laut, bin aber froh, dass ich die Notbremse nicht bemühen muss. Stattdessen ziehe ich an den Zügeln, die an einem Holzpflock in der Nase zusammenlaufen. Nimrod gurgelt und blökt, biegt den Hals nach hinten, will in meine Zehen beißen. »So ist es gut«, ruft der Akademieleiter und kämmt sich reitend sein Haar. »Sie machen das wundervoll!«

Am Abend fühlen sich meine Beine gebrochen an – glatt durch, einmal oberhalb und einmal unterhalb der Knie. Sie formen ein schmerzhaftes »O«, das sich nicht schließen lässt. Die Leiste ist gedehnt, der Hintern wund; entsprechend schwach ist das Sunset-Seminar besucht. Ich bin der einzige Teilnehmer. Entladen, Absatteln, diverse Knotentechniken, Zusatzfutter für Nimrod, der sich lammfromm im Sand streckt: Akazienspinat, Hirsestroh, Rohzucker, ein wenig Sesamöl und geklärte Butter. Unser Camp liegt inmitten hoher Dünen; ringsum nur Sand. Der Mond gießt sein kühles Licht über Grate und Zelte aus. Der Karawanenkoch serviert pikant gewürzten Akazienspinat, den gleichen, den auch Nimrod liebt; dazu Reis und Brot vom heißen Stein. Nach dem Essen rollen wir uns in die Schlafsäcke und sinken in eine traumlose Nacht.

Am Morgen erfahren wir, in einem Kreis im Sand sitzend, dass unsere Kamele genau genommen Dromedare sind, aus dem einhöckerigen Zweig der Familie, der auch die Trockengebiete Nordafrikas und Arabiens bewohnt. Nicht zu verwechseln mit Trampeltieren, den zweihöckerigen Kamelen Innerasiens. »Der Höcker ist kein Wasserspeicher«, doziert der Akademieleiter, zieht sich den Kamm durch das Haar und geht auf Abstand zu Nimrod, der direkt neben dem Demonstrationskamel steht und seine Zähne fletscht wie ein Kampfhund. In den Höckern werde Fett abgelagert, fährt der Akademieleiter fort, ein Vorrat, von dem das Kamel während der Hungerperiode lebe. Es könne siebzehn Tage ohne zu trinken auskommen, dabei bis zu dreißig Prozent seines Körpergewichts verlieren und das fehlende Wasser sehr schnell wieder aufnehmen: hundert Liter in zehn Minuten.

Im indischen Nordwesten herrscht häufig Dürre. Das Kamel ist das einzige Nutztier, das sich hier dauerhaft halten lässt. Es überbrückt seinen Wasserbedarf durch den Verzehr von Wüstenpflanzen und hat sich an die harten Bedingungen angepasst. Es beginnt erst ab einer Körpertemperatur von vierzig Grad zu schwitzen, reduziert seine Harnabgabe und zieht noch das letzte Tröpfchen Flüssigkeit aus seinem Kot, bevor es ihn abgibt. Die Kamelnase ist mit einem absorbierenden Gewebe ausgekleidet, das zwei Drittel der ausgeatmeten Feuchtigkeit wieder aufnimmt. Als luftgepolsterte Schwielensohler sinken Kamele außerdem nicht so leicht in den Sand ein – das spart Energie.

»700 000 Kamele gibt es in Rajasthan«, führt der Akademieleiter aus. »Als Reittiere und in der Landwirtschaft sind sie unersetzlich. Sie befördern Holz, Getreide, Wasser – alle Güter des täglichen Lebens. Sie liefern Milch und Wolle. Ihr Dung ist der wichtigste Brennstoff in der Thar. Vor den Wagen gespannt, zieht ein Kamel acht Stunden lang eine Last von zwei Tonnen, ohne zu ermüden.« Auf Entfernungen von bis zu vierzig Kilometern sei die einachsige Kamelkarre in Nordindien das billigste Transportmittel. Nicht zuletzt wegen der hohen Treibstoffkosten habe das mittelalterliche Gefährt sich gegen den Ansturm der Moderne behauptet. Zwei Drittel der Menschen in der Thar hängen existenziell von der Kamelwirtschaft ab.

Wir rufen »*Kho! Kho!*« und schnalzen gekonnt mit der Zunge, die Kamele erheben sich und bilden eine lange Reihe. Mein Muskelkater zieht mörderisch. Trotz der Reitdecken hat der hölzerne Sattel blaue Flecken am Hüftknochen und Blasen am Allerwertesten hinterlassen. Die Thar entschädigt mich jedoch für meine Qualen: das Schattenspiel der Dünen, die lichten Gespinste der Khair-Büsche, die allgegenwärtigen Spuren der Mistkäfer, die an die kunstvollen Ritzungen in den Fassaden der Rundhütten erinnern. In der Ferne jagen Gazellen über das Land. Frauen in leuchtenden Gewändern und Kopftüchern schneiden mit der Handsichel Getreidehalme. Selbst auf den Feldern tragen sie Fußringe aus Silber, goldene Ohrgehänge, Halsketten und fein ziselierte Haarbroschen – die Familienversicherung für Notzeiten. Die Männer gehen in zerrissenen Hemden; ihre dürren Beine ragen aus gerafften Dhotis.

Bei der Landbevölkerung weckt unsere eigenartige Prozession Neugier und Staunen. Karawanen ziehen nicht mehr durch Rajasthan, seit die Engländer im achtzehnten Jahrhundert Steuern und Wegzölle einführten, um ihren Seehandel zu begünstigen. Und Europäer sind sonst nur in der Nähe touristischer Sehenswürdigkeiten zu bestaunen, in Jaipur, der rosaroten Stadt, oder in der Festung von Jaisalmer, die mit ihren Wällen und Kaufmannsvillen aus der Wüste ragt wie ein Traumbild aus Tausendundeiner Nacht. An all den Orten eben, die Rajasthan, das »Land der Könige«, zum Inbegriff des märchenhaft exotischen Indiens machen. In die entlegenen Winkel der Thar hingegen verirren sich Fremde so gut wie nie. Weshalb wir stets beobachtet werden. Selbst wenn kein Dorf, kein Feld in der Nähe liegt, ist die Thar eine Landschaft voller Augen. Einmal glaubte ich, das ideale Versteck für die Buschtoilette gefunden zu haben, ging in die Hocke und bemühte die entsprechenden Muskelpartien. Da hörte ich hinter mir ein Rascheln. Ich blickte mich um, und zwei Mädchen mit zerzaustem Haar schenkten mir ein strahlendes Lächeln.

Nimrod schäumt, bleibt jedoch brav in der Reihe. Direkt vor uns schreitet eine kräftige Stute. Ihr Schwanz ist zur Seite gebunden, damit sie sich nicht mit ihren Exkrementen verdreckt. Es sieht aus wie eine Einladung. Und Nimrod nimmt sie gerne an. Er rammt die Schnauze in ihre duftenden Genitalien und stöhnt lustvoll auf, sein Gang stockt, fast geht er in die Knie, dann knirscht er mit den Zähnen und verfällt in einen brünstigen Trab. Die Notbremse – in einem ICE ist sie stets gut zugänglich. Nimrod hütet sie zwischen den Beinen. Ein zweites Paar Zügel sollte erfunden werden, eine Art Hodenlasso. Die Treiber fangen Nimrod ein und beruhigen ihn. Mich auch.

»Gesund ist ein Kamel, wenn das Fell schimmert«, erklärt der Akademieleiter bei einer Rast, und alle passen gut auf, denn schließlich wollen wir der Mannschaft am Ende der Reise, auf dem Kamelmarkt in Pushkar, ein erstklassig gebautes Tier schenken. Die Fußsohlen sollten unverletzt, der Nasenpflock müsse sauber eingesetzt sein. Die Ausprägung des Höckers und die Muskulatur runden das Gesamtbild ab. »Der Preis ist eine Frage des Alters«, sagt der Akademieleiter, der seinen Schatten wie einen Spiegel benutzt, um sich akkurat zu striegeln. Und das Alter lasse sich an der Anzahl und dem Zustand der Zähne ablesen, die in bestimmten Jahreszyklen wüchsen und sich mit der Zeit abnutzten. Zudem lasse ein Kamel im Alter seine Unterlippe hängen. In der Thar lebe es im Durchschnitt fünfundzwanzig Jahre lang. Ein zwei- bis sechsjähriges männliches Lastkamel sei für 7000 Rupien – umgerechnet 140 Euro – zu haben, fährt der Akademieleiter fort, dessen Haupthaar jetzt an einen japanischen Garten erinnert. Ein junger, gesunder Hengst könne das Doppelte kosten, eine Stute das Dreifache. Die Zucht edler Reitkamele werde mit ähnlicher Passion betrieben wie die Zucht von Rassepferden. »Je nach Stammbaum steigt ihr Preis ins Unermessliche«, sagt der Akademieleiter, nun sichtlich zufrieden mit seiner Frisur.

Die Mittagshitze dämpft Nimrods Triebe. Von Zeit zu Zeit murmle ich ihm etwas zu, spiele ein wenig an den Zügeln, erhöhe den Druck meiner Füße auf seine Flanken. So wiegt er mich durch die heißen Stunden, auf Pfaden, die sich wie ein Labyrinth durch sandige Ebenen ziehen und Indien schon vor Jahrtausenden mit Zentralasien verbanden. Ich schaukle im Takt der Glöckchen, die Nimrod an Bändern um Hals und Beine trägt; sonst ist nur das Reiben des Zaumzeugs zu hören, ein leises Ächzen wie von den Planken eines alten Schiffs.

Am späten Nachmittag holen wir die beiden Küchen- und den Wasserwagen ein. Das Dorf Kaku, unser letztes Etappenziel, ist nah. Die Karren führen jetzt die Karawane an, zweiundzwanzig Kamele folgen, Treiber und Studenten sitzen gemeinsam auf, zwei Männer musizieren auf einer Trommel und einer Art Ziehharmonika. Töpfe und Schüsseln klappern, und alle singen – der Akademieleiter, der Koch, die Kutscher und Treiber –, singen ein Lied über ein verrückt gewordenes Kamel, das seinen Herrn beißt und später eine Prinzessin heiratet. Gehöfte sprießen wie Pilze aus den Hügeln. Keine Hütte, vor der nicht Menschen zusammenliefen, um uns zu bestaunen. Bis zum Horizont leuchten die Gewänder der Frauen, darüber der Himmel – stahlblau, ohne Wolken. Bussarde zittern darin.

Wir ziehen in Kaku ein wie ein Heer nach einer gewonnenen Schlacht. Leute winken, lachen, rufen uns Grußworte zu. Die Tiere trinken ausgiebig am Kamelbrunnen. »*Dje! Dje!*«, sage ich streng. Nimrod befolgt artig meinen Befehl und legt sich hin, damit ich absteigen kann. Er sieht müde aus, irgendwie unbefriedigt. Ich strecke ihm ein wenig Akazienspinat hin. Er frisst mir aus der Hand; dann schnellt seine klebrige Schnauze vor und streift vorsichtig meine Wange. »Kamelkuss«, sagt der Akademieleiter, mit dem Kamm gestikulierend. »Er mag Sie. Wirklich.« Vielleicht ist es auch einfach nur Nimrods Art, sich für meinen Verzicht auf die Notbremse zu bedanken.

Die Abschlussprüfung wird besprochen, der Kamelkauf auf dem Markt in Pushkar. Dann das Unerwartete: Die Treiber wollen gar kein Kamel von uns. Nicht einmal geschenkt. Sie ziehen Geld vor, Rupien, die sie gerecht untereinander aufteilen können, um Schulhefte für ihre Kinder oder eine neue Fernsehantenne zu kaufen. Der Betrag ist in den Studiengebühren enthalten, insgesamt 20 000 Rupien, der Jahresverdienst eines Bauern in der Thar. Wir hätten eine Traumstute dafür ausgesucht, ein erstklassiges Lastkamel, auch gebärfreudig, mit einer Milchleistung von mindestens sechs Litern am Tag – nicht zu salzig, reich an Vitamin C und Spurenelementen. Doch die Treiber wollen Cash. Aus der Traum von der Geschenkidee.

Den Kamelmarkt von Pushkar, das farbenprächtigste Fest Rajasthans, lassen wir uns trotzdem nicht entgehen. Seit einem halben Jahrtausend kommen Bauern aus dem Wüstenstaat vor dem Vollmond im hinduistischen Monat Kartik zusammen, um in den Dünen außerhalb der Stadt einen der größten Viehmärkte Indiens abzuhalten. Über dreißigtausend Tiere werden dieses Jahr gehandelt. Darunter auch Pferde, Rinder, Wasserbüffel. Vieh, so weit das Auge reicht. In Staubwolken und in den Dunst der Kochfeuer gehüllt. Männer rauchen die *hukha*, eine Wasserpfeife, nippen an süßem Milchtee; manche tragen neonfarbene Turbane. Kamelrennen finden statt, auch Schönheitswettbewerbe, zu denen die Tiere prächtig geschmückt sind.

Unsere Gruppe hat sich aufgelöst, jeder erkundet den Markt auf eigene Faust. Ich spaziere mit dem Akademieleiter durch das Gedränge. Viele Tiere sind jung und wegen der betriebsamen Atmosphäre nervös und gereizt. Neben uns fährt jäh ein Hengst auf, gurgelt und mault noch grauenvoller als Nimrod; dann schlägt er nach hinten aus – und trifft den Akademieleiter an der Schulter. Der geht zu Boden und bleibt benommen liegen, der Hengst wirbelt herum. Mit einem Mal baumeln direkt vor mir seine Hoden. Später werde ich schwören, sie seien rot gewesen, in der Form eines Griffes, gesichert durch ein kleines Siegel aus Lötzinn. Notbremse. Ein Menschenleben retten. Wie aus weiter Ferne sehe ich, wie sich meine Hand ausstreckt. Die Hoden fühlen sich stachelig an, warm, verletzlich. Ich denke nichts und drücke zu. Der Hengst erstarrt für einen Moment. Bevor er richtig böse wird, bringe ich mich in Sicherheit, und der Akademieleiter wird aus der Gefahrenzone gezogen. Er springt auf, zückt den Kamm und bringt seine Frisur in Ordnung. »Ausgezeichneter Schüler«, sagt er, ein wenig außer Atem. »Versprechen Sie mir, dass das unter uns bleibt.« Ich verspreche es.

Zwischen meinen Reisen *nach Afghanistan und nach Bhutan lagen nur wenige Tage. Die Extreme hätten gegensätzlicher nicht ausfallen können. Bhutan kam mir vor wie ein Land in den Alpen: Schindeldächer, Wiesen, Kühe. Ich ging wie ferngesteuert durch verschlafene Bergdörfer und verbrachte apathische Stunden in buddhistischen Klöstern, und wenn ich abends die Nachrichten einschaltete, berieselte mich das nationale Fernsehen mit der Einweihung von Kindergärten und den Vorzügen der neuesten Melkmaschinen.*

Natürlich freute ich mich für die Bhutaner, dass das Erschütterndste, was es aus ihrem Land zu berichten gab, die missglückte künstliche Befruchtung einer Kuh in der Provinz Wangdue war. Doch anstatt die Ruhe und den Frieden zu genießen, fiel es mir schwer, mich darauf einzulassen. Ich hatte Afghanistan im Handgepäck. Wenn ein Lastwagen zu schnell um die Ecke bog und die Fracht auf der Ladefläche polterte, zuckte ich zusammen und ging in Deckung.

Es dauerte eine Weile, bis ich wirklich in Bhutan ankam. Doch kaum hatte ich begonnen, mich an der Idylle zu erfreuen, da fuhr ich über eine weitere Grenze, und die afghanische Wirklichkeit flog mir erneut um die Ohren. Diesmal in Assam, Nordostindien. Das »Land der Teeplantagen« ließ mich eher an einen Truppenübungsplatz denken: Straßensperren, Sandsäcke, Maschinengewehre. Wenn hier ein Lastwagen zu schnell um die Ecke bog, polterte es nicht nur. Als ich in Guwahati am Ufer des Brahmaputra entlangschlenderte, bebte die Erde auf einmal so stark, dass Scheiben zu

Bruch gingen. Leute rannten schreiend aus ihren Häusern und reckten die Fäuste in den Himmel, während ich – in bhutanischer Gelassenheit – meinen Spaziergang fortsetzte. An diesem Abend zeigten die Nachrichten keine strahlenden Kinder. Auch keine prallen Euter. Sie zeigten blutüberströmte Menschen und Häuser, die in Schutt und Asche lagen. In der Straße, durch die ich am Nachmittag flaniert war, hatte die United Liberation Front of Assam *eine Bombe gezündet.*

Bhutan
Im Land des Donnerdrachen

Wenn du sagst, »sich ent-ziehen«, was meinst du damit?
Ich meine, wieder mit Leuten in Berührung kommen,
mit einfachen Dingen: mit seinem Körper, mit Dreck,
mit Staub, mit allem Möglichen also – den Straßen.
Gary Snyder

Es geht um meine Zukunft, um mein Leben – um alles oder nichts. Rinchen Tshewang, der königliche Astrologe von Bhutan, hat sich nach meinem Namen und meinem Geburtsdatum erkundigt. Jetzt brütet der barfüßige Hüne in blutroter Robe über einer Papierrolle mit Götterbildern, befragt Würfel aus Menschenknochen und rezitiert mit rauer Stimme uralte Verse.

Seine brauenlosen Augen verengen sich, die kindlich glatte Stirn legt sich in Falten, und auf einmal zieht er einen Taschenrechner aus dem Gewand. Mit Solarzellen ausgerüstet, digital. Er addiert, multipliziert, subtrahiert. Und endlich sagt er: »*In total: five!*« Die Fünf also. Die Fünf sei meine Zahl. Und heute sei der fünfte Tag der Woche, ein idealer Starttermin für eine ausgedehnte Reise.

Mit meinem Begleiter Lhawang und Pema, unserem Fahrer, will ich der einzigen asphaltierten Überlandstraße Bhutans folgen, einer knapp tausend Kilometer langen Schlangenlinie, die sich von West nach Ost durch das letzte buddhistische Königreich im Himalaja zieht. Auch wenn unsere Sterne günstig stehen, ermahnt uns der Astrologe, mögen wir doch die Götter der Straße unterwegs mit Gebetsfahnen und Butterlampen beschenken. Prophylaktisch. Dann packt er seine Menschenknochenwürfel in eine rosarote Plastiktüte mit der Aufschrift *Supermodern XXL* und verlässt das mit Drachen bemalte Zelt.

Bhutan ist ein Land voller Brüche und Überraschungen. Ein Land im kulturellen Spagat. Noch vor wenigen Jahren gab es im Himalajastaat von der Größe der Schweiz und mit heute rund 800 000 Einwohnern kein Fernsehen, keine Tageszeitung, kein Telefon. Nachrichten wurden von Läufern über die Bergpässe getragen. Erst Anfang der Sechzigerjahre begann sich Bhutan, nach Jahrhunderten selbstgewählter Isolation und aufgeschreckt vom chinesischen Einmarsch ins benachbarte Tibet, vorsichtig zu öffnen. Der König gab die Losung des »Bruttonationalglücks« aus, das dem Bruttoinlandsprodukt vorzuziehen sei. Also keine rücksichtslose Ausbeutung der Ressourcen, schon gar nicht der riesigen bhutanischen Wälder. Kein zügelloses Streben nach Wohlstand und Fortschritt. Keine Kopie des Westens. Stattdessen: Glück! Die Bhutaner sollen nach dem Willen ihres Königs, der vier Schwestern geheiratet hat (damit er nur eine Schwiegermutter habe, wie seine Untertanen witzeln), ein erfülltes Leben auf Grundlage buddhistischer Werte führen: gleichgestellt, umsichtig regiert, in Harmonie mit der Natur. Bhutan will sich öffnen und zugleich seine Traditionen bewahren.

Die Quadratur des Kreises?

Wir kaufen Gebetsfahnen und Butterlampen für die Straßengötter und verlassen Paro, die Stadt mit dem einzigen Flughafen Bhutans, in östlicher Richtung, immer dem milchigen Pachu-Fluss folgend, vorbei an Reisfeldern und Häusern, die mit ihren hohen weißen Mauern und beschnitzten, bunt bemalten Fenstern an eine Mischung aus Schweizer Chalets und Tudor-Festungen denken lassen. Mit Schindeldächern, auf denen rote Teppiche aus Chilischoten trocknen.

Lhawang, ein zierliches, schwarzhaariges Männchen mit Rundschnitt, wurde auf einer dreimonatigen Schulung zum Fremdenführer ausgebildet und ist rührend um mein Wohl besorgt. Wenn ich an meinem Halstuch zupfe, weist er sogleich Pema an, das Fenster zu schließen. Räuspere ich mich, erkundigt er sich nach meiner Gesundheit. Schaue ich zu interessiert aus dem Fenster, lässt er mich wieder und wieder wissen, dass ein Wort von mir genüge, damit wir anhielten und ich mich umsehen könne.

Bald verengt sich das Tal, die Felder verschwinden, die Dörfer auch. Berghänge stürzen in bewaldete Schluchten, über die uns ein zerbröselndes Asphaltband hinwegträgt, oft so schmal, dass zwei Autos nur mit Mühe aneinander vorbeikommen. In Bhutan herrscht Linksverkehr, und die Höchstgeschwindigkeit beträgt vierzig Stundenkilometer – eine Marke, die wir auf unserer Reise nie erreichen werden.

So alt, wie die Straße aussieht, ist sie gar nicht. 1958 ritt der indische Premier Nehru mangels tauglicher Verkehrswege nach einer tagelangen, beschwerlichen Anreise auf einem Yak am Hof des bhutanischen Königs vor und bot an, eine Ost-West-Transversale anzulegen. Bhutan liegt als Pufferstaat eingeklemmt zwischen den beiden rivalisierenden Großmächten Indien und China. Auf der neuen Straße sollten indische Soldaten im Ernstfall schneller gegen die Chinesen vorrücken können. Ein Vierteljahrhundert lang sprengten sich indische Arbeitstrupps durch den östlichen Himalaja, bis der East-West Highway endlich fertig war.

So begann die Öffnung Bhutans. Und als wir auf dieser Straße die Hauptstadt Thimpu erreichen, sehen wir, welch rasante Geschwindigkeit der Wandel in jüngster Zeit angenommen hat. An jeder Ecke wird gebaut. Friseure versprechen *Fancy Haircuts*. Werbeschilder verkünden: *Webcam, Voice Chat, Photo-Scan*. Das Internet erreichte Bhutan 1999. Seit 2003 darf mobil telefoniert werden. Vierzig Satellitenprogramme führen den Bhutanern rund um die Uhr vor Augen, dass sie ohne Toyota Landcruiser, Mikrowelle und Dampfbügeleisen praktisch nicht überlebensfähig sind, während der einzige nationale Sender über buddhistische Gemälde, traditionelle Holzschnitzer und Tempelrestaurationen referiert. Beiträge, die anmuten wie Beruhigungspillen.

Dabei steht den Bhutanern die größte Veränderung noch bevor, denn der König höchstpersönlich hat entschieden, dass sein Land demnächst eine Demokratie werden soll. Einige Untertanen scheint dies erheblich zu verwirren. »Wir haben keine Partei gegründet, weil wir ein Konzept hätten«, verrät mir ein Parteigründer in Thimpu. »Wir haben eine Partei gegründet, weil unser König es angeordnet hat.« Anfang 2008 soll ein Parlament gewählt werden.

Während wir durch Thimpu spazieren, ein Dorf mit zwei Hauptstraßen, erzählt Lhawang, wie hier vor einigen Jahren drei Verkehrsinseln mit Ampeln ausgerüstet wurden. Die ersten Ampeln in ganz Bhutan! Doch die Bevölkerung protestierte so lange gegen »diese Störung des Miteinander und der Tradition«, bis sie entfernt wurden und auf den Kreuzungen wieder Polizisten die Arme schwingen durften.

Diese Art von Nostalgie ist in Thimpus Alltag bestenfalls noch zu erahnen. Die Bhutaner sind per Gesetz verpflichtet, ihre Nationaltracht zu tragen: Männer den knielangen Kho, eine Mischung aus Kimono und Bademantel, darunter Kniestrümpfe und Lederschuhe; Frauen die Kira, ein elegantes bodenlanges Gewand. Sobald die Kleidungspolizei jedoch Feierabend macht, füllen sich die Straßen mit Jugendlichen in Jeans, Nirvana-Shirts und Baseballkappen. Spät in dieser Nacht im *Buzz* – Discokugeln, Schwarzlicht, Spiegelsäulen – tanzen wir zu amerikanischer Popmusik, und Tshergen, ein Zwanzigjähriger in Röhrenjeans und Turnschuhen von Converse, erklärt, warum er aus seinem Dorf im bhutanischen Osten nach Thimpu gezogen ist: »Mehr Jobs, mehr Geld, mehr Ladys.«

Fast die Hälfte aller Bhutaner sind unter einundzwanzig Jahre alt. In Thimpu suchen sie nach allem, was die nationalen Traditionsbewahrer lieber auf Distanz halten würden. Doch als Tshergen hört, dass wir nach Osten fahren, sagt er unerwartet: »Im Osten, da ist das echte, das wirkliche Bhutan.« Das Bhutan, das er unbedingt hinter sich lassen wollte? »Das Bhutan, das die Touristen lieben.«

Nach Osten also. Hinter Thimpu arbeitet sich die Straße durch Kiefernwälder hinauf. Mein Fahrer Pema ist Anfang zwanzig. Seine Beinchen wirken in den schwarzen Kniestrümpfen unter dem Kho so dünn, dass es scheint, als könnten sie beim Bremsen abbrechen. Vor jeder Kurve hupt er kräftig. Durchschnittlich fünfzehn Stück soll es pro Kilometer geben, behauptet Pema, streicht mit einer Hand die schwarzen Fransen aus der Stirn und reißt mit der anderen bei Gegenverkehr am Lenkrad, um auf den Schotterstreifen über dem Abgrund auszuweichen. Ich überschlage, dass wir bis zur indischen Grenze rund fünfzehntausend Kurven meistern müssen. Und langsam dämmert mir, warum bhutanische Busse auch »*Vomit Express*« genannt werden.

Derweil scheint Lhawang auf dem Rücksitz nichts anderes zu tun, als mich zu beobachten und in jeder meiner Regungen irgendeinen Wunsch zu lesen, lange bevor ich diesen selbst erahne und zum Ausdruck bringen könnte.

»Du musst müde sein, Michael.«

»Nein, vielen Dank, Lhawang, ich bin hellwach.«

Wenig später: »Du musst schrecklichen Hunger haben.«

»Wir haben vor einer halben Stunde gegessen, Lhawang.«

»Diese Straße, diese vielen Kurven, Michael, das muss dich furchtbar langweilen.«

»Eine Straße, die einfach nur geradeaus führt, würde mich eher langweiligen, keine Sorge, Lhawang.«

Oben auf dem 3140 Meter hohen Dochu-Pass bietet sich uns ein beeindruckendes Panorama: Über den sattgrünen Wäldern Bhutans reihen sich die verschneiten Siebentausender der Himalaja-Bergkette. Wir steigen aus und gehen zwischen weißen Stupas einen Hügel hinauf, wo Reisende in den Bäumen Gebetsfahnen gehisst haben. Tausende bunter, mit buddhistischen Versen bedruckter Vierecke flattern im Wind. Eine Landschaft im Festkleid. Wir hängen unsere Fahnen dazu, wie der Astrologe es uns empfohlen hat; dann fahren wir hinunter nach Punakha.

Wie ein gewaltiger weißer Felsen erhebt sich dort, am Zusammenfluss zweier Gebirgsströme, ein Dzong. Die pagodenähnlichen Dächer solcher Klosterburgen thronen überall in Bhutan über der Landschaft. Wir erklimmen die steilen Holztreppen, drehen die Gebetsmühle am Eingang und betreten die von kunstvoll bemalten Balustraden umgebenen Innenhöfe. In der Gebetshalle rezitieren rot gewandete Novizen buddhistische Verse und entzünden Butterlampen vor einem monumentalen Buddha, der hinter vierundfünfzig goldenen Säulen wacht, umgeben von den beiden Protagonisten der bhutanischen Geschichte: Guru Rimpoche bekehrte das Land im achten Jahrhundert zum tantrischen Buddhismus; Shabdrung schmiedete die versprengten Fürstentümer im siebzehnten Jahrhundert zu einem Staat zusammen und ließ auch die meisten Klosterburgen erbauen.

Bis zu dreitausend Mönche sollen im Dzong von Punakha, einem der geistigen Zentren Bhutans, zeitweise auf Buddhas Spuren wandeln. Doch selbst in diese Festung der Tradition hat sich der Wandel eingeschlichen: In einem Seitenflügel erfassen Mönche alte religiöse Texte auf dem Computer. Unter aufwendig beschnitzten Säulen, die mit Sanskritzeichen und Drachen bemalt sind, lassen Novizen die Finger über die Tasten ihrer Handys fliegen, um per SMS Nachrichten in die Außenwelt abzusetzen. (Liebesbotschaften, meint Lhawang.) Unter den Roben hören sie Musik vom iPod, erfreuen sich auf DVD an Harry Potter und jagen sich – als Jünger der Friedensreligion – mit Spielzeug-Kalaschnikows über den Klosterhof.

Die meisten Besucher, die wir unterwegs treffen, wollen das »Land des Donnerdrachen«, wie Bhutan auch genannt wird, noch erleben, bevor es vollends in der Moderne aufgeht. Sie müssen sich beeilen. Und beschleunigen dabei selbst den Wandel. Denn der Tourismus boomt. Zwar soll die Tagespauschale von zweihundert Dollar, welche Auto, Fahrer und Guide einschließt, die Massen fernhalten. Doch 2006 kamen mit 18 000 Besuchern schon dreimal mehr als 2003. Und es gibt Schätzungen, wonach sich diese Zahl in den kommenden drei Jahren noch einmal verdoppeln wird. Bisher gilt Bhutan als weltvergessenes, exklusives Reiseziel.

Ob das so bleiben wird, wenn die überall aus dem Boden schießenden Hotels und Gästehäuser gefüllt werden müssen, ist fraglich. Und von existenzieller Bedeutung. Denn buddhistische Klöster kann man auch anderswo erkunden. Ohne Dollarhürde.

In der Gegend von Punakha entdecken wir viele Hausfassaden, die mit riesigen Phalli bemalt sind. »Um das Böse abzuwehren«, erklärt Lhawang. »Nach dem Vorbild von Lama Drukpa Kunley.« Der Lieblingsheilige der Bhutaner wird auch »*Divine Madman*« genannt: göttlicher Spinner. Wegen seiner, sagen wir, unorthodoxen Art, mit der er im fünfzehnten Jahrhundert gewisse Probleme anging. Bösartigen Dämonen zog er seinen stahlharten Penis über, ein Ding, so potent, dass der hochverehrte Lama mit seiner Hilfe sämtliche Unruhestifter Bhutans unterwarf und in lokale Schutzgottheiten verwandelte. Wie sich das angefühlt haben muss, erleben wir im Tempel des *Divine Madman* oberhalb von Punakha. Vor dem Altar beugen wir respektvoll unser Haupt, und ein Mönch spendet uns seinen Segen, indem er mit einem massiven Phallus aus Elfenbein unseren Hinterkopf bearbeitet.

In Bumthang, einem von Reisfeldern umgebenen Ort in Zentralbhutan, machen die meisten Reisenden kehrt, um dieselbe Strecke zum Flughafen nach Paro zurückzufahren. Wir hingegen folgen unserer Straße nach Osten. Pema dreht unermüdlich am Lenkrad, die Wimpel am Rückspiegel schaukeln im Rhythmus der Kurven, hinter uns raschelt Lhawang in einer Tüte mit Betelnüssen, leicht euphorisierenden, roten Früchten, die überall in Bhutan gekaut werden. »In deinem Land«, fängt er wieder an, »in deinem Land gibt es sicher keine so schmalen, so holprigen Straßen, nicht wahr, Michael?« Nein, Lhawang! So furchtbar schmale, holprige, kurvige, langweilige Straßen gibt es nur in Bhutan! Lhawang lehnt sich zurück und gibt einen glücklichen Laut von sich. »Bhutan ist ein unterentwickeltes Land«, sagt er nach einer Weile. »Aber es geht voran. Wirklich, es geht voran.«

Wir fahren zwanzig Stundenkilometer. Der Verkehr nimmt stetig ab, bis wir die Straße nur noch mit Kühen und Ziegen teilen. Affenhorden mit weißen Backenbärten flitzen ins Unterholz. Zwischen weit verstreuten Dörfern: rosa blühende Buchweizenfelder und subtropische Wälder. Von senkrechten Felsen stürzt Wasser herab, schießt unter der Straße hindurch und wird von einem Abgrund verschlungen, tausend, zweitausend Meter tief.

Auf jedem Pass hissen wir Gebetsfahnen und entzünden Butterlampen in den Tempeln der Dzongs, um die Götter der Straße freundlich zu stimmen. Ob das funktioniert? Auf dem Weg nach Trashigang hält Pema unvermittelt an und prüft mit kritischem Blick ein Geröllfeld über der Straße. Felsbrocken und entwurzelte Baumstämme scheinen dort oben nur auf ein Räuspern zu warten, um abzurutschen und uns in die Tiefe zu reißen. Immer wieder wird die Straße von solchen Erdmassen zerstört und Ostbhutan für Wochen vom Rest des Landes abgeschnitten.

Pema fährt los. Alles scheint gut zu gehen, doch auf halber Strecke prasseln auf einmal Kiesel auf die Windschutzscheibe. Felsbrocken rollen auf die Straße. Pema gibt Gas, der Motor heult auf, der Wagen schlingert, richtet sich aus, gewinnt an Fahrt – endlich sind wir außer Gefahr. Wem haben wir unser Glück zu verdanken? »Gebetsfahnen und Butterlampen«, sagt Lhawang und atmet durch. Und Pema streckt demonstrativ die Finger seiner Hand aus: Die Fünf! Meine Glückszahl! Und tatsächlich: Wie beim Besuch des Astrologen ist heute erneut der fünfte Wochentag. »Sonst hätten wir es wohl nicht geschafft«, sagt Pema ernst.

Der Osten ist dünn besiedelt und wird vom Wandel bisher nur gestreift. Längst nicht jedes Haus hat hier einen Fernseher, Traktoren sind selten, und die Schulpflicht ist schwer einzuhalten, weil viele Dörfer nur in tagelangen Fußmärschen zu erreichen sind.

In einem Weiler unweit der Straße warnt uns Kezang Dorji vor einer Begegnung mit dem Migoi. »Er sieht aus wie ein Mensch, ist aber stark behaart, wie ein Affe, nur ohne Schwanz«, sagt der siebzig Jahre alte Bauer, der einen rötlich karierten Kho und Gummistiefel trägt und nicht das landesweit verbreitete Dzongkha spricht, sondern Sharchop, eine der zahlreichen Minderheitensprachen im Osten. »Die Füße des Migoi zeigen nach hinten«, sprudelt es aus Kezang hervor. »Du willst dem Migoi entkommen und läufst ihm direkt in die Arme. Der Migoi riecht schlecht unter den Achseln, der Geruch wirft dich um, und schon packt er dich, der Migoi, und saugt dir dein Blut aus.« In der »Zeit vor der Straße«, wie Kezang sich ausdrückt, habe man den Cousin des legendären Yeti oft oben am Yongphu-Pass gesehen, doch der Lärm der Autos habe ihn vertrieben. Der Migoi lebe jetzt irgendwo tief in den Wäldern. Ein Punktsieg für die Moderne.

Im Osten Bhutans hat die Tradition jedoch noch Trümpfe in der Hinterhand. Auf dem Weg hinauf zum Yongphu-Pass finden wir uns plötzlich auf einer Flugzeuglandebahn wieder. Die einzigen fünfhundert Meter schnurgeraden, befahrbaren Asphalts in ganz Bhutan liegen auf einem zugigen Grat, fünfzig Meter breit und völlig verlassen. Nach dem Bau der Landebahn, so erklären uns die Leute, habe sich herausgestellt, dass die lokalen Gottheiten keine Flugzeuge mochten. Sie hätten Stürme, Gewitter und Eisregen geschickt, die jede Landung verhinderten. Die Landebahn sei deshalb aufgegeben worden. Punktsieg für die Tradition. Es steht wieder eins zu eins.

Der Yongphu-Pass liegt einsam in den Wolken. In dieser wattigen Stille, umgeben von den gespenstischen Silhouetten der Koniferen und Kiefern, spüren wir deutlich, warum die Bhutaner Pässe für gefährliche Orte halten, für Zwischenreiche, an denen Dämonen auf Reisende lauern und eine Entscheidung fordern: umkehren oder voranschreiten. Und auf einmal, während wir etwas verloren im Nebel stehen, wird uns die Bildhaftigkeit dieses Ortes klar. Ganz Bhutan befindet sich an einem Pass, am Scheideweg zwischen winterlichen Erzählstunden und vierzig Fernsehkanälen, zwischen Botenläufern und dem World Wide Web. Kann ein Land tatsächlich an einem solchen Übergang verharren?

»Sag nur, wenn du weiterwillst, Michael, wirklich, wirklich, auf diesem garstigen Pass hält man es nicht lange aus«, flüstert Lhawang und sieht sich nervös um, als hinter uns etwas im Nebel raschelt. Gleich darauf ertönt das durchdringende Zirpen eines Insekts oder eines Vogels. Oder ist es ein Schrei? Ist es der Migoi?

Wir holen unsere letzten Gebetsfahnen aus dem Kofferraum. Nicht, dass wir unterwegs darauf geachtet hätten, doch es sind noch genau fünf. Fünf! Wir hängen sie eilig in den Dunst; dann fahren wir talwärts, immer weiter talwärts, den hektischen, heißen Städten Indiens entgegen.

Sein Name war Albert, *ein dunkelhäutiger Hüne mit den Augen eines kleinen Jungen. Ich traf ihn im Flughafencafé in Port Moresby. Er war drei Monate in Stuttgart gewesen, wo er sich als Informatiker fortgebildet hatte. Wie er Deutschland empfunden habe, wollte ich wissen. »Kalt«, sagte er und lächelte. »Sehr schön, sehr kalt.«*

Ich wartete auf meinen Anschlussflug nach Goroka, Albert auf seine Frau, die mit der nächsten Maschine aus Lae ankommen würde. Bis dahin erzählte er mir die Geschichte der First Lady von Papua-Neuguinea, die zu Gast bei der englischen Queen gewesen war. Beim Festbankett wurde ihr eine Schale Wasser mit Zitrone gereicht, um die Hände zu reinigen. »Sie dachte, es sei ein Süppchen«, sagte Albert, »und trank es aus.« Die Queen wollte keine Spielverderberin sein und folgte ihrem Beispiel. Und nun blieb auch der feinen britischen Festgesellschaft nichts anderes übrig, als ihr Zitronenwasser auszuschlürfen. Papua-Neuguinea, sagte Albert, sei ein großartiges Land; dann reichte er mir die Hand, verbeugte sich leicht und verschwand im Gedränge.

*

Der Junge schenkte mir ein strahlendes Lächeln, blieb mit zerlumpten Kleidern und Rotznase vor mir stehen und sah mich mit großen Augen an. »Wie geht es dir?« Er heftete seinen Blick auf meinen Mund. Ich wiederholte die Frage. Er lachte, stumm. Ein Alter in ausgefransten Shorts kam vorbei, klopfte dem Jungen auf die Schulter und zeigte hinaus auf den Parkplatz des Flughafens. »No ears!«, *sagte der Alte. Der Junge tanzte zweimal um mich herum, strich über meinen Unterarm und folgte dem Mann hinaus.*

※

Aus den Sitzen quoll das Polster. Meine Armlehnen waren weggerissen, die Leuchten über den Notausgängen gesprungen, die Tragflächen häufig überstrichen; Rost arbeitete sich durch den Lack. An der Trennwand zum Cockpit hing eine große goldene Uhr. Mit polierten Rändern. Darunter stand in funkelnden Lettern: AUSTRALIAN EASTERN STANDARD TIME.

Rechts neben mir saß ein Alter mit zerknittertem Lederhut. Auf die Schläfe hatte er einen dunklen Pfeil tätowiert, die Spitze zeigte auf sein Auge. Vom Fenster drang Licht in ein Nasenloch ein und fand durch das andere wieder heraus. Ich beugte mich etwas nach vorne und sah, dass seine Scheidewand durchstochen war. Vielleicht schmückte er sich dort, wo er hinreiste, mit einem Nasenring oder dem Hauer eines Keilers.

Der Sekundenzeiger der goldenen Uhr wanderte gleichmäßig im Kreis, während die alte Fokker, die mich nach Goroka brachte, an Höhe gewann. Links neben mir säugte eine junge Frau mit toupiertem Haar ihr Baby. Es schmatzte leise und roch säuerlich, und seine Mutter sah mit erfülltem Gesichtsausdruck aus dem Fenster, hinab auf einzelne Kumuluswolken, die wie Sprechblasen über den schwarzen, kraushaarigen Köpfen der Berge schwebten. Östlich davon glitzerte die silbergraue Scheibe des Pazifiks.

Mir fiel ein, dass ich von Port Moresby außer dem Flughafen nichts gesehen hatte. Die Frau erklärte mir, es sei ein wundervoller Ort, »so modern«. *Der Alte nickte zustimmend, und ein einzelner Sonnenstrahl schoss durch das Loch in seiner Nase wie eine Nadel aus Licht. Ich mochte den Alten, auch die Mutter und ihr Baby, mochte all die nach Schweiß riechenden Männer und säugenden Frauen, die mit mir in dieser Fokker saßen. Von der Kabinendecke tropfte Schwitzwasser, der Sekundenzeiger der goldenen Uhr drehte unbeirrt seine Runden, ich trank Mangosaft, knabberte Kekse, sah hinunter auf die braunen Schlangenlinien der Flüsse und dachte: »Vielleicht weißt du es noch nicht, aber dieses Land wird dein Leben verändern.«*

Papua-Neuguinea
Reise in die Zwischenzeit

> *Ich bin ein Mensch, der manchmal aus*
> *der Welt fallen möchte, und hier geschieht es.*
> Cees Nooteboom

Seinen kostbarsten Besitz trägt Chief Pupune an einer Schnur um den Hals. Er nimmt die runde Steinscheibe ab, zieht das Hölzchen aus einem der sieben kreisförmig angeordneten Löcher und steckt es wieder hinein. »*Táim*«, sagt er immerzu. »*Táim, táim.*« Das Pidgin-Wort für »Zeit«.

Chief Pupune sitzt vor seiner strohgedeckten Hütte am Stadtrand von Goroka im zentralen Hochland Papua-Neuguineas. Ein letzter Zahn schiebt sich zwischen seine Lippen, während er erzählt, wie er die Scheibe von einem Missionar bekommen hat. Damals, als er ein kleiner Junge war, am Ende jener Zeit, in der die Tage keine Namen hatten. Sein ganzes Leben hat Chief Pupune das Hölzchen jeden Morgen von einem Loch ins nächste gesteckt. Wenn es oben ankommt, dort, wo die Scheibe an der Halsschnur hängt, weiß er, dass es Sonntag ist, der »siebte Tag«, an dem er ruhen und zur Kirche gehen soll.

Plötzlich wird Chief Pupune still. Er schließt die Augen, als laufe sein Leben noch einmal auf der Innenseite seiner Lider ab. »Bevor die Zeit zu uns kam«, sagt er schließlich leise, »bevor die Zeit zu uns kam, waren die Tage länger, lang genug für alles, was wir zu tun hatten.«

Zeit. Jene neue Zeit, in der es nicht mehr genügte, den Stand der Sonne abzuschätzen. Die Zeit der Stunden, Minuten, Sekunden – sie kam mit zwei australischen Goldsuchern ins Hochland von Papua-Neuguinea. Die Brüder Mick und Danny Leahy machten sich 1932 von der Küste ins Landesinnere auf, in eine der letzten unentdeckten Regionen der Erde. Die zerklüfteten Berge galten als unbewohnt. Doch die Leahys fanden – statt des erhofften Goldes – eine Million Menschen, die in schwer zugänglichen Tälern am Fuß dicht bewachsener Viertausender lebten, isoliert von der Außenwelt. Ihre Werkzeuge waren aus Knochen, Holz und Stein. Sie kannten kein Rad und lebten in vieler Hinsicht noch so wie Mitteleuropäer vor siebentausend Jahren.

»Als wir die ersten Weißen sahen, rannten wir in panischem Schrecken davon«, erinnert sich Pupune, der sein Geburtsdatum nicht kennt. Er und seine Leute hielten die Fremden für Ahnengeister. Heimlich beobachteten sie, wie die Weißen im Busch austraten, untersuchten dann ihre Exkremente und kamen zu dem Schluss: »Ihre Haut ist anders, aber ihr Kot riecht wie unserer.«

Nur drei Generationen ist das her. Heute sitzt Pupunes Enkel eine Straße weiter im Internetcafé und lädt Klingeltöne für sein Handy aus dem Netz herunter. Der Sechzehnjährige trägt ein Metallica-Shirt. Nach dem Schulabschluss will er studieren und Astronaut werden. In wenigen Jahrzehnten haben die Hochlandvölker Neuguineas Jahrtausende übersprungen. Nun leben sie in der Welt von Coca Cola und Maggi-Soßenpulver, deren Insignien bis ins entlegenste Dorf vorgedrungen sind. Sie sind Bürger des britischen Commonwealth, Untertanen einer Queen, die auf der anderen Seite des Erdballs auf ihrer nasskalten Insel residiert. Multinationale Konzerne fördern auf dem angestammten Land der Clans Gold, Kupfer, Öl und Gas. Sie holzen die Regenwälder ab und produzieren in riesigen Plantagen Kaffee, Kakao und Palmöl für den Weltmarkt. Die Bewohner des melanesischen Inselstaats nördlich von Australien jedoch ernähren sich weiterhin zu drei Vierteln als Selbstversorger. Und da sie meist in isolierten Tälern des zerklüfteten Hochlands leben, sprechen sie über achthundert verschiedene Sprachen – ein Achtel aller Idiome weltweit – und können sich mit anderen Volksgruppen nur in der englischen Amtssprache oder auf Pidgin-Englisch verständigen.

Fast jedes Tal birgt eine eigene Kultur, die mit der des Nachbarvolkes oft wenig zu tun hat. Dieser kulturelle Reichtum lässt sich besonders intensiv erleben beim Goroka-Festival. Auf dem Festplatz der gleichnamigen Stadt im zentralen Hochland strömen die Abordnungen von mehr als hundert Stämmen zusammen. Ihre Gesichter sind grellgelb und rot bemalt, manchmal auch pechschwarz. Sie tragen die prächtigen Federn der Paradiesvögel auf dem Kopf, schmücken sich mit Schweinehauern oder Muscheln, groß wie Suppenteller, oder krönen sich mit Mützen aus dem Fell der Kuskuse, baumbewohnender Beuteltiere mit Greifschwänzen und zwei Daumen an jeder Pfote. Der Aufmarsch einer unbegreifbaren, prächtigen Welt.

Und dann beginnen sie zu trommeln, zu singen und zu tanzen, die Arena von Goroka bebt unter ihren Füßen. Manche Kämpfer marschieren in Reih und Glied, ihre Äxte erhoben, Zischlaute ausstoßend. Rußige Gestalten stoßen Kürbishörner aus den Hüften wie riesige Penisse, lachen, lassen ihre von Betelsaft geröteten Zähne in den geschwärzten Gesichtern aufleuchten. Sie tanzen stundenlang, um sich zu behaupten, zu versöhnen und am Ende von einer Jury prämiert zu werden. Das Preisgeld allerdings ist für alle gleich hoch, um Unruhen zwischen den rivalisierenden Gruppen zu vermeiden.

Das Festival fand 1956 zum ersten Mal statt, auf Geheiß der damaligen australischen Verwaltung: Es sollte die Rivalitäten in friedliche Bahnen lenken. Inzwischen soll es helfen, die Traditionen zu erhalten. Doch die meisten Neuguineer können das Eintrittsgeld nicht aufbringen. Sie stehen draußen vor dem Zaun wie in einer anderen Zeit, in der sie statt Grasröcken Jeans tragen, statt Gesichtsbemalung Sonnenbrillen. An dem von Sicherheitskräften bewachten Tor verharrt ein alter Mann. Oben trägt er ein tailliertes Sakko mit Nadelstreifen – unten ist er nackt, bis auf einen Lederriemen, mit dem er seinen Penis an den Bauch gebunden hat. Er scheint unentschlossen, ob er eintreten oder hinausgehen soll. Eine mit sich hadernde Metapher für zwei widersprüchliche Sphären der Zeit.

Ich verspüre den Wunsch, tiefer in die alte Zeit einzutauchen, und mache mich auf den Weg zum Sepik River. Eine Straße hinunter zum großen Strom im Nordwesten des Landes gibt es nicht, so steige ich am frühen Abend in eine Propellermaschine. Unter den Tragflächen dunkelt das Hochland langsam ein: Rundhütten mit spitzen Dächern, steile Süßkartoffelfelder, Silhouetten von Kasuarinen und Kwila-Bäumen, die sich aus dem Dunst schälen. Bald sind nur noch felsige Grate sichtbar. Ein Irrgarten aus tief eingeschnittenen Tälern, von der Abendsonne mit undurchdringlichen Schatten ausgemalt. Dann fallen die Berge jäh ab, um in einem hügellosen Tiefland auszulaufen, wo sich der Sepik wie eine fluoreszierende Schlange durch dampfende Wälder windet. Wir landen in Ambunti, einem gepflegten Dorf am oberen Sepik, und quartieren uns in einer einfachen Lodge ein.

Morgens um fünf legt unser Einbaum vom Hochufer ab. Philip Laklom sitzt schweigend im Bug und tastet mit dem Lichtstrahl seiner Taschenlampe den Fluss ab: träges, dunkles Wasser, schwimmende Inseln, Treibholz. Dunstfelder ziehen vorüber. Die hauchdünnen Schwingen von Fledermäusen schneiden dicht an meinem Ohr durch die Nacht. Dann wird es hell. Ein Tagesanbruch in den Tropen. Wie mit einem Lichtschalter angeknipst, legt sich auf einmal ein purpurner Schimmer über den Fluss. Schilfwände leuchten darin auf, glatt gestrichene Seen mit kleinen Inseln. Silberne Fische springen aus dem Wasser, scheinen einen Moment lang in der Luft zu hängen und fallen mit einem lauten Klatschen zurück. Aus den Wäldern am Ufer ertönen die durchdringenden Rufe der Paradiesvögel.

»Der Fluss ist unser Garten, unsere Weide«, sagt Philip, der am Oberlauf geboren ist und als Wildschweinjäger auf Umwegen dazu kam, Besucher den Sepik hinunterzuführen. »Der Fluss ist unser Brunnen, unser Kühlschrank, unser Badezimmer. Er ist Straße, Marktplatz, Spielplatz, Schule. Und der Fluss ist auch unsere Uhr.« Der Sepik eine Uhr? Bis acht Uhr sei das Wasser dunkel genug für den Fang aller Fischarten, erklärt Philip und lächelt. Den *makao*, den besten Speisefisch im Sepik, könne man ein bis zwei Stunden länger fangen. Über die Mittagszeit klare der Fluss auf, und kein Fisch gehe mehr ins Netz. Ab sechs Uhr abends sei es dann Zeit für den *rubber mouth*, einen köstlichen, aber sehr grätigen Fisch. »Wenn du etwas über die Zeit wissen willst, frag den Sepik«, sagt Philip, und der warme Fahrtwind trägt den Satz in eine Art von Vergangenheit, die schwer ist vom Duft vergorener Früchte.

Hinter der nächsten Flussbiegung geht es um Leben und Tod. Zwei Männer ringen im Wasser mit einem Krokodil. Als unser Kanu die Uferzone erreicht, stehen die Sieger bereits fest. Einer drückt die Kiefer der Echse mit den Händen zusammen, der andere rammt den Speer in ihren gepanzerten Nacken. Das Tier erzittert; dann weicht das Leben aus seinem Körper. Eine Szene, wie von der alten Zeit eingefädelt, um anzudeuten, sie allein gebe auf dem Sepik den Ton an.

Augustine und sein Sohn Eugene stemmen das Leistenkrokodil hoch. Es misst dreieinhalb Meter und passt genau ins Kanu. Stundenlang haben die Jäger mit ihm gerungen. Zwei Paddel sind zerbissen, mehrere Harpunenspitzen abgebrochen; fast wäre das Boot gekentert. »Allein die Haut bringt fünfhundert Kina«, sagt Augustine völlig erschöpft, doch mit strahlenden Augen. Etwa 130 Euro – ein kleines Vermögen, für das ein Fischer auf dem Sepik zwei Monate lang Tilapias fangen muss.

Am Abend essen wir in einem einfachen Gästehaus am Fluss frisches Krokodilfleisch. Gekocht in Kokosmilch und Limonensaft, serviert auf Bananenblättern. Das Fleisch ist faserig und zäh; es schmeckt ähnlich wie Huhn. »Das Krokodil schenkt uns Kraft«, sagt Philip, der es, fast ohne zu kauen, hinunterschlingt.

Am nächsten Morgen fahren wir nach Korogo. Im Geisterhaus werden die wichtigen Entscheidungen für die Dorfgemeinschaft getroffen. Unter dem steilen Grasdach des auf Pfählen errichteten Gebäudes, zwischen Stammesmasken und Totems, versammeln sich die Männer zu unserer Begrüßung. Einer von ihnen, ein Riese mit dunklen Augen und dröhnender Bassstimme, zieht stolz sein Hemd aus. Narben mustern seinen Rücken und seine Brust: fein gezeichnet, bogenförmig wie Fischgräten, zu den Schultern hin auslaufend. »Das Zeichen des Krokodils«, sagt Philip feierlich, und die Männer nicken. Die Schnitte – früher mit Bambusmessern, heute mit Rasierklingen ausgeführt – leiten die Initiationsrituale ein, in denen die Jungen von Korogo noch einmal den Ursprungsmythos ihres Clans durchleben. Sie sehen sich als Nachkommen von Kanda, der Krokodilfrau, die kunstvoll geschnitzt mit gespreizten Beinen unter dem Dach des Geisterhauses sitzt. Dort legt sie Jahr für Jahr ihre Eier, verkörpert durch die mit weißem Flussschlamm beschmierten Jungen des Dorfes. Diese werden symbolisch bebrütet, indem die Ältesten sie in die Clangeheimnisse einweihen. Die Unterweisung kann bis zu einem Jahr dauern; dann kriechen die Initianten, einem Geburtsakt gleich, aus dem Geisterhaus, gleiten in den Fluss und waschen den Schlamm ab. Die verheilten Narben auf ihren Rücken symbolisieren den geschuppten Panzer des Krokodils. So schwimmen sie hinaus in ihr neues Leben als erwachsene Männer.

Philip bedankt sich für den herzlichen Empfang, und alle verlassen gemeinsam das Geisterhaus. Und plötzlich – wie irritiert vom grellen Licht und der Hitze draußen – stolpert die alte Zeit. In einem Langhaus dreht jemand Musik auf: *Cheri Cheri Lady* von Modern Talking. Zwischen Totempfählen und Harpunen wirbt ein Blechschild für Gala-Eiscreme. Und auf einem Karton an einer Palme kündigt eine unbeholfene Handschrift *Vidio 2Nait* an. Zwischen frei umherstreifenden Hühnern und Schweinen wird heute ein Film mit Sylvester Stallone gezeigt.

Erst jetzt fällt auf, dass das Geisterhaus langsam zerfällt. Die geflochtenen Matten, aus denen die Wände gemacht sind, hängen herab. Das Grasdach hat Löcher. Es fehle an Geld für die Instandhaltung, sagen die Männer. Zahllose protestantische Kirchen, die den einzig wahren Weg zu Gott für sich beanspruchen und die lokalen Traditionen verteufelten, täten ein Übriges. In Dörfern wie Suapmeri, Indabu oder Madingei gibt es kein Geisterhaus mehr. »Dort haben die Leute die Kraft des Krokodils verloren«, sagt Philip, und die Männer blicken stumm hinaus auf den Fluss. »Unsere Kinder müssen alles tun, um das Erbe zu erhalten.«

Die vierzehnjährige Evelyn hat andere Pläne. Sie sitzt im Gras unter einem Plakat der Ländlichen Entwicklungsbank und verkauft Betelnüsse zu einem halben Kina das Stück, umgerechnet dreizehn Cents. Ihre Zähne sind vom Genuss der leicht euphorisierenden Frucht rostrot gefärbt. Ihre Zukunftsvision? »Einen *big shot* heiraten«, sagt sie und lacht, »einen Mann mit Auto und Business, einen, der ein gutes Brautgeld aufbringt. In unserem Haus wird es einen Fernseher und Telefon geben. Und alles, was ihr Weißen habt: Kühlschrank, DVD, Internet.« Die Traditionen? »Alte Sachen«, sagt Evelyn und winkt ab. »Bringen dich nicht voran.«

Philip stößt das Kanu vom Ufer ab, die Strömung erfasst den hölzernen Rumpf. Die Krokodilmänner von Korogo stehen am Hochufer und winken und werden kleiner und kleiner. Wie Erinnerungen an eine Vergangenheit, die sich bald am rückwärtigen Horizont auflöst, während der Sepik den Einbaum einer stetig sich wandelnden Zukunft entgegenträgt. Hat Philip das gemeint, als er sagte, wer etwas über die Zeit lernen wolle, müsse den Fluss fragen? Ist das

Treiben auf dem Sepik wie das Treiben in der Zeit? In einer ewigen Gegenwart, in der das Alte und das Neue zusammenfinden? Philip lächelt. Und schweigt.

Tage später auf New Ireland, einer Außeninsel Neuguineas, plätschert der Pazifik an einem schneeweißen Strand. Palmen wedeln. Fischer paddeln in Auslegerkanus durch türkisgrünes Wasser hinaus zu ihren Fanggründen. In Libba, wo die asphaltierte Küstenstraße in eine Schotterpiste übergeht, schlägt Ben Sisia, der Meisterschnitzer der Insel, eine Kokosnuss auf und will alles über die Stationen meiner Reise wissen, über das Hochland und den Sepik, die ihm so fremd sind wie die fernsten Länder. Ben hört zu, und immer wenn ich die beiden Zeiten erwähne, lächelt er. Am Ende meines Berichts denkt er lange nach. Dann holt er eine Malangan-Maske aus seiner Werkstatt. Eine jener kunstvollen Schnitzereien, für die New Ireland berühmt ist. »Gehört die Maske in die alte oder in die neue Zeit?«, will Ben wissen.

Das Motiv des Schlangengeistes mit den gewundenen Gesichtszügen und Fangzähnen ist uralt. Geschnitzt hat Ben die Maske aber erst in diesem Monat. Für eine Kunstausstellung in New York im kommenden Jahr. Während meiner ganzen Reise schienen sich die alte und die neue Zeit gegenseitig auszuschließen. Diese Maske jedoch gehört in beide zugleich. Eine Erinnerung steigt in mir auf: Nadelstreifen und Penisriemen – vielleicht bilden sie gar keinen Widerspruch. Vielleicht haben sich Alt und Neu in dem Greis aus Goroka versöhnt. So wie in der Maske. Vermutlich gilt das für viele Menschen in Papua-Neuguinea. »Unsere Zeit ist etwas ganz Besonderes«, sagt Ben. »Es ist eine Zeit außerhalb der Zeit.«

Die Kirchen können einpacken. *Das Paradies gibt es im Reisebüro. Im Paradies wachsen Palmen. Immer. Einen Strand hat es auch. Der Sand ist fein, sehr fein, das Wasser kristallklar. Das Paradies ist eine Insel. Und die paradiesischsten Inseln liegen in der Südsee. So viele, dass man sie nicht zählen kann. Allein die Mamanuca Islands, die zu Fidschi gehören: Hunderte! Tausende! Achate, gefasst von weißem Sand. Winzige Tupfen, fast schon Meer. Ah, das gute Leben! Im Paradies steht die Zeit still. Im Paradies herrscht kein Mangel. An nichts. Singvögel, Federwölkchen, Sonnenschein. Und alle, denen ich begegne, Insulanerinnen und Insulaner, Paradiesbewohner, wollen nur eins:* weg!

Cook Islands
Polynesien unter der Haut

Bald von Milch und bald von Nectar gingen die Flüsse,
Gelber Honig tropfte aus grünender Eiche hernieder.
Ovid

Am Ende der Welt, am Meer, trifft er auf die Nymphe
Siduri, die vergeblich versucht, ihn von seinem
Vorhaben abzubringen.
Mircea Eliade

Die Zähne des Hais haben sich tief in den Schenkel von Tetini Pekepo gebohrt. Sicher war es sehr schmerzhaft. Aber auch eine Frage des Stolzes. Seit elf Jahren trägt Tetinis dunkelbraune Haut nun schon die kantigen, schwarzen Male: traditionelle polynesische Tätowierungen.

Tetini, heute selbst Tätowierer, lebt auf Rarotonga, der Hauptinsel der Cook Islands, zwei Flugstunden westlich von Tahiti. Die acht Haizähne auf dem rechten Schenkel symbolisieren seine sieben Brüder und den Vater, die sechs auf dem linken seine fünf Schwestern und die Mutter. Tetinis gesamter Körper ist mit geheimnisvollen Symbolen bedeckt – polynesisches Geschichtsbuch und Familiengenealogie zugleich.

Über den Fußknöcheln schließen sich gezackte Ringe aus stilisierten vielblättrigen Pflanzen: Taro. Jede Insel in Polynesien hat ihr eigenes symbolisches Muster, und Taro, die stärke- und zuckerhaltige Wurzelknolle, die auf Tetinis Beine tätowiert ist, steht für Mangaia, südlichstes Atoll der

Cook-Gruppe und Heimat von Tetinis Familie. Wie die meisten unfruchtbaren Koralleninseln hätte Mangaia gar nicht besiedelt werden können, gäbe es die genügsame Nahrungspflanze nicht. »Deshalb haben meine Väter die Wurzel als Symbol gewählt«, sagt Tetini und steckt sein langes schwarzes Haar mit einem geschnitzten Knochen nach oben. »In ihren Legenden, auf ihren Kanus, auf ihrer Haut.«

Bevor die Europäer die abgelegenen Inseln im Südpazifik in der zweiten Hälfte des achtzehnten Jahrhunderts erreichten, hatten Tätowierungen auf dem Körper und im Gesicht eine zentrale Bedeutung in der polynesischen Gesellschaft. Mit einem Stichel aus Schildpatt oder mit einem Rochenstachel wurde die Tinte aus Asche und Wasser unter die Haut getrieben. Die geometrischen Muster verrieten die Herkunft und den sozialen Status eines jeden Menschen. Ohne einen solchen Hautschmuck fanden weder Frauen noch Männer einen Partner. Jede Linie, jeder Kreis, jeder Punkt hatten eine Bedeutung. Die alten Maori-Häuptlinge unterschrieben die Verträge mit den Kolonialherren, indem sie ihre äußerst komplizierten Gesichtstätowierungen auf das Papier malten. Einen Spiegel brauchten sie dazu nicht. Sie kannten jedes Fragment ihrer Tätowierung auswendig. Deren Bedeutung war in Liedern überliefert, sodass die Häuptlinge sie – im Stillen singend – Stück für Stück aufmalen konnten.

Während viele Europäer zu Kapitän Cooks Zeiten die Tätowierungen als »Schrift des Paradieses« verstanden, machten die christlichen Missionare der »gotteslästerlichen Erhebung des sündigen Körpers« schnell ein Ende. Skulpturen, Tänze, Gesänge – alle Traditionen auf den Inseln missfielen den Heilsverkündern. Bereits im neunzehnten Jahrhundert hatten sie den größten Teil der vorchristlichen Kulturen im Südpazifik ausgelöscht. Auf den Cook Islands gab es bis vor zehn Jahren kaum mehr Tätowierte. Tetini war eine Ausnahme und hatte wegen seines Hautschmucks eine schwere Zeit. »Die Leute behandelten mich wie einen Wilden«, erinnert er sich. »Sie sahen einen entlaufenen Sträfling in mir, einen gefährlichen Typen.«

Mit dem Maire Nui sollte sich auf Rarotonga vieles ändern. Dieses Kulturfestival hat sich zur Aufgabe gemacht, die gemeinsame Identität der weit verstreuten Inseln im Südpazifik zu stärken. Erstmals in der heutigen Form fand das Maire Nui 1972 auf Fidschi statt und wandert seither im Vierjahresrhythmus durch die Inselwelt. 1992 fiel die Wahl auf die Cook Islands, bis dahin kulturelles Niemandsland. Nun trafen sich Tätowierte aus dem gesamten Südpazifik auf Rarotonga, und die Hautkunst kam wieder in Mode. Aus dem Trend hat sich eine Rückbesinnung auf die alten Traditionen entwickelt, wo Tätowierungen eine wichtige Rolle spielen. Seit der Missionierung sind jedoch viele Muster verloren gegangen.

In dieser scheinbar ausweglosen Situation ist die Arbeit des deutschen Ethnologen Karl von Steinen für Tetini von unschätzbarem Wert. 1897 besuchte von Steinen die Marquesas-Inseln. Wegen der isolierten Lage des Archipels hatte sich die Tätowierkunst dort länger gehalten und zu hoher Vollendung entwickelt. Während seines sechs Monate dauernden Aufenthalts studierte der Ethnologe die verschiedenen Designs und deren Bedeutung. Er sammelte auch die Holzbeine, auf denen die Tätowiermeister ihre Muster festhielten, um sie an nachfolgende Generationen weiterzugeben. Seine Aufzeichnungen veröffentlichte von

Steinen in dem reich illustrierten Buch *Die Marquesaner und ihre Kunst*.

Hundert Jahre später liegt dieses Buch wie ein Spielzeug in Tetinis kräftigen Händen auf Rarotonga. Der Tätowierer blättert regelmäßig darin. Elegante, feine Linien verbinden sich dort zu komplizierten, geometrischen Kunstwerken auf stolzen Gesichtern und geschwellten Brustkörben. Zwar hat, aus Gründen der Hygiene, inzwischen die Nadel weitgehend die Instrumente der alten Tätowierer ersetzt, doch die traditionellen Muster erfreuen sich auf Western Samoa, Tahiti, den Marquesas und seit dem Maire Nui auch auf den Cook Islands ständig wachsender Beliebtheit. »Von Steinens Buch ist unsere Bibel«, sagt Tetini. »Ohne seine Aufzeichnungen wäre alles verloren.«

Der Wunsch nach einer neuen Identität und die Suche danach beschäftigt die gesamte polynesische, aber auch mikronesische und melanesische Welt. Es ist eine neue Entdeckungsreise, welche die Inselvölker in ihre eigene Vergangenheit führt. Die kulturelle Lähmung durch die Missionare scheint überwunden, und die Menschen im Südpazifik besinnen sich wieder auf die alten Traditionen, aus denen sie Kraft und Inspiration für ein neues, inselübergreifendes Selbstbewusstsein schöpfen. Die Frage nach der gemeinsamen Herkunft steht hierbei im Mittelpunkt. Und die Antwort ist mit Tausenden von Nadelstichen auf Tetini Pekepos Waden verewigt.

Dort zeigen zwei vollendete Tätowierungen exakt gezeichnete, von feinen Flammenkränzen umgebene Sterne, die in großen Kreisen schweben. »Der Sternenweg, den die Navigatoren nahmen, um unbewohnte Inseln zu finden«, sagt Tetini leise. Im alten Polynesien habe es Seefahrerclans gegeben, die nichts anderes taten, als übervölkerte Inseln zu entlasten, indem sie freiwillige Siedler auf neue, unbewohnte Inseln brachten. Die Sterne seien zentrale Instrumente im vorzeitlichen Kompass der Navigatoren gewesen.

Auf der »Großen Wanderung« von Südostasien aus nahmen die wahren Entdecker der sogenannten Südsee in ihren Kanus, *wakas*, Kurs auf das offene Meer. Etwa 1300 Jahre vor unserer Zeitrechnung besiedelten sie die bis dahin unbewohnten Fidschi-Inseln. In den darauffolgenden zweihundert Jahren ließen sie sich auf Tonga und Samoa nieder. Dann auf Tahiti und den Cook Islands. Von hier aus besiedelten die Polynesier im achten oder neunten Jahrhundert nach Christus schließlich Neuseeland. Der Pazifische Ozean nimmt ein Drittel der gesamten Erdoberfläche ein. Trotzdem fanden die alten Navigatoren jede auch noch so kleine Insel – ohne Seekarten, ohne Kompass.

Im Hafen von Rarotonga liegt die *te-au-o-tonga*, »Dunst des Südens«, das größte Kanu im Südpazifik. Und das erste, das nach über zweihundert Jahren wieder auf den Cook Islands gebaut wurde. Die beiden gut zwanzig Meter langen Rümpfe des beeindruckenden Katamarans sind durch eine Plattform miteinander verbunden. Eine niedere Hütte ist darauf verankert, der einzige Schutz für die vierzehnköpfige Besatzung. Paiau Pirake, der Navigator der *te-au-o-tonga*, trägt tätowierte Wellenlinien um sein linkes Handgelenk, als Zeichen der Abstammung aus einem Navigatorenclan. Im Jahr 1995 segelte er mit dem Kanu vier Monate lang über Tahiti und die Marquesas nach Hawaii. Ohne technische Hilfsmittel. Wie seine Ahnen. Im selben Jahr fuhr Paiau auch nach Mururoa, um gegen die französischen Atomtests zu protestieren. »Auf dem Rückweg von Western Samoa ließ der Wind auf sich warten«, erinnert er sich und lacht, während er beschreibt, wie er mit seinem *waka* einen Umweg über Tonga und Neuseeland machen musste. »Von dort aus wurden wir direkt nach Hause gepustet.«

Der Hafen von Rarotonga läuft in einen weißen Sandstrand aus, davor liegt eine Lagune in unzähligen Blau- und Grüntönen, begrenzt vom Außenriff, das die Brecher des Pazifiks abfängt. Es ist ein ergreifendes Gefühl, als die *te-au-o-tonga* durch die schmale Furt auf den offenen Ozean hinausfährt. Bald ist Rarotonga zu einem Punkt am Horizont geschrumpft. Frauen und Männer, die sich in ihrer Freizeit für die traditionelle Navigation begeistern, stemmen sich gegen die Ruder im Heck. Die beiden Segel blähen sich im Wind. Holz quietscht, ächzt. Wenn das *waka* in die Wellentäler kracht, scheint es, als würde es jeden Moment zerbrechen. So müssen die Reisen der alten Polynesier zu jenen Inseln begonnen haben, die nie zuvor ein Mensch betreten hatte und auf deren Existenz sie nur hoffen konnten.

»Tagsüber segeln wir nach der Sonne, nachts auf den Sternenwegen«, erklärt Paiau und streicht sich das Haar aus dem Gesicht. »Bei bewölktem Nachthimmel erspüren wir bestimmte Wellenmuster und folgen Unterwasserblitzen.« Wissenschaftler vermuten, dass es sich bei diesen geheimnisvollen Leitstrahlen unter der Wasseroberfläche um Blitze fluoreszierender Organismen handelt. »Ein guter Navigator kann den Breitengrad anhand der Wassertemperatur feststellen«, fährt Paiau fort. »Es gibt viele Zeichen, die auf hoher See Land ankündigen: Wolkenformationen, Vögel, Treibgut, Wellenbewegungen.« Im letzten Tageslicht kehrt die *te-au-o-tonga* nach Rarotonga zurück.

Am folgenden Morgen sitzt Tetini Pekepo, der Tätowierer, in seinem Garten und streicht über die beiden Geistergesichter, die von seinen Knien starren. Neben ihm steht eine Skulptur von Tangaroa, dem altpolynesischen Gott des Meeres. Tetini hat ihm einen kleinen Tempel gebaut. Zum Spaß, wie er betont. »Wir wollen unsere Kultur wiederbeleben«, sagt er. »Aber die alten Götter bleiben begraben.«

Aussichten

And I feel like I gotta travel on.
Bob Dylan

Ich wiederhole mich. Bereits am Anfang dieses Buches habe ich erwähnt, dass ich eine Gegend ungern ein zweites Mal bereise. Ich mag mich nicht wiederholen. Dabei wiederhole ich mich andauernd. Meine Reisen sind nichts anderes als Wiederholungen. Sie wiederholen fortwährend das Ritual der Abreise, der Passage und der Ankunft. Und damit nicht genug: Jede meiner Reisen, an sich schon eine Wiederholung, wiederholt sich erneut, indem ich über sie schreibe, und diese Wiederholung der Wiederholung wird abermals wiederholt beim Lesen meiner Texte, im Gespräch, in Erzählungen und Vorträgen, in den Medien, wenn diese darüber berichten, und so weiter.

Im Mittelpunkt dieser Wiederholungen stehen weder Flucht noch Suche. Ihren Kern bildet ein stetiges Unterwegssein, das – wie eine Rundreise um die Erde – immer wieder zu seinen Ausgangspunkten zurückkehrt, um dort von vorn zu beginnen. »Unsere Reise war wie eine Spirale«, schreibt Nicolas Bouvier in *Die Erfahrung der Welt*. »Während sie weiterging, kehrte sie immer wieder zurück. Sie winkte uns, wir brauchten nur zu folgen.«

Ja, sie winkt mir, meine Reise. Und ich folge ihr. Von den Cook-Inseln nach Patagonien. Es soll dort einen alten Mann geben, der die Kunst beherrscht, sich in einen Puma zu verwandeln. Wenn es stimmt, was die Leute erzählen, lebt er allein in den Wäldern. Südlich von Puerto Montt. Am Ende der Welt. Am Anfang der Welt. Ich mag mich nicht wiederholen. Ich wiederhole mich.

Dank

Mein besonderer Dank gilt meiner Familie, die mir seit fast zwei Jahrzehnten den notwendigen Rückhalt für meine Wanderungen spendet und das Gefühl in mir wachhält, dass es einen Ort gibt, an den ich zurückkehren kann.

Wenn ich an die Anfänge meines journalistischen Wirkens zurückdenke, verbinde ich diese Erinnerung vor allem mit Gabrielle Attinger, Rosemarie Noack, Monika Putschögl und Ulrich A. Hilleke, ohne die ich meine ersten zaghaften Schreibversuche wohl nicht fortgeführt hätte.

Außerdem möchte ich mich ganz herzlich bedanken bei Christine Joos, Graciela Vazques Rodas, Anoukh Foerg, Sandra Berktold, Burgi und Herbert Breiter, Carla und Paul Washbourne, Renate und Bernhard Wagner, David Fischer, Julio Glockner, Till Hein, Jorge Mónaco, Robert Strack, Thomas Tilcher, Matthias Ziegler, den Grenzgängern in Köln. Volker Demuths Essay »Schwellenzauber« (*Lettre international*, Nr. 73) sowie die Essays von Irena Brežná und Andrzej Stasiuk zum Thema »Fremde Heimat« (*Kafka* 2/2001) haben mir geholfen, bis dahin verwirrende Gedankenfäden sinnvoll zu verknüpfen und für mich wichtige Erkenntnisse daraus abzuleiten.

Ganz besonders danken möchte ich auch den zahllosen Menschen, die mich unterwegs bei sich aufgenommen, ihren Alltag und ihre Geschichte mit mir geteilt und mir mehr als einmal das Leben gerettet haben.

Die Reportagen von Michael Obert sind, teils unter anderem Titel oder leicht abweichend, erstmals erschienen in:

Chile: Paket ans Ende der Welt: *GEO Saison* 2005
Argentinien: Fahrschein in den Himmel: *Frankfurter Allgemeine Sonntagszeitung* 2003
Brasilien: Unter der Haut des Flusses: *Frankfurter Allgemeine Sonntagszeitung* 2005
Haiti: Nacht der lebenden Toten: *Die Zeit* 2003
Mexiko: Die Welt in der Hängematte: *Frankfurter Rundschau / Sonntag aktuell* 2005
Island: Im Innern der Stille: *GEO Saison* 2007
Azoren: Letzte Ausfahrt vor Amerika: *Sonntagszeitung*, Zürich 2004
Deutschland: Der Noah aus dem Teufelsmoor: *Reader's Digest / natur* 1998
Gibraltar: Fish and Chips unter Palmen: *Die Zeit* 2007
Mauretanien: Zu schnell für Allah: *Die Zeit* 1996
Mali: Guter Rauch, böser Rauch: *taz* 2004
Republik Niger: Im Land der freien Männer: *Die Zeit* 1998
Nigeria: Wassermusik: *Frankfurter Allgemeine Sonntagszeitung* 2005
Botswana: Die Schule der Elefanten: *GEO Saison* 2005
Malawi: See der Wunder: *GEO Saison* 2006
Uganda: Tierische Augenblicke: *Sonntagszeitung*, Zürich 2007
Sudan: Im Reich der Schwarzen Pharaonen: *GEO Saison* 2007
Iran: Stadt der Dichter: *Der Standard*, Wien 1999
Tadschikistan/Kirgisien: Mutter aller Rumpelpisten: *Die Zeit* 2007
Afghanistan: Camping in Kabul: *Das Magazin*, Zürich 2007
Indien: Höckerkunde in der Wüste Thar: *Stern* 2003
Bhutan: Im Land des Donnerdrachen: *Sonntagszeitung*, Zürich 2008
Papua-Neuguinea: Reise in die Zwischenzeit: *GEO Saison* 2007
Cook Islands: Polynesien unter der Haut: *Die Zeit* 1999

Quellennachweis der Zitate

Rolf Dieter Brinkmann
Aus: Rom, Blicke, S. 115, © Rowohlt Taschenbuch Verlag 1979

Albert Camus
Aus: Reisetagebücher, S. 101, © Rowohlt Taschenbuch Verlag 1997

Bruce Chatwin
Aus: Wiedersehen mit Patagonien. Aus dem Englischen von Anna Kamp, S. 5, © 1992 Carl Hanser Verlag, München

Francisco Coloane
Aus: Feuerland, Seite 117, © Unionsverlag 1999

Allen Ginsberg
Aus: Gedichte. Mit einer Einleitung von William Carlos Williams. Ausgewählt und mit einem Nachwort von Uwe Wittstock. Aus dem Amerikanischen übersetzt von Michael Kellner u. a., © 1999 Carl Hanser Verlag, München

Hermann Hesse
Aus: Siddhartha. Eine indische Dichtung, S. 231, © Suhrkamp Verlag Frankfurt am Main 1969

Denis Johnson
Aus: Engel, S. 70f, © 2001 Alexander Fest Verlag

Ryszard Kapuściński
Aus: Die Welt im Notizbuch, S. 121, © Eichborn AG, Frankfurt am Main, Juni 2000

Jack Kerouac
Aus: Unterwegs, S. 164, © Rowohlt Verlag 1959, 1986

Alfred Kerr
Aus: Die Welt im Licht, Band I, Verweile doch, S. 263, © S. Fischer Verlag 1920

Claude Lévi-Strauss
Aus: Traurige Tropen. Übersetzt von Eva Moldenhauer, © der deutschen Übersetzung Suhrkamp Verlag Frankfurt am Main 1978

V.S. Naipaul
in: DU. Citoyen der Weltliteratur. Der Erzähler V.S. Naipaul, Heft Nr. 10 1993, S. 40

Cees Nooteboom
Aus: Im Frühling der Tau. Östliche Reisen. Aus dem Niederländischen von Helga van Beuningen, S. 105, © der deutschsprachigen Ausgabe Suhrkamp Verlag Frankfurt am Main 1995

Hunter S. Thompson
Aus: Angst und Schrecken in Las Vegas. Eine wilde Reise in das Herz des Amerikanischen Traumes, © 2005 Wilhelm Heyne Verlag, München in der Verlagsgruppe Random House GmbH, © 1977 für die deutsche Übersetzung by www.Zweitausendeins.de, Postfach, D-60348 Frankfurt/Main

Kenneth White
Aus: Der blaue Weg. Aus d. Franz. v. Andrea Spingler, © 1984, 2005 by Arche Literatur Verlag AG, Zürich-Hamburg

GESUNDHEIT IST MEHR ALS DIE ABWESENHEIT VON KRANKHEIT

Lesen Sie mehr unter
www.medico.de

medico international

medico international
Burgstraße 106
D-60389 Frankfurt am Main

„Den Menschen an den Rändern der Welt verdanke ich sehr viel, einigen sogar mein Leben. Um etwas von der Hilfsbereitschaft und Offenheit, die ich während meiner Reisen erfahren habe, zurückzugeben, habe ich in der Hilfsorganisation medico international einen Partner gefunden, der mir in seiner Philosophie sehr nahesteht. Seit über 40 Jahren setzt sich medico international für das Menschenrecht auf Gesundheit ein. Gemeinsam mit lokalen Projektpartnern in Afrika, Asien und Lateinamerika kämpft medico international in einer globalisierten Welt, in der die Kluft zwischen Arm und Reich immer größer wird, um die volle Anerkennung der wirtschaftlichen, sozialen und kulturellen Bedürfnisse der Menschen. medico fühlt sich den Ausgegrenzten an den Rändern der Welt verpflichtet und bewahrt etwas, das für mich von unschätzbarem Wert ist: Würde, Menschenwürde."

Michael Obert

Foto: Lukas Einsele, Andreas Zierhut 2002. one-step-beyond.de

MALIK

Rüdiger Barth
Endlich weg

Über eine Weltreise zu zweit. 368 Seiten mit 24 Farbbildseiten. Gebunden

Kurz vor ihrem 35. Geburtstag brechen Rüdiger Barth und seine Frau aus: Raus aus dem Alltag, der Arbeit, entwischen sie dem nahenden deutschen Winter. Vier lange Monate sind sie dem Leben auf der Spur, reisen einmal um die Erde, erkunden elf Länder auf fünf Kontinenten – Städte und Flecken, von denen sie immer schon geträumt haben, per Flugzeug, Bus, Fähre, Fahrrad, Mietwagen, Moped und zu Fuß. In New Orleans spüren die beiden, wie die Stadt kämpft, auf die Beine zu kommen; in Neuengland treffen sie die verrücktesten Eiscreme-Erfinder der Welt. Auf Guadeloupe packt sie die große Gelassenheit, bevor sie auf St. Lucia in einen irren Wahlkampf geraten. In Rio tanzen sie Samba im Maracana-Stadion, und in Chile genehmigen sie sich Wein, der doppelt so teuer ist wie das Zimmer für die Nacht. Sie tauchen auf der Osterinsel in eine vergangene Zeit ein, tuckern durch das Mekongdelta, machen in Sydney Urlaub vom Reisen. Am Ende, so schreibt der Autor, sind sie keine besseren Menschen geworden, aber glücklichere. Doch noch wartet das letzte Ziel: wieder zu Hause anzukommen.

PIPER

Ryszard Kapuściński
Afrikanisches Fieber

Erfahrungen aus vierzig Jahren. Aus dem Polnischen von
Martin Pollack. 336 Seiten. Serie Piper

Im Innersten, so sagte Ryszard Kapuściński, fühlt er sich als
»Afrikaner«. Als er 1957 zum ersten Mal nach Afrika fuhr,
konnte er nicht ahnen, daß diese Reise der Beginn einer
Passion sein würde, die ihn bis zu seinem Tod nicht losgelassen hat. Als Korrespondent der polnischen Nachrichtenagentur PAP bereiste er Ghana, Uganda, Ruanda, Äthiopien, Eritrea, Somalia, Kenia und den Sudan. Er hat Staatsgründungen, Staatsstreiche und Militärputsche miterlebt,
Machthaber wie Idi Amin, Haile Selassie, Kenyatta und
Nkrumah beobachtet. In seiner faszinierenden Schilderung
der großen Politik und des Lebens der Menschen in Afrika
gibt sich Ryszard Kapuściński nicht mit oberflächlichen
Beschreibungen und Fakten zufrieden. Sein Blick dringt bis zu
den Tiefen und Ursprüngen anderer Welten und Kulturen
vor und läßt ein unglaublich buntes und vielfältiges Bild von
Afrika entstehen – geprägt von großer persönlicher Anteilnahme.

PIPER

Joseph Conrad
Herz der Finsternis

Mit dem »Kongo-Tagebuch« und dem »Up-river Book«. Aus dem Englischen neu übersetzt und mit einem Nachwort von Urs Widmer. 208 Seiten. Serie Piper

»Herz der Finsternis«, veröffentlicht 1902, beschreibt die letzte Reise Joseph Conrads, die er ins Innere Afrikas unternahm, ein Abenteuer, das ums haar tödlich ausgegangen wäre. »Es ist der Bericht eines im wachen Leben erlittenen Albs, den Conrad nur mit Glück und für sein restliches Leben angeschlagen überstand ... Plötzlich nimmt man lesend nicht mehr nur an einer abenteuerlichen Reise ins Innere Afrikas teil, sondern wird Zeuge einer viel intimeren, existentielleren Unternehmung: eine Reise in die Zeit, zurück zu den Ursprüngen, aus der unsere Triebe kanalisierenden Zivilisation in eine Welt, die keine Schranken kennt, in der ekstatische Erfüllung und gräßlichste Grausamkeit eins sind, ein regelrechter Gang ins Innere der Erde hinunter, ins Totenreich, eine Reise zu den Schatten der Hölle, des Paradieses vielleicht gar.« (Urs Widmer in seinem Nachwort)

01/1507/01/R

MALIK

Rory Stewart
So weit die Knie tragen

Mein Fußmarsch durch Afghanistan. Aus dem Englischen von
Giò Waeckerlin Induni. 400 Seiten mit
26 Farbabbildungen und einer Karte. Gebunden

»Nach Kabul? Zu Fuß? Sie müssen lebensmüde sein!« Januar
2002, kurz nach der Landung der US-Einheiten und dem
Sturz der Taliban: Als Rory Stewart in Herat aufbricht, um
Afghanistan zu durchwandern, könnten die Bedingungen
nicht weniger einladend sein – Unruhen und heimtückische
Landminen, ein extrem harter Winter mit massiven Schnee-
verwehungen und ausgehungerten Wölfen. Doch Stewart lässt
sich nicht aufhalten. In Begleitung seines zahnlosen alten
Kampfhundes Babur und nur mit einem Wanderstab bewaffnet
zieht er los. Er überwindet fast 1000 Kilometer und Pässe in
bis zu 4500 Meter Höhe. Er lernt die einzigartige Naturland-
schaft und eine vergessene Kultur kennen.

»Dass er noch lebt, ist das erste Wunder, das zweite ist sein
grandioser Reisebericht.« Welt am Sonntag

»Ein tolles Wanderbuch, ein großartiger Reisebericht!«
Hape Kerkeling

Achtung!
Klassik Radio
löst Träume aus.

- **Klassik Hits** 06:00 bis 18:00 Uhr
- **Filmmusik** 18:00 bis 20:00 Uhr
- **New Classics** 20:00 bis 22:00 Uhr
- **Klassik Lounge** ab 22:00 Uhr

Alle Frequenzen unter www.klassikradio.de

Bleiben Sie entspannt.